文献使用计量

动机、模式与应用

熊泽泉 / 著

上海社会科学院出版社

前　言

　　文献使用数据作为科学文献大数据中的一个重要类别,是对传统引文数据的补充,一定程度上反映了科研活动及科研成果在不同方面的受关注程度。它的存在,也为当代科学学和科学计量学研究开辟了诸多全新的研究领域,回答了诸多传统文献数据类型所无法触及的新问题,如科研工作者是否全年无休地在进行研究,科研工作者当下正在研究什么内容。这些问题的回答都是基于海量的文献使用行为。由于单个用户的文献使用行为夹杂了诸多随机性和个体倾向性,那么由海量单个用户的文献使用行为记录所汇集成的文献使用数据能否(或在多大程度上能够)反映科研成果的影响力？或者说,海量的充满不确定性的个人使用行为数据能否涌现为可预测的文献使用模式？在未对用户的文献使用动机进行调查的前提下,我们难以准确回答这一问题。本书的缘起正是基于对这一问题的探索。然而,在对文献使用数据和文献使用动机探索的过程中,笔者进一步发现分析文献使用数据对于人们理解科研工作者的科研活动规律、科研发展趋势等具有极大的价值,其应用不应局限在"影响力评价"这一狭小空间内。跳出影响力评价,文献使用计量有着更广泛的应用空间。

　　本书以科学大数据环境下用户的文献使用行为作为核心研究主题,聚焦用户的使用动机这一关键驱动因素,采用"数据—模型—数据"这一大数据时代新型研究范式,在厘清文献使用行为和动机基本理论问题的基础上,先利用调查问卷数据构建文献使用动机模型,再利用文献使用数据对模型进行验证,最后将成果用于指导实践,从而实现对文献使用动机的理论研究、模型构建和实践应用研究。具体来说,本书的前2章回顾了现有的文献使用计量和动机理论两方面的研究成果(亦即本书的理论铺垫),并指出现有研究的不足之处。第3章对本书所涉及的文献使用行为的主体和客体进行界定,并介绍本书所研究的文献使用行为的概念边界,包括文献使用方式、文献使用流程、文献使用工具以及由此产生的常用文献使用计量指标等。第4章在此基础上,通过半结构化访谈和在线问卷调查,获取了不同群体的文献使用动机及文献使用行为特征。第5章利用改进的技术接受模型(TAM)构建了文献使用动机模型,并在第6章对此进行深入剖析。第7章分析由不同文献使用动机汇集成的不同文献使用模式,并利用大样本数据对模型中的结论进行了验证。第8章探索如何将前述研究成果运用于图书馆工作实践,如助力科研成果影响力多维评价、提高文献资源保障服务质量等,并在第9章的结论中提出部分针对性建议。

  本书的创新之处主要体现在以下几个方面。

  首先,从文献使用计量指标回归文献使用动机这一根源性问题。已有的关于替代计量指标(Altmetrics)和使用计量指标(Usage Metrics)的相关研究主要聚焦于不同指标间的相关性、特定指标时空变化特征等表层属性计量,未对用户内在的使用动机进行深入分析,因此学界对于指标的科学性及可靠性存在一定的争议,对于如何合理利用相关指标进行实践也缺乏成功的范例和相关的指引。本书首次通过用户文献使用动机研究,通过半结构化访谈、问卷调查、模型建构等方式得出了一些有益的结论。例如,确定了多数用户使用文献的行为主要是基于学术动机;文献使用数据反映了文献内容对于使用主体的价值;不同文献使用行为发生在主体科学活动的不同阶段,其价值内涵也存在一定的差异;文献作者的社会网络复杂度可能影响主体对于文献的使用;文献使用指标不能反映文献的学术质量,但能在一定程度上反映文献的影响力。

第二,聚焦于文献使用环节中最为关键的下载行为。由于文献使用行为多种多样,全面研究各种文献使用行为动机存在难度,考虑到下载是使用电子文献过程中最常见和最重要的步骤,因此本书在模型构建环节中聚焦于文献下载行为,对文献的下载动机、下载模式、下载计量应用展开了全面分析,相关方法和结论亦可推导至其他文献使用行为的研究。

第三,引入技术接受模型(TAM)构建文献使用动机模型。电子文献使用行为从本质上来说是一种互联网使用行为,因此本书借鉴了互联网使用动机研究中常用的技术接受模型进行文献使用动机模型的构建。模型将用户使用文献的动机概括为感知有用性、感知易用性、感知有趣性、感知相关性4种因素,并分析了4种因素与文献使用频率之间的因果关系,证实了模型在电子文献使用情境下的适用性。将多样化的使用动机概括成4种关键因素,方便了后续的理论探索和实践应用。

第四,不仅进行了理论研究,更实现了研究成果的落地实践。在建立文献使用动机模型后,笔者并不止步于此,不仅思考并探讨了本书所依托课题申请之初拟探索的文献使用计量指标运用于影响力评价的可行性,而且进一步思考如何利用得出的模型指导图书馆服务创新。例如,在用于图书馆文献资源建设方面,探索如何从使用量而不是被引量出发提高高校图书馆的文献资源保障率;在用于阅读推广服务方面,探索如何更好地将图书馆资源推荐给读者使用等。以上皆有利于将研究成果的适用范围进一步扩大。

基于上述研究内容,笔者建议,对于文献使用数据的应用,应该"跳出评价",运用到更加广泛的信息服务和科学决策中去,如图书馆的资源建设、学科服务、阅读推广服务等。对于政策制定者,也应充分认识到文献使用量指标所能反映出的内在含义及其局限性,以便更科学、合理地利用文献使用量指标,同时树立文献多维度价值导向,鼓励科研工作者将科研成果运用于知识普及、大众教育、生产实践等环节。

  本书在撰写过程中得到了华东师范大学经济与管理学院的段宇锋教授、楼雯副教授,复旦大学的赵星教授,华东师范大学图书馆的周健副馆长及杨莉、彭霞等老师的大力支持和帮助,在此深表感谢。同时,我也想感谢帮忙填写调查问卷的各位老师和同学。此外,最重要的是要感谢我的妻子和女儿的支持。本书构思于女儿出生时,到完成时女儿已5岁,其间我还完成了博士论文的撰写,能坚持下来,离不开妻子的支持和鼓励以及女儿给予我的动力。本书还参考了近年来国内外替代计量学、行为动机学等领域的最新成果,因篇幅所限,在此不再一一列举,谨向相关专家和学者致以谢意。

  本书的出版得到上海市哲学社会科学规划课题青年课题项目"科学大数据背景下学术文献的使用动机研究"(项目编号2019ETQ004)的资助。

  由于笔者水平有限,书中难免存在疏漏和不足,敬请各位专家和读者批评指正。

目 录

前言 ··· 1

1 绪论 ·· 1
  1.1 研究背景 ··· 2
  1.2 研究意义 ··· 5
  1.3 研究路线与方法 ··· 6
2 学术文献使用动机研究综述 ·· 8
  2.1 文献使用计量 ··· 8
  2.2 动机理论 ·· 15
  2.3 现有研究的局限性 ·· 27
3 文献使用动机的基本要素 ··· 28
  3.1 科学大数据与科学文献大数据 ·································· 28
  3.2 文献使用的主体和客体 ·· 32
  3.3 文献使用的行为方式 ·· 34
  3.4 文献使用的流程 ·· 38
  3.5 记录文献使用行为的工具/平台 ································· 39
  3.6 文献使用计量指标 ·· 45
4 文献使用动机调查分析 ··· 51
  4.1 调查问卷设计与评价 ·· 51
  4.2 受访者基本情况 ·· 56
  4.3 用户下载行为分析 ·· 58

4.4 用户分享行为分析 ………………………………………… 67
　　4.5 用户保存行为分析 ………………………………………… 75
　　4.6 不同行为比较分析 ………………………………………… 82
5 文献使用动机模型构建 ………………………………………… 85
　　5.1 相关模型 …………………………………………………… 85
　　5.2 模式设计与假设提出 ……………………………………… 86
　　5.3 模型的验证与解释 ………………………………………… 92
　　5.4 模型的作用与局限 ………………………………………… 96
6 文献使用动机剖析 ……………………………………………… 97
　　6.1 感知有用性——文献使用的核心因素 …………………… 98
　　6.2 感知易用性——最省力原则 ……………………………… 99
　　6.3 感知相关性——社会连接 ………………………………… 101
　　6.4 感知有趣性——标题党是否真的有效？ ………………… 104
7 差异化文献使用动机驱动下的文献使用模式 ………………… 106
　　7.1 期刊论文下载模式分析 …………………………………… 107
　　7.2 电子书使用计量指标的学科差异性 ……………………… 124
8 文献使用动机及使用模式在实践中的运用 …………………… 144
　　8.1 辅助图书影响力评价 ……………………………………… 144
　　8.2 文献资源保障 ……………………………………………… 165
　　8.3 其他信息资源服务 ………………………………………… 182
9 结论、建议与展望 ……………………………………………… 185
　　9.1 研究结论 …………………………………………………… 185
　　9.2 我们的建议 ………………………………………………… 188
　　9.3 展望 ………………………………………………………… 189

附录 1 ……………………………………………………………… 191
附录 2 ……………………………………………………………… 199
附录 3 ……………………………………………………………… 207

参考文献 …………………………………………………………… 252

1 绪 论

大数据时代的到来,为各学科的发展带来了新的增长点。在文献计量学(bibliometrics)、科学计量学(scientometrics)、科学学(science of science)等领域,传统的以文献被引量为基础的学术文献评价体系正逐渐被多维数据综合评价体系所冲击,其中最引人关注的便是替代计量指标(Altmetrics)和使用计量指标(Usage Metrics)。这些指标着眼于用户对学术文献的使用行为,包括下载(全文或题录)、阅读(PDF 格式或 HTML 格式)、保存(采用文献管理软件或网络书签)、社交媒体分享和讨论等,以及这些行为被服务器记录所产生的科学大数据。这些大数据既可以在一定程度上作为传统引文数据的补充,反映科研活动及科研成果在不同方面的影响力;同时也为当代科学学和科学计量学研究开辟了诸多全新的研究领域,回答了诸多传统数据类型所无法触及的新问题[1],如基于文献实时下载数据描绘科学工作者全年无休的科研生活,基于文献分享数据探测当下的科学研究前沿等。

但是,当前关于 Altmetrics 和 Usage Metrics 的相关研究主要聚焦于指标间的相关性、指标特征等表层属性的描述,未对用户内在的文献使用动机进行深入分析。因此学界对于 Altmetrics 和 Usage Metrics 的可靠性存在一定的争议——这些指标的产生过程过于简单,也容易被人为操控,并且一些指标的产生具有不同程度的随机性，因此对于如何合理利用相关指标进行实践也缺乏较为成功的范例。本书旨在对用户的文献使用动机和使用模式进行深入研究，厘清文献使用数据（特别是下载数据）应用于影响力评价、科学活动预测、文献资源建设等实践领域的合理性和可行性，为 Altmetrics 和 Usage Metrics 相关的理论探讨和实际应用提供参考依据，亦为后续研究科学计量指标的因果推断提供前期基础。

1.1 研究背景

2018 年 7 月，中共中央办公厅、国务院办公厅发布《关于深化项目评审、人才评价、机构评估改革的意见》后，相关部门联合发布了《关于开展清理"唯论文、唯职称、唯学历、唯奖项"专项行动的通知》。2020 年 2 月，教育部、科技部印发《关于规范高等学校 SCI 论文相关指标使用，树立正确评价导向的若干意见》，对破除论文"SCI 至上"提出明确要求，指出要改进学科和学校评估，在评估中要突出创新质量和贡献，审慎选用量化指标。2020 年 10 月，中共中央、国务院印发了《深化新时代教育评价改革总体方案》，提出要扭转不科学的教育评价导向，坚决克服"唯分数、唯升学、唯文凭、唯论文、唯帽子"的顽瘴痼疾。一系列文件的出台，拉开了我国对教育科技评价体系大刀阔斧开展新一轮改革的序幕，也让科学计量领域的学者开始深思，如何才能在项目评审、人才评价、机构评估等过程中建立高效、多维的综合评价体系，有效突出科研工作的成果质量和贡献。

长期以来，学术成果的发表数量以及被引频次这两个指标在科技评价体系中占据着垄断地位。诚然，一个学者如果有着更大的产出量，其影响力和获得突出成就的可能性也更大。例如，爱因斯坦一生共发表了 248 篇论文，达尔文发表了 119 篇，巴斯德发表了 172 篇。他们的发文数量在现在看来可能也只是等同于一些普通教授的发文量，但他们在其所处时代无疑是论文产出的佼佼者，并且也确实获得了杰出的成就。然而,另一些科学巨匠似乎在告诉我们,论文产出量与影响力之间也许并没有直接联系。例如,希格斯在84岁获得诺贝尔物理学奖时仅发表了25篇论文,遗传学家孟德尔一生署名文章仅有7篇。然而,由于高产作者拥有更大的概率获得突破性成果,加之当前施行的评价政策,人们倾向于将成果产出量(或被引量)与学术影响力画上等号。

但是以成果产出量(或被引量)评价学者影响力存在诸多弊端。这些弊端正被越来越多的研究者和政策制定者所了解、熟知并试图对既有的评价方式进行改革。

首先是学科差异性,无论是论文发表的数量还是被引频次,都存在着较大的学科差异性。一些小学科由于期刊数量少,发表难度大,因此发文量也相对偏少,同时同领域研究者少,能够获得的被引数量也不会很多。一些学科也有着较为独特的出版传统,如计算机领域的学者一般会选择发表会议论文而不是学术期刊论文作为主要的学术交流方式。如果不顾学科专业特点而采取一刀切式的评判标准,结果有可能会严重偏离事实。一个较为典型的例子出自大学排名的权威机构刊物《美国新闻和世界报道》(*US News and World Report*,简称《美新周刊》)。《美新周刊》曾在2017年首次发布世界最强计算机科学院系排名,但是该排名却遭到计算机业内人士强烈反对,美国计算研究会甚至发表了一个特别声明来纠正这种"完全不符合事实"的排名。为什么在学术机构排名方面享有盛誉的《美新周刊》这次却错得如此离谱呢?原来这个对于计算机学科的排名是根据Web of Science(WoS)数据库中的期刊论文发表数量来进行评估的,完全忽略了学术会议上发表的论文,而计算机学科因为知识迭代速度迅猛,会议论文恰恰是这一学科成果的主要发表方式。《美新周刊》不了解这一特点,便有了这个离谱的排名。

其次是指标评价的局限性,发文量及被引量无法全面反映学术成果的影响力。例如,一些文学类的书籍撰写过程相当漫长,远远超过论文撰写需要耗费的时间,有时甚至长达数年或数十年,这就造成了以书籍作为主要产出的学科和学者"产出量低"的假象。那么这些书籍的被引量呢?普通读者也会出于休闲或陶冶情操等原因对其进行下载和阅读,因此这些文学作品产生的影响力是不容忽视的,有些甚至影响了一代人,成为现象级作品,但阅读这些文献的大部分读者并不会对此进行写作和发表,导致这一类书籍的价值无法体现在其被引量上。此外,一些应用型的研究成果可能作为专利申请、产品研发或者研究报告等的参考资料,拥有极高的价值,对于推动科技进步无疑是非常重要的,但其同样无法体现在被引量上。因此,基于被引量的评价体系在大力发展应用型研究和全面推进全民阅读的背景下已受到诸多诟病。

随着互联网的发展,人们的使用习惯也在发生变化。在科研领域,许多研究者从阅读纸质文献逐步转变为通过互联网来获取并使用所需的文献资源。研究者在互联网上的这些文献使用行为包括检索、浏览、点击、下载、保存、分享等,大多可被服务器或计算机实时记录下来,并汇聚成海量的文献使用行为数据。对于文献使用行为数据的挖掘为科学计量研究者提供了崭新的研究视角,如研究论文的使用模式[2-4],运用文献使用数据探索科研趋势[5],探索使用数据与引文数据的相关性[6-7]从而为传统的引文评价提供补充等,由此产生的一系列新型的论文评价指标,被称为 Usage Metrics。

部分学者将 Usage Metrics 和 Altmetrics 视为同一类指标,认为这一类指标都是源于互联网环境下对文献的使用行为,并区别于传统的被引量指标,所计量的指标包括浏览(网页浏览和全文下载)量、话题讨论量、收藏(书签)量、网络引用量等[8]。但也有研究者认为两者存在区别,Altmetrics 关注用户在社交网络中利用文献时产生的数据[9],而 Usage Metrics 关注用户在使用文献的过程中产生的数据,其不仅限于互联网环境(虽然大多数研究者主要关注互联网环境下数字化文献的使用,如下载、保存等),纸质文献的使用量也属于

Usage Metrics 的范围,如纸质图书的借阅分析等。此外,也有学者认为 Usage Metrics 中的核心指标——下载量,不应该包含在替代计量指标中,而应被视为信息计量指标中的一种指标[10-11]。本书主要聚焦于文献使用数据的产生动机,并不区分 Usage Metrics、Altmetrics,以及信息计量指标等,而只关注指标所涉及的行为是否属于文献的使用行为。因此,不管是对于文献的下载、保存,还是其在社交网络上进行的分享,都属于本书的研究对象。

1.2 研究意义

从学术的角度出发,本研究的意义主要如下。

1. 可丰富科学计量学、科技管理与研究等领域的理论体系

本书对文献使用的主体、客体、使用方式及由此产生的使用计量指标等基础问题的研究,丰富了 Altmetrics 和 Usage Metrics 的理论模型;探索了不同(年龄、学科、学历、发文经历等)用户群体的文献使用动机,并构建了具有普适性的文献使用动机模型,能够帮助我们全面了解各种 Altmetrics 和 Usage Metrics 所反映的实际效用,证实了以文献使用为基础的科学计量方法的可行性,为学术文献的多维价值体系提供理论支撑。

2. 为学术评价中多维、分类评价体系的建立提供参考

2021 年 8 月,国务院办公厅发布了《关于完善科技成果评价机制的指导意见》,提出要"健全完善科技成果分类评价体系"。其中,坚持科学分类、多维度评价是解决"分类评价体系不健全,评价指标单一化、标准定量化、结果功利化"问题的破题之举。多维度评价,就是要综合考虑科技成果在科学、技术、经济、社会、文化等方面的价值;科学分类,就需要了解各类评价指标在不同学科中的特点和差异,在评价时给予不同评价指标不同的权重。由于科技成果的价值最终还是反映在其如何为人类社会所用,因此通过研究人们对科技成果使

用动机和使用行为的差异,了解各类评价指标所反映的内在含义,能够更有效地建立多维、分类评价体系。

3. 有益于科技文献的推广与普及实践

本书通过挖掘文献使用者的使用意图,明确不同用户群体的使用偏好,能够通过"投其所好",更有针对性地帮助期刊、作者、科研机构、出版商等提高学术文献的使用量和曝光率,制定更有针对性的推广策略,加速科技文献的传播、推广和使用,也可为高校、科研院所等的科研成果推广提供参考和借鉴。

4. 有利于图书馆的学科服务的开展

图书馆诸多信息服务皆以文献计量方法为基础,特别是引文分析法,在前沿热点分析、学科影响力评价、学科发展态势、文献资源保障分析等图书馆信息服务中都发挥了重要的作用。但不可否认的是,引文分析法存在无法回避的弊端,如滞后性、片面性、学科差异性等,为高校图书馆学科服务的科学性带来了一定的影响。文献使用数据虽能在一定程度上弥补引文数据的上述不足,但是对于用户使用文献的动机不明确,将会影响使用数据在上述方面的可用性。本书通过对用户使用动机进行调查,在理论和实践层面上弥补动机不明确的问题。

1.3 研究路线与方法

本书的研究过程遵循"理论研究与指标选择—用户调研—模型构建—实践验证"的基本思路。具体而言,在界定本书基本概念、研究范畴的基础上,借鉴心理学、行为学相关内容以及文献引用动机的相关研究成果,全面挖掘和分析文献使用动机及其影响因素,以此建立文献使用动机调查问卷与量表;实施调研并根据调查问卷结果,构建文献使用动机模型;最后通过采集用户行为数据,对用户行为模式进行研究并对模型进行验证。具体研究方法如下。

1. 文献调研方法

通过文献调研，全面了解国内外文献使用指标以及用户行为动机的相关研究，归纳与分析目前该领域的研究进展和存在的问题。

2. 问卷调研方法

使用问卷调研方法了解：文献使用指标的影响因素有哪些？不同群体对于文献使用有何偏好？同一群体对于不同文献类型的使用动机有何差异？通过设计问卷、发放和收集问卷、处理和分析问卷获得研究信息和相关结论。

3. 访谈调研方法

对科研工作者、图书馆馆员、高校学生、其他从业者等群体进行访谈调研，了解在研究与实践中不同群体在文献使用上的差异和共同点。对研究框架内明确需要探索的问题采用结构化访谈，对研究中创新性的或者有争议的方法和策略采取非结构化访谈。

4. 大数据分析方法

依托大数据挖掘和处理技术，对文献在互联网环境中因用户使用行为，如浏览、下载、点击、存储、分享和讨论等而产生的海量衍生数据进行全样本分析，对用户使用模型进行验证，并尝试利用指标间的相关性及逻辑关系进行指标预测。

5. 结构方程模型

通过结构方程模型（SEM）研究文献特征、主体特征、使用目的等因素对文献使用频率、文献使用方式多样性等的影响，建立因素之间的因果关系图。

6. 科学计量学方法

通过聚类分析、相关性分析等科学计量学常用方法，研究用户文献使用行为的共性特征和差异化特征。

2 学术文献使用动机研究综述

2.1 文献使用计量

自科学计量学兴起之初,基于发文量和被引量的文献计量分析即在科研评价体系中占据了统治地位,其弊端也随之逐渐暴露。随着互联网的发展,一些新的计量指标,特别是替代计量指标(又称"补充计量指标")及使用计量指标应运而生,在一定程度上能够作为引文指标的补充,反映科研活动及科研成果在不同方面的影响力。

对于替代计量学的相关研究最早开始于 2008 年,塔拉博雷利(D. Taraborelli)在影响因子受到广泛质疑后,提出一种基于社会书签系统的科学评价体系[12]。尼伦(C. Neylon)等以 PLoS 和 Faculty of 1000 为例,分别从数据来源和专家评论的激励机制两个角度分析了论文层面的计量指标(评分、书签数量、博客提及量、下载量等)在论文影响力评价中的可行性[13]。2010 年,Altmetrics 一词正式由杰森·普利姆(Jason Priem)等学者在 *Altmetrics:A manifesto* 一文中提出①。他们认为 Altmetrics 是基于对社会网络文献的使用与

---

① Priem J, Taraborelli D, Groth P, Neylon C. Altmetrics:A manifesto[EB/OL]. [2010-10-26]. http://altmetrics.org/manifesto.

科技交流活动的测度的新兴计量学的创造与研究①。由于可以快速收集目标数据，让研究人员几乎实时看到文章、专著、数据集等通过各级学术生态系统的传播情况，Altmetrics 迅速成为科学计量学的研究热点之一。

Altmetrics 兴起早期主要被用于论文的相关研究。例如，艾森巴赫(G. Eysenbach)发现通过推特(Twitter)中的推文数量(Tweets)能够在论文出版后的 3 天内就预测出后期的高被引论文[14]；泰尔沃尔(M. Thelwall)研究了 Twitter、Facebook 及下载量等 11 个 Altmetrics 与论文被引次数的相关性，发现 Twitter 等指标与被引次数具有显著的相关性，但 Linkedin、Pinterest 等指标则缺乏相关的证据[15]。此外，博客提及量[16]、社会书签[17]等指标与论文被引次数的相关性也被研究者所关注。这些研究主要关注 Altmetrics 与传统引文指标的相关性。它们一方面厘清了在诸多 Altmetrics 中哪些指标与引文指标的内在表征较为一致，另一方面也发现了部分与传统引文指标相关性较差的 Altmetrics。这些指标所代表的科学意义，成为研究者进一步的关注点。

随着一些商用数据库平台推出针对图书的 Altmetrics，研究者们又有了新的研究对象。最早运用 Altmetrics 对图书影响力评价进行分析开始于 2014 年，祖卡拉(A. A. Zuccala)等人以历史学专著为研究对象，发现 Goodreads 的评分数与被引频次之间仅存在微弱的相关性[18]。Goodreads 上的图书很多都是非学术类书籍，对于这些图书采用传统的引文评价显然是不合适的，这也引发了大家对于非学术类书籍，特别是文学类等畅销类图书如何进行评价的思考。2016 年，库沙(K. Kousha)和泰尔沃尔通过从 WoS 中抽取 2008 年

---

① Priem J, Hemminger B H. Scientometrics 2.0: New metrics of scholarly impact on the social Web[EB/OL]. [2011-12-21]. https://firstmonday.org/ojs/index.php/fm/article/view/2874/0.

出版的 2 000 余种专著以及 1 300 余种 Amazon 热销图书进行分析，证实 Amazon 评论数与图书的被引频次具有中度相关性[19]；2017 年，托雷斯-萨利纳（D. Torres-Salinas）等利用 PlumX 平台，以西班牙某大学出版的专著为研究对象，分析了 18 个 Altmetrics 的特性及相关性，发现不同指标的覆盖率具有较大差异，并认为藏馆数量是对图书影响力评价最有效的评价指标[20]。这两个案例其实主要还是对于畅销类图书和学术类图书进行评价，对于非学术类的一般书籍的评价，由于指标的覆盖率较低，很多书籍缺少相关的指标值，采用 Altmetrics 进行评价的难度较大。此外，从 Altmetrics 的相关研究所覆盖的指标可以看出，一些学者将学术文献的下载量、阅读量等指标也视为 Altmetrics 的组成部分，即将学术文献的使用数据作为 Altmetrics 的子集进行研究。

事实上，基于学术资源的使用数据的文献计量学，出现得要比基于社会网络的替代计量学早得多，甚至在引文指标出现之前就已存在。比如，国外图书馆早期对纸质图书和期刊的借阅量进行统计，从而辅助图书馆的资源建设与评价[21]，也有图书馆通过对读者的借阅行为等进行分析，辅助图书馆的馆藏调整等决策[22]。但是，由于对纸质文献的使用数据很难进行大规模的收集与统计，在纸质文献时代基于学术资源使用数据的文献计量研究并不多见。随着互联网的发展，期刊和图书的出版逐渐走向数字化，越来越多的学术文献可以通过网络进行浏览、下载和使用，并且这些行为能够即时地被 Web 服务器记录并储存在数据库中。尽管这些数据不能说明诸如用户为什么下载、分享等使用动机问题，但直接反映了读者对学术文献的使用倾向，即哪些学术资源被使用、谁在使用，以及什么时候在使用，等等[23]。在此背景下，越来越多的研究者对学术文献使用数据进行采集、整理和挖掘分析，以发现与用户使用行为相关的特点、规律，或者通过学术文献使用数据进行相关性研究，由此产生了被国际学术界称为 Usage Metrics 的研究热点[24-25]。一些数据库厂商也紧跟步伐,推出了基于自身平台的使用计量指标,如 WoS 平台的 Usage 指标[26],Springer 的 Download 指标[27],Nature 平台的文章页面浏览量指标(Article Page Views)[28-29],PLoS 的 Article Level Metrics[30],以及中国知网的总下载量指标[31]、热度指标等。

Usage Metrics 与 Altmetrics 有许多类似之处,一些学者也经常将两者混淆使用,但也有一些学者指出对两者进行区别的重要性。比利时鲁汶大学的沃尔夫冈·格伦泽尔(Wolfgang Glänzel)教授在科学计量学的著名刊物 *Scientometrics* 上曾发表题为 *Usage metrics versus altmetrics: Confusing terminology?* 的文章,他指出 Usage Metrics 和 Altmetrics 除了历史属性不同外,两者在数据来源、数据的稳定性等方面也存在诸多差异[11]。在这之后,Usage Metrics 作为科学计量学的重要研究领域之一,逐渐被更多学者所接受。

本书通过对 Usage Metrics 的相关文献进行检索后发现,目前对于 Usage Metrics 的研究主要集中在如下 5 个方面。

1. 用户对于学术文献的使用模式的研究

大连理工大学的王贤文等就曾利用文献下载数据做过一个非常经典的文献使用模式研究。他们认为进行文献下载和阅读是科学研究中非常重要的一个环节,科学家下载文献时必定是正在进行科学研究,于是他们基于 Springer 的下载数据,对全球科研人员下载论文的海量时间数据进行收集与统计,定量揭示出科学家每日工作周期节律的共性与地域差异[2-3]。这篇论文为探索研究科学家的工作时间表提供了一个新颖的视角,并引发了全球科学家的极大共鸣,引导社会大众对科研人员的工作状态形成正确的认知,*Nature* 刊发了对该文的长篇采访报道 *Lab life: Balancing act*。在这之后,WoS 推出了使用数据指标 Usage Count,该指标记录了用户使用某一文献的次数,其使用行为包括全文链接点击或者各种格式文件的保存,按记录时间分为近期使用量 U1 和长期使用量 U2 两个指标,其中 U1 记录的是近180天内的使用量,U2记录的是自2013年2月1日起的使用量[32]。王贤文等继而对WoS的使用数据进行了分析,发现WoS的使用数据符合幂律分布规律,用户倾向于使用最新发表的论文,论文的被引量对使用量具有一定的推动作用,一些高被引论文在发布后很长一段时间仍被使用[26]。那么这一发现是否具有平台差异性呢?于是,陈必坤等对WoS和Springer两个数据库的使用数据进行了比较分析,发现用户更倾向于使用免费、便捷的Springer,并且Springer的使用数据更具学科差异性[33],这一方面说明了数据库的易用性能够吸引更多的用户,另一方面也说明用户的数量越多,用户学科差异性也就越大。上述文献主要是基于国际的商用数据库进行研究,用户群体来自世界各地,那么中国的情况如何呢?段宇锋等以中国知网的9 000余篇图情领域期刊论文作为研究对象,用二步聚类法对论文的下载模式在绝对视角和相对视角下进行分析,探讨了不同的下载模式及其影响因素[4]。他们发现在绝对下载量视角下,期刊论文可以分为4种下载模式,前3种模式均可表示为幂函数,第4种模式在所研究的时间框架内并未表现老化趋势;在相对下载量视角下,期刊论文分为两种下载模式,并且都表现为幂函数形式,只是变化速度存在差异。不同模式下论文下载量与题名长度、作者数量或关键词数量仅存在弱相关或不存在显著相关性,而第一年的下载量与总下载量存在中度相关性到强相关性,并且绝对下载量越低,相关性越强,采用第一年的下载量来推测未来几年的总下载量是可能的。总体来说,文献使用数据的这样一些规律并没有因为平台不同而出现较大的差异。

2. 通过使用数据研究文献的老化规律

以前对于文献老化规律的研究主要基于引文数据,由于引用行为的滞后性,对于文献老化情况的分析可能存在一定的偏差。比如,当我们运用引文数据发现某一文献达到引用顶峰时,其真正的使用高峰事实上可能发生在一年以前。因此,文献使用数据出现伊始,一些学者便迅速捕捉到了这一数据类型在研究文献老化过程中的重要作用。例如,莫埃德(H.F. Moed)从期刊和国家等视角研究了使用数据的历时和共时老化规律,并与基于被引量的老化规律进行了比较[34-35],指出基于下载和引用行为的文献老化规律均存在学科差异[35];段宇锋等发现期刊论文的下载模式在多数情况下符合幂律函数[4]。这些研究发现基于下载量研究文献的老化更具有即时性,同时也发现基于下载量和基于被引量研究文献老化具有很大程度上的一致性。

3. 运用使用数据探索科研趋势

如果关于某一主题的文献正在被持续、频繁地下载,说明这一主题正在得到科研工作者的大量关注,极有可能是目前的研究热点,通过获取研究者正在下载、阅读和使用的科学文献信息,可以反过来判断科学家目前正在从事的研究主题。基于这样的假设,博伦(J. Bollen)等利用图书馆读者日志数据,分析了机构用户的研究趋势[37],这虽然是对机构用户的案例研究,但也开启了一个探索科研趋势的新方法。后来,王贤文等通过全球科学文献被下载的即时信息,辅以科学文献在社交媒体中被关注的信息,实时追踪某一领域的研究趋势,挖掘研究热点,探测研究前沿[38]。赵雅馨等借助 altmetric.com 工具进行文献使用数据下载,获取信息与计算科学大类下文献的全集数据,通过 SPSS 随机抽样得到 2 500 条文献的使用数据,并在此基础上分析综合关注度最高(Top 5%)与关注度最新文献的主题,结合相关资料,探讨在研究热点探测中,利用文献使用数据的可行性[39]。江布拉提·吾喜洪等通过分析 Twitter 识别学科领域研究前沿的原理,提出基于学者影响力及内容影响力的学科研究前沿监测指标体系并开展学科领域研究前沿探测,通过对比自然语言处理领域顶尖专家的分析报告,探测模型能够及时识别出自然语言处理领域 13 个研究前沿中的 8 个研究前沿[40]。

4. 使用数据与引文数据的相关性研究

使用数据出现伊始,研究者们便将目光聚焦到使用数据和引文数据的相关性研究上,不同的研究者利用不同的数据集,得出了不尽相同的研究结论。莫埃德以期刊《四面体通讯》(*Tetrahedron Letters*)为例,研究了 ScienceDirect 的论文下载量与 SCIE 中的被引量的相关性,结果显示论文发表 25 个月后两者的 Spearman 相关系数仅有 0.220[34];布罗迪(T. Brody)等则分别以 arXiv.org 和 Citebase 作为其下载量和被引量数据的来源,来探讨利用早期下载量预测后期被引量的可行性,发现两者的相关系数从论文发表 1 个月后的 0.270 上升到 24 个月后的 0.440[41];格雷罗-博特(Guerrero-Bote)和莫亚-阿内贡(Moya-Anegon)从 ScienceDirect 和 Scopus 获取下载量和被引量数据来研究两者之间的相关性,发现在期刊水平上两者的相关系数为 0.780,而在论文水平上两者的相关系数仅为 0.480[42];施洛格(C. Schloegl)等利用 ScienceDirect 提供的下载量数据,结合 JCR 或 Scopus 提供的被引量数据,进行了一系列相关研究,显示相关系数范围为 0.600—0.800[6-7]。此外,Mendeley 的阅读量也是一个重要的使用数据来源。例如,塞尔沃尔(M. Thelwall)研究了论文发表一个月内在 Mendeley 中的阅读量与 20 个月后论文的被引量,发现两者具有较高的相关性[43];阿斯克里迪斯(J.M. Askeridis)仿照传统 H 指数的计算方法,提出了基于 Mendeley 阅读量的 H_{men} 指数,并比较了两者的差异[44]。可以看出,相对于下载量,Mendeley 阅读量似乎与传统的引文量具有更高的相关性,这可能与使用群体和使用目标的一致性有关,使用 Mendeley 的群体更有可能在撰写论文,也更有可能在后续对文献进行引用。

5. 使用数据的影响因素研究

究竟是什么原因造成了不同的文献有着不同的使用量?就算是发表在同一期刊同一期上相邻的两篇论文,其使用计量指标也可能存在天壤之别。许多研究者就这一因果问题进行了探索。例如,贾马里(H.R. Jamali)等发现长标题论文的下载量要略微低于短标题论文[45],然而哈比卜扎德(F. Habibzadeh)等却发现论文标题越长,其下载量和被引量越多[46];段宇锋等发现不同模式论文下载量与标题长度、作者数量、关键词数量等因素的相关性较弱,并且不同模式下,下载量对不同的论文特征的反应不一,但首年下载量与论文的总下载量之间表现出中到高度的相关性[4];佐赫迪(Z. Zahedi)等发现合作论文在 Mendeley 中具有更高的收藏次数,而标题长度、论文页数等指标与阅读量的相关性则较弱[47]。但总体而言,上述研究均只涉及相关性分析,尚未涉足因果分析。

通过分析上述文献不难看出,对于文献使用数据,已有众多研究者进行了科学计量学方面的探索,为我们了解、利用文献使用数据提供了丰富的资料。但是,产生这些文献使用数据的是每一个使用者的具体行为,而使用者的动机,我们却知之甚少。比如,面对同样主题的两篇论文,使用者为何选择其中的一篇而不选择另外一篇下载? 使用者在阅读完许多文献后,为什么会想把其中一篇在社交网络中分享? 使用者将文献保存到文献管理软件中是想后续引用方便,还是想后续阅读方便? 诸如此类的因果问题我们尚无法回答,因此需要引入行为动机相关理论知识进一步进行因果分析。

2.2 动机理论

"动机"(motivation)一词源于西方哲学,最早见于 1813 年哲学家亚瑟·叔本华(Arthur Schopenhauer)的博士论文《论充足理由律的四重根》(*On the Fourfold Root of the Principle of Sufficient Reason*),用于指代人类(和动物)行为的内部原因。根据这一原始的定义,爱德华·伯克利(Edward Burkley)将"动机"定义为:为行为提供能量和方向的内在过程[48]。

动机的理论起源则更加久远,最早可以追溯到古希腊时期苏格拉底和柏拉图等提出的享乐主义,他们认为人类的行为受到享乐主义的驱使。这一时期的享乐主义主要是指追求纯粹的身体快乐,如性爱、食物和酒精。柏拉图后来提出的动机三分论(食欲、精神、理性)进一步拓展了享乐主义的内容。到中世纪和后文艺复兴时期,一些哲学家对于情绪的论述进一步发展了古典的动机理论。例如,奥古斯丁认为所有的情绪都是一种选择或意志,阿奎那采用柏拉图的三分论并进一步将其简化为身体和精神两部分,提出了动机二分法。在启蒙时代,杰里米·边沁发展了享乐主义,提出了功利主义,功利主义认为某个行为导致快乐或痛苦只是影响动机的诸多因素之一,还需要考虑快乐的强度(有多强烈)、持续时间(持续多长)、确定性(发生的可能性有多大)、接近性(过多久会发生)、重复性(是否会再次发生)等,通过确定快乐的这些维度,边沁成为第一个强调某些动机特质(包括强度、持续时间和确定性)重要性的学者[48]。

以上学者更多是从哲学的角度阐述动机的内涵,关于动机的心理学则起源于20世纪初。例如,威廉·冯特、威廉·詹姆斯对于意志(will)的研究;达尔文、詹姆斯、麦独孤对于本能(instincts)的研究;弗洛伊德、赫尔对于驱力的研究;托尔曼对于激励(incentives)的研究,等等。到20世纪中叶,随着行为主义的兴起,动机理论研究逐渐走向消亡,直到20世纪80年代,动机研究才有了新的突破,在心理学研究期刊上,出现了很多关于动机的研究。根据动机研究学会(Society for the Study of Motivation)的一项调查,2010年在一本顶级心理学期刊上发表的文章中,43%的文章在其标题中包含与"动机"相关的关键词。

从这些研究可以看出,人们对于动机的研究几经沉浮,其概念和内涵也在岁月的长河中有多次发展和变化,但其核心思想始终未变。正如一些早期的哲学家如弗兰西斯·哈奇森、大卫·休谟,以及心理学家如威廉·詹姆斯、威廉·麦独孤等人使用"人类行为的发条"这一术语讨论驱动行为的因素一样,动机的核心在于是什么驱动了人的行为。

现代动机理论的观点认为,动机是指以一定方式引起并维持人的行为的内部唤醒状态,主要表现为追求某种目标的主观愿望或意向,是人们为追求某种预期目的的自觉意识,动机是由需要产生的,当需要达到一定的强度,并且存在着满足需要的对象时,需要才能够转化为动机[49]。在历史的长河中产生了诸多复杂多样的动机理论,近代比较有代表性的理论包括本能理论、精神分析学说、驱力理论、唤醒理论,以及认知论等。这些理论试图建立一种普适性的动机理论,然而经过这么多年的发展,很难有一种完美的动机理论能够解释所有的行为动机,因此,不少研究者提出了在特定研究领域内相对细化的情境下的动机理论,如管理学中的赫茨伯格双因素理论、德西和瑞安的自我决定理论、洛克的目标设置理论等。

图书情报领域并没有形成自己的动机理论,本领域的学者一般是借助其他领域的动机理论来研究图书情报领域的行为。与本书最为相关的研究主要涉及使用满足理论、计划行为理论、技术接受模型、互联网使用动机理论,以及文献使用过程中的引用动机研究等。

1. 使用满足理论(Uses and Gratifications,U&G)

使用满足理论主要运用于大众传媒领域,通过分析受众对媒介的使用动机和获得需求满足来考察大众传播给人类带来的心理和行为上的效用。传统的传媒理论一般研究讯息如何作用于受众,而使用满足理论强调受众的能动性,突出受众的地位。一般认为其提出者是伊莱休·卡茨(Elihu Katz),其代表作为《个人对大众传播的使用》以及和布卢姆勒合作出版的《大众传播的使用:满足研究的当前视角》。上述著作被认为是使用满足理论的代表作。

事实上,使用满足理论可以追溯到20世纪40年代,最初的研究者主要关注为什么受众会消费不同类型的媒介[50]。这些早期的研究发现同一个媒体可以被不同的用户以不同的目的所使用。例如,贝雷尔森(B. Berelson)发现在报业罢工时,很多用户会出于不同的原因而想念报纸,说明用户使用报纸不仅仅是为了获取新闻[51];莱利(M.W. Riley)也发现不同的小孩对于阅读冒险故事有着不同的目的,即读者会基于不同的目的而使用相同的媒体[52]。后续的一些研究主要围绕使用满足模型的修正和扩展、对不同研究结果进行比较,以及在整合传播的视角下检视作为社会现象的大众媒体的使用[53]。

与此同时,一些使用满足理论的研究者也对理论的潜在假设、理论架构、研究方法等进行了诸多批评和反思。例如,鲁宾(A.M. Rubin)认为媒介消费行为不一定是目标导向或者动机驱动的,习惯性和意向性同时存在[54];布卢姆勒(J.G. Blumler)认为主动性并不是一个二分变量(主动或被动),受众的主动程度会因媒介内容和社会环境的不同而有所区别[55]。此外,使用满足理论忽视了结构、社会、文化等因素的影响,对于需求、满足、动机等核心概念没有进行清楚的界定,在研究方法中,已有的使用满足理论都基于个体自我报告数据,这也导致了其结果的可靠性被质疑。基于这些质疑所进行的改进也进一步拓展了使用满足理论:一方面,后续研究考虑了结构性因素和个性因素的影响;另一方面,部分研究者将使用满足理论与其他相关理论进行结合,以弥补使用满足理论的不足之处,如媒介依赖理论、创新扩散理论,以及我们下面要提到的计划行为理论和技术接受模型。

2. 计划行为理论(Theory of Planned Behavior,TPB)

计划行为理论是由阿吉赞(I. Ajzen)[56]提出并在原有理性行为理论(Theory of Reasoned Action,TRA)[57]的基础上发展起来的。TRA的基本假设是认为人是理性的,在做出某一行为前会综合各种信息来考虑自身行为的意义和后果。在TRA中,个体的行为可以通过个体的行为意图推断,而个体的行为意图又是由个体的行为态度和主观规范决定的。TRA提出任何影响因素都只能通过态度和主观规范来间接影响使用行为,它具有一个重要的隐含假设,即个人有完全控制自己行为的能力。然而在实际的应用中,阿吉赞认识到受环境的制约,有些行为并非完全由个体控制,比如习惯化行为、潜意识的行为等很少考虑到理性因素,而且个体行为控制对个体行为的产生也起到重要的作用。个体行为控制主要是指个体的执行能力和相关限制条件(如机会、时间、资源等外部环境)的影响。因此,阿吉赞引入了"感知行为控制"维度,将 TRA 进一步修正和完善,提出了 TPB。

在 TPB 中,个体行为的发生主要受到行为意图和感知行为控制的影响。行为意图则受到行为态度、主观规范及感知行为控制 3 个维度的影响。TPB 模型如图 2-1 所示,其具体结构阐述如下。

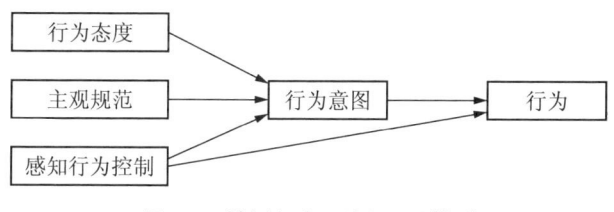

图 2-1 计划行为理论(TPB)模型

行为态度是个体对该种行为所持有的正面或负面(积极或消极)的评价,是由行为信念和结果评价加权后的乘积函数综合[58],也是指个人对特定行为评价经过概念化后形成的态度。一般来说,个体行为态度对行为意图具有直接影响。个体对特定行为的态度越正向(积极),行为意图就会越强烈;反之,个体对特定行为的态度越负面(消极),行为意图就会越弱。

主观规范是指个体对于是否采取某种行为时所感受到的社会压力,即个体行为决策会受到周围环境及他人的影响。一般情况下,周围人(包括与个体亲密的人、对个体重要的人)对个体采取行为的期望或支持与否会影响个体行为的产生。当周围人支持特定行为时,个体采取该种行为的意图就会越强;反之,则行为意图越弱。

感知行为控制是指个体对行为执行的可控制程度,反映个体过去的经验和预期的阻碍。感知行为控制取决两个因素:机会和资源。当个体认为自己所掌握的资源与机会越多,以及所预期的阻碍越少,则感知行为控制就越强。简而言之,感知行为控制反映了个体对实施某种行为所感受到的容易或困难程度。当感知行为控制越高,行为意图越强;反之,行为意图越弱。

行为意图是指个体对采取特定行为的主观概率判定,即产生该行为的可能性。作为 TPB 的核心因素,它反映了个体对特定行为的采取意愿。行为意图与行为之间存在高度的相关性[56],行为意图可解释 19%—38% 的行为变异[59]。一般来说,行为意图越强烈,意味着个体采取该行为的可能性越大。

目前,TPB 已广泛应用在各学科领域,在行为分析和预测中取得许多研究成果。学者们在应用基础的计划行为理论时,还根据自身的研究领域和行为特点,不断对 TPB 进行扩展和深化,证实了 TPB 在预测人类行为方面的有效性。例如,有学者在 TPB 中增加感知电子协作绩效这一维度,对电子协作意向预测的 R^2 由 0.63 提高至 0.71[60];金(Y. Kim)在研究社交平台文献分享行为时,将社区利益、风险和互惠性加入 TPB 中,克服了 TPB 作为通用模型的局限性[61];法乌兹(M.A. Fauzi)则是在 TPB 中增加感知成本和使用便利,结果表明两者对马来西亚高校学者知识分享行为意愿均具有显著影响[62]。

3. 技术接受模型(Technology Acceptance Model,TAM)

技术接受模型是 1989 年戴维斯(F.D. Davis)运用理性行为理论研究用户对信息系统接受程度时所提出的一个模型[63],其最初的研究目的是对计算机技术被广泛接受的决定性因素做一个解释说明。如图 2-2 所示,该技术接受模型(TAM)提出了两个主要的决定因素,即感知有用性(perceived usefulness)和感知易用性(perceived ease of use)。泰奥(T. Teo)等在研究用户对互联网的使用动机时,进一步发现除感知有用性和感知易用性外,感知愉悦性(perceived enjoyment)也在一定程度上影响用户的使用倾向[64]。其中,感知有用性是指个体认为通过使用系统可以提高其工作绩效的程度,如系统能否帮助员工更快地完成任务;感知易用性是指个体为了使用技术而必须付出精神或身体上的努力的程度。

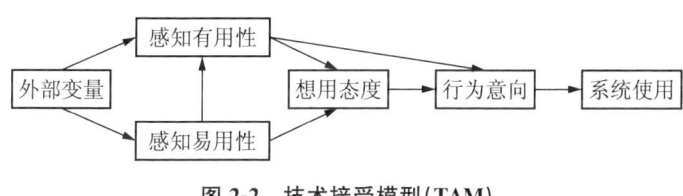

图 2-2 技术接受模型(TAM)

尽管一些学者认为 TAM 缺乏主观规范,并用其他因素(即社会影响、年龄和性别)对其加以扩展,但它仍然是一个有用的通用框架,并在许多情况下显示出高度的预测性。有学者通过对 TAM 的系统性研究,提出了拓展的技术接受模型:TAM2 和 TAM3。

如图 2-3 所示,与原始的 TAM 的区别在于,TAM2 认为社会影响(包括主观规范、自愿性、印象)和认知结构(工作适用性、输出质量、结果论证的可能性、感知易用性)是感知有用性和使用意愿的决定因素,而使用系统后的经验增加会削弱主观规范对感知有用性和使用意愿的影响程度[65]。

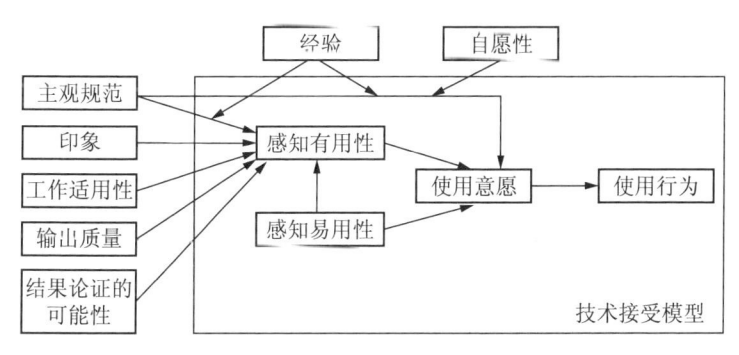

图 2-3 拓展的技术接受模型(TAM2)

TAM3 则认为使用意愿由绩效预期、努力预期和社会影响所决定,使用行为由使用意愿和便利条件所决定,而性别、年龄、经验和使用的自愿性在不同程度上影响了上述决定因素[66]。

从技术接受模型的发展过程来看,后续的模型都是在前期模型的基础上,通过实证研究不断补充关键因素形成的,但其核心,即意愿(态度)决定使用行为是没有改变的[67]。

以上简要介绍了动机理论的发展概况,以及与本书相关的几个模型,但是涉及的研究领域主要为哲学、心理学、传播学或市场营销学等领域,与图书情报领域相去甚远。因此后续的文献综述主要围绕互联网使用动机、文献引用动机、其他文献使用行为动机展开,以便由远及近地介绍与文献使用动机最为密切相关的研究。

2.2.1 互联网使用动机

从本质上来说,对于数字文献的大多数使用行为其实就是一种互联网使用行为。例如,下载、保存、分享等文献使用行为都是通过互联网进行的知识的获取和传播,与传统的互联网行为(电子购物、网络社交等)具有相似之处,网购行为中商品的搜索和购买就是商品获取和传播的过程。因此,关于互联网使用动机的研究与文献使用动机的研究密切相关,其研究方法与结论对文献使用动机研究有着十分重要的借鉴意义。

国际上对于互联网使用动机的研究始于 1995 年左右(见图 2-4),恰逢电子商务兴起之初,因此不少研究主要涉及用户基于互联网进行购物消费的动机[68]。例如,有学者从功利主义和享乐主义两个角度探讨网络购物动机,认为功利主义动机是消费者搜索意图和购买意图的决定因素,享乐动机对搜索意向有直接影响,对购买意向有间接影响[69];有学者探讨了网上购物者的享乐购物动机与强迫症型购买行为,发现购买者追求冒险和创意的动机对强迫症型购买行为有积极影响,但是需求满足的动机在网络购物方面的作用却微乎其微[70];库卡尔·金尼(Kukar-Kinney)等通过对一家互联网服装零售商的客户进行调查,发现用户使用互联网购物的动机包括产品和信息的多样性、不被觉察的购买能力、避免社交互动等[71]。互联网使用动机相关文献发文趋势如图2-4所示。

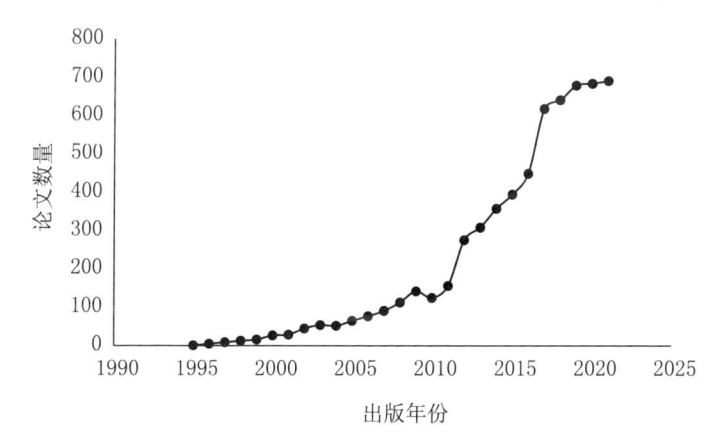

图 2-4　互联网使用动机相关文献发文趋势

普适性的互联网使用动机研究首见于卡兹和阿斯普登(P. Aspden)开展的一项全国性的调查,他们发现,社会—个人发展(sociopersonal development)是受访者使用互联网的驱动性因素,并且发现受访者强烈渴望提高互联网的易用性[72],这也为后续的互联网使用动机研究中引入易用性提供了铺垫。

1999年,泰奥通过改进技术接受模型(TAM)较为深入地研究了互联网使用的内在动机和外在动机,结果发现用户使用互联网主要是因为使用者认为互联网对完成工作任务方面有用(感知有用性),其次是因为使用互联网所带来的愉快感(感知愉悦性)且易于使用(感知易用性),并且感知有用性对所有使用维度(互联网使用频率、互联网使用时长和互联网使用的多样性)都有显著性影响,而感知易用性和感知愉悦性对每个具体使用维度的影响则不同[64]。这一研究确立了 TAM 在互联网使用动机研究方面的重要地位，随后众多学者基于 TAM 对在线购物、在线教育[73]、社交网站使用等互联网使用行为进行了更为细致而深入的研究。

在互联网使用动机的外部影响因素方面，泰奥研究了与互联网使用活动相关的人口统计学变量(性别、年龄、教育水平)和动机变量(感知易用性、感知愉悦性、感知有用性)之间的关系，发现男性更可能参与下载和购买活动，而女性更可能参与信息传递活动，较年轻的用户参与消息传递和下载活动的程度比老年用户更深[74]。

国内对于互联网使用动机的研究开始于 2004 年左右，主要研究对象是大学生互联网使用行为与使用动机的关系，特别是对大学生病理性互联网使用行为与动机之间的关系展开研究，如徐梅等通过构建互联网使用行为与使用者社会心理健康的整合性关系模型，发现构成互联网使用动机的人际情感成分与信息获取成分是两种独立的动机模式：信息获取性动机有助于使用者社会健康水平的提高，并间接地对其心理健康水平产生积极作用；人际情感性动机导致病理性互联网使用行为模式的形成，并间接地对使用者的社会健康和心理健康产生消极作用[75-76]。

同时，国内也有许多学者对互联网购物动机进行了研究。例如，桑辉和许辉归纳了网上购物的动机，并利用技术接受模型构建了消费者网上购物动机模型[77]，遗憾的是，他们并未进行实证研究；沈丹也对消费者网上购物动机进行了归纳，并根据这些动机从网络营销服务方面提出了相应的营销策略[78]；凌鸿等通过对手机用户的访谈提出了内容传递类移动商务应用的用户接受模型，并通过问卷调查对模型中的假设进行了检验，证实了 TAM 在解释消费者电子商务行为上的可行性[79]；陈毅文等从消费者角度提出了网上购物决策框架，通过访谈法、问卷调查、实验室模拟和服务器日志文件收集数据，探讨了我国文化背景下消费者的网上购买行为，并研究了影响消费者网上购买决策的因素以及风险认知和网上购物态度在模型中的中介作用[80]。

互联网使用行为与互联网使用者心理健康的关系问题存在矛盾的研究结果,这种矛盾既可能同互联网功能的多样化使不同研究难以全面包容互联网所有功能有关,也可能在更大程度上与互联网使用者基于不同动机而使用互联网的行为模式有关[81]。因此,不同的使用动机导致了不同的使用模式,而不同的使用模式又在一定程度上反映了不同的使用动机。

通过对互联网使用动机文献的分析,不难看出技术接受模型是使用最为广泛的一个模型,其适用性和可靠性得到了诸多相关研究的证实。

2.2.2 文献引用动机

最早开始文献引用动机研究的学者是建立科学引文索引的加菲尔德,其在1962年首次提出了15种可能的引用动机①,分别为:向先驱表示致敬;向同行表示致敬;确认所采用的方法设备等;提供研究背景;纠正自己的工作;纠正他人的工作;评价前人工作;对自己的主张寻找充分证明;预告将来的工作;对未被传播、很少被标引或未被引证的文献提供向导;验证数据及物理常数等;指出某种想法或概念的原始出处;指出某个概念或名词的原始资料;对他人观点的否定;对他人声称优先权的否定。随后,利佩兹(B. Lipetz)对引文行为的不同种类进行了分类[82]。虽然两位先驱未通过获取数据进行实证研究,但首次对引用动机的概念进行了阐述。

布鲁克斯(T.A. Brooks)是首个通过访谈获取数据对科研人员引用动机进行研究的学者,他将调查到的引用动机分为积极引用、消极引用、提醒读者3种类型[83]。随后,有更多的学者开始利用调查

---

① Garfield E. Can citation indexing be automated[EB/OL]. [2023-4-27]. http://garfield.library.upenn.edu/essays/V1p084y1962-73.pdf.

访谈的方法对不同对象的引用动机进行研究[84-89],获得了一些有益的成果。埃里克森(M.G. Erikson)在总结前人成果的基础上,将引文动机归纳为论证动机、社会联系动机、利益结盟、数据功能4类[90]。

国内对引用动机的研究开展较晚。马凤和武夷山分别以《中国科技期刊研究》的作者和中国情报学核心作者为对象,开展了国内首个关于文献引用动机的调查[91];李正风和梁永霞另辟蹊径,从生态学的角度对文献引用动机进行了阐述[92];邱均平等根据前人的研究成果归纳出 5 个重要的引用动机,并检验了引用动机对引用行为以及不同引用动机间的影响关系[93];刘宇等以重复发表论文为研究对象,以刊物等级、重发路径、发表性质、学科跨度为解释变量,以被引次数为被解释变量,分析我国图情学界科研人员的文献引用动机,发现在有效控制论文质量的前提下,科研人员的文献引用动机具有明显的权威尊崇色彩,符合说服论对文献引用动机的理论解释。[94] 总的来说,我国对于文献引用动机的实证研究相对较少,研究对象也主要集中在图情领域的学者。同时,文献引用动机多为描述性统计分析或基于文献分析的理论研究,尚缺少相关的模型分析。

2.2.3 其他文献使用行为动机

除了文献引用和文献分享两种文献使用行为外,对于其他一些文献使用行为动机的研究相对较少,偶见有零星报道。例如,李(J. Lee)研究了在学者在 ResearchGate 上进行自存档的动机,发现文献的可及性是自存档最主要的因素,其次是利他主义、互惠、信任、自我效能、声誉、宣传和其他因素[95];穆罕默迪(E. Mohammadi)研究了用户在文献管理软件 Mendeley 中使用书签的动机,发现在 Mendeley 中 Bookmarking Counts 能够很好地反映用户的阅读情况[96]。国内虽然也有学者对微信[97-98]、微博[99-101]的使用动机进行研究,但较少有研究涉及在这些平台上的文献使用行为。可能是由于中国传统文化的内敛特质,在公共平台上进行文献保存、传播、分享的行为较少,从而导致对于这种行为的研究也不多。

2.3 现有研究的局限性

在 Usage Metrics 领域,或者更为广泛的 Altmetrics 领域,现有研究主要关注由文献使用行为所产生的可量化的结果,即计量指标,并对计量指标的数理性质、变化规律、作用等展开了大量研究,但是对于其产生的原因——使用者动机,却极少涉足,仅有部分研究基于社交媒体的视角对文献分享行为进行了探讨,而对于更为常见的文献下载、文献保存等文献使用行为的动机则鲜有关注,更未有研究系统性地探究文献使用各个环节的动机及其相互联系。为了深刻理解指标背后所蕴藏的内涵,有必要对形成文献使用计量指标的文献使用行为展开动机调查研究,以填补这一空白。

3 文献使用动机的基本要素

3.1 科学大数据与科学文献大数据

根据经济合作与发展组织(Organization for Economic Cooperation and Development, OECD)的定义,科学数据是指科学研究基本来源的事实记录,包括数值、文本、图像和声音,是科学团体共同接受的对研究结果有用的数据。我国《科学数据管理办法》也对科学数据做出了定义:科学数据是指在自然科学、工程技术科学等领域,通过基础研究、应用研究、试验开发等产生的数据,以及通过观测监测、考察调查、检验检测等方式取得并用于科学研究活动的原始数据及其衍生数据。科学数据对于科学研究的重要性与日俱增,科学研究正高速步入吉姆·格雷提出的"第四范式"时代——数据密集型科研范式时代。

大数据指高速(velocity)涌现的大量(volume)多样化(variety)数据[102]。随着互联网、云计算、物联网等技术在科学研究中的发展和运用,科学研究所产生的数据也越来越呈现大数据的趋势,如地球科学研究中的观测数据领域,每时每刻都在产生各种图形、声音、测量数值等多样化的庞大数据,为研究者了解地球的运行提供丰富的资料。可以认为,与科学活动相关的大数据皆可称为科学大数据[103]。作为大数据的一个分支,科学大数据正在成为科学发现的新型驱动力,引起有关国家和科技界的高度重视[104]。

科学大数据存在于科学活动全过程各个环节。这里的科学活动指广义上的科学活动,其数据不仅包括科学家个人及团队中的实验、观测、调查、计算分析等数据,也包括政府管理部门调查所得的人口、经济数据,互联网上用户行为、用户生产内容,大型科学设备如CERN大型强子对撞机产生的记录数据,各种联网的自动监测网络、大规模计算模拟等自动产生的数据,以及图书馆等数据管理与服务部门整编、加工形成的数据,等等。这些科学数据不光数据量大、产生的速度快、复杂度高,而且往往伴随着大量的噪声。

科学大数据的价值是巨大的,为我们了解客观世界,预测经济、社会发展提供了极为重要的资料,因此我国对于科学大数据的管理也相当重视。2014年10月,在北京香山饭店召开了第507次香山科学会议,主题就是"科学大数据的前沿问题"。2015年,国务院印发了《促进大数据发展行动纲要》,其中明确指出:

> 发展科学大数据,积极推动由国家公共财政支持的公益性科研活动获取和产生的科学数据逐步开放共享,构建科学大数据国家重大基础设施,实现对国家重要科技数据的权威汇集、长期保存、集成管理和全面共享。面向经济社会发展需求,发展科学大数据应用服务中心,支持解决经济社会发展和国家安全重大问题。

在此背景下,关于科学大数据的管理与实践的课题不断涌现。例如,2016年,国家重点研发计划"科学大数据管理系统"项目正式立项;2018年,中国科学院战略性先导科技专项(A类)"地球大数据科学工程"正式立项;2019年6月,科技部、财政部联合公布了20个国家科学数据中心(见表3-1)。这些课题的开展和国家科学数据中心的成立为科学大数据的产生、采集、保存、利用提供了诸多经验。

表 3-1　2019 年成立的 20 个国家科学数据中心

序号	国家平台名称	依托单位	主管部门
1	国家高能物理科学数据中心	中国科学院高能物理研究所	中国科学院
2	国家基因组科学数据中心	中国科学院北京基因组研究所	中国科学院
3	国家微生物科学数据中心	中国科学院微生物研究所	中国科学院
4	国家空间科学数据中心	中国科学院国家空间科学中心	中国科学院
5	国家天文科学数据中心	中国科学院国家天文台	中国科学院
6	国家对地观测科学数据中心	中国科学院遥感与数字地球研究所	中国科学院
7	国家极地科学数据中心	中国极地研究中心	自然资源部
8	国家青藏高原科学数据中心	中国科学院青藏高原研究所	中国科学院
9	国家生态科学数据中心	中国科学院地理科学与资源研究所	中国科学院
10	国家材料腐蚀与防护科学数据中心	北京科技大学	教育部
11	国家冰川冻土沙漠科学数据中心	中国科学院寒区旱区环境与工程研究所	中国科学院
12	国家计量科学数据中心	中国计量科学研究院	国家市场监管总局
13	国家地球系统科学数据中心	中国科学院地理科学与资源研究所	中国科学院
14	国家人口健康科学数据中心	中国医学科学院	卫生健康委
15	国家基础学科公共科学数据中心	中国科学院计算机网络信息中心	中国科学院

续表

序号	国家平台名称	依托单位	主管部门
16	国家农业科学数据中心	中国农业科学院农业信息研究所	农业农村部
17	国家林业和草原科学数据中心	中国林业科学研究院资源信息研究所	国家林草局
18	国家气象科学数据中心	国家气象信息中心	国家气象局
19	国家地震科学数据中心	中国地震台网中心	国家地震局
20	国家海洋科学数据中心	国家海洋信息中心	自然资源部

注：节选自科技部、财政部关于发布国家科技资源共享服务平台优化调整名单的通知（国科发基〔2019〕194号），并可参见中国科技资源共享网（http://www.escience.org.cn/data-center/）。

与此同时，科研工作者对于这些科学大数据的使用情况也被实时记录下来，产生了新的描述科学大数据使用情况的"使用数据"，一定程度上描绘了科研工作者们对于数据使用的全景图。

科学文献大数据是科学大数据中极为重要的一类数据。根据科学的统一性原则，科学研究从来都不是空中楼阁，而是需要建立在前人已有的研究基础之上。科学文献作为知识的载体，是科学活动的基础和源泉，同时也是科学活动的成果之一。每年大量的研究者以论文、图书等形式发表其研究成果。在WoS数据库中检索可发现，中国学者在2020年一年发表的WoS论文数量就达66万余篇，2021年达到75万余篇。按照这一增长速度，3年后中国学者一年的WoS论文发表数量就将超过百万篇。如果再加上国内期刊的论文数量，中国学者一年产生的论文数量不久就将达到千万级，这还不包括其他类型的文献数量。这些论文中，每篇论文都包含着丰富的数据类型，包括文本型数据如作者、题名、关键词、全文、参考文献等，数值型数据如参考文献数量、基金数量、页数、被引频次、下载频次等，不同论文之间的共引、耦合等关系也衍生为极为重要的关系型数据。可见,科学文献本身就是一个极为庞大的数据集。

与此同时,随着数字化时代的到来,越来越多的研究者倾向于使用电子文献。电子文献突破了时空限制、副本量限制,极大地提高了文献的使用率。同时,电子文献最大限度地保留了纸质文献的阅读习惯,可以任意翻页、设置书签、添加标注等,并且还具有纸质文献不具备的功能,如全文检索、字体缩放、复制粘贴等功能。多样化的功能也丰富了电子文献的使用方式,检索、点击、社交网站分享、收藏、保存、评论等区别于纸质文献时代的使用方式不断涌现。这些使用行为可被服务器实时记录,成为一类新的科学文献大数据,汇集到科学大数据的海洋中。

3.2 文献使用的主体和客体

文献使用的主体虽然可以统一定义为用户,但是在主体的属性上却呈现出多元化的现象,比如用户的身份包括教学与科研并重的专任教师、处于不同学习阶段的学生(本科生、硕士生、博士生)、专职科研人员、以文献为工作对象的图书馆馆员、进行软件工程等开发的技术人员、科技政策制定者,以及对某一史料或某一问题感兴趣的普通大众等。同时,主体的科研经历、所属学科、年龄、性别等个体差异对其使用动机也存在一定的影响,拥有不同属性的主体,在使用文献时有着不同的倾向性,其行为方式、使用效率并不完全相同。

首先,文献使用主体具有不同的身份,其使用目的可能迥然不同。教师使用文献的目的可能更加丰富,除了用于具体的科学研究外,也可能用于准备教学素材、传递知识、了解行业进展等;学生使用文献的目的则相对单一,一般是为了解文献信息并完成相关论文的撰写;图书馆馆员是一类较为特殊的群体,他们可能在使用文献的过程中并不需要对文献的内容进行深入了解,而只是对论文的外部要素进行识别,如对特定机构、特定作者的论文进行统计,或对特定主题的文献进行分析等。其次,文献使用主体的学科不同,使用倾向也不一样,如相比理科生,文科生使用图书可能更多,而工科生使用专利的机会也会明显多于文科生,医学生可能使用 PubMed 的频率要高于文、理科生。此外,年龄也会影响主体对于文献使用的倾向性,比如年龄较大的读者接受新技术的能力会相对较弱,其使用文献管理软件或者在互联网上分享文献的频率要低于中青年读者。

除了单个用户作为主体外,科研机构、图书馆等作为部分个体的集合,也是文献使用的主体。我们在对文献的使用率、投入产出率、保障率等进行评估时,就是以机构作为文献使用主体来进行分析。政策制定者在进行决策时,也会以更广泛的群体作为主体来进行判断。

因此,我们在对主体的文献使用动机进行分析时,在对主体进行总体分析的情况下,还需对不同的使用主体进行区分,这样得出的结论才更准确,运用于实践才能更有针对性,如图书馆在提供文献保障服务时可以对不同的用户进行画像,根据不同用户的使用需求开展精准化服务。另一方面,进行不同群体动机的分析,也可帮助我们对 Usage Metrics 的适用情境、可靠程度等做出评价。

文献使用的客体主要是读者阅读文献所使用的对象载体类型。常见的客体包括论文(全文、题录信息)、图书(专著、编著、译著等)、图书的章节、报纸、报告、政策文件、数据集等。随着互联网的发展,一些研究会以网文、音频、视频文件(如 JoVE 数据库的视频)等形式呈现,也极大地丰富了文献使用客体的范围。为了研究方便,本书主要聚焦于最常用的客体——期刊论文和图书,相关结论亦可拓展到其他文献使用客体。

客体具有多种差异化特征,可分为内部特征和外部特征。内部特征是文献内容所呈现出来的东西,是文献质量的关键所在,一般引用行为也发生在文献的内部特征被用户发掘之后。外部特征指的是文章的作者、作者单位、标题、关键词、摘要、参考文献等。外部特征并不能直接反映文献的质量,但却是用户获取文献内容之前所能直接接触到的信息。内部特征和外部特征是影响文献使用量出现差异的关键因素。

3.3 文献使用的行为方式

3.3.1 传统的文献使用行为

纸质文献时代,研究者对于文献的使用行为相对简单,主要包括获取、阅读、引用等行为。其中获取行为主要通过(图书馆)借阅或(书店)购买。这些使用行为只能被单个机构所记录,产生的文献使用行为数据具有一定的局限性。例如,某特定图书馆的借阅记录只能反映该图书馆所在区域内的读者对该图书馆的文献的使用情况,受到图书馆馆藏特点、读者群体特征和偏好等因素的影响较大。即便如此,部分研究者也尝试利用图书馆的借阅数据来进行资源建设与评价[21, 105]和用户研究[22]的有益尝试。然而,除获取与引用外,用户在纸质文献时代的大部分使用行为难以被详细记录。例如:读者在馆内阅读了什么书?图书被外借后,是否被阅读以及阅读的程度如何?图书是否被借阅者分享或者推荐?读者对文献的评价如何?这一系列与文献使用行为绩效相关的问题均无从获知。

3.3.2 数字化时代的文献使用行为

互联网环境下,论文、图书等科技文献逐渐转为数字化方式出版,为读者的使用带来了便利,人们可以直接在网络上通过点击获取并使用文献。同时,这也扩大了文献的使用范围,提升了使用频率,一篇数字化的文献,可以同时被成千上万的读者阅读而互不影响。更重要的是,这极大地丰富了读者对于文献的使用方式,并由此产生了海量的文献使用数据。这些数据为图书馆馆员、科学计量研究者、科技政策制定者了解用户对于文献的使用行为与偏好提供了可能。

1. 浏览

纸质文献时代,用户在书架上取阅某本图书,了解图书的梗概,然后放回书架,或者用户翻看某本纸质期刊,从目录页浏览题名或作者名称,找到自己感兴趣的论文,这些行为都是难以被记录的。在数字化文献时代,读者通过 Web 浏览器点击浏览某本图书、某本期刊或者某篇论文,即使没有下载全文,其点击行为与 HTML 页面浏览行为也能被服务器所记录。众多读者的点击/浏览行为数据汇集在一起,能够在一定程度上反映某文献被关注的程度。

2. 检索

计算机出现以前,图书馆主要通过卡片式检索工具提供检索服务。卡片式检索工具是一种记录在小巧、矩形的纸质材料上并按文献的外表特征和内容特征排列的检索工具,在传统文献时代发挥了重要的作用。随着计算机和互联网的出现,检索工具功能更加多样化,图书馆书目系统、发现系统和各种数据库厂商的检索系统层出不穷,功能繁多。读者不仅可以根据文献的篇名、作者、出版地、出版年份等文献的基本信息进行检索,亦能根据主题等编目人员编制的二次信息进行检索,此外,结合被引频次等外部信息进行检索也成为趋势。这些丰富的检索途径也为我们了解读者对于文献的关注内容及关注程度提供了途径,如众多用户对某特定主题的检索,反映出该主题可能是当前社会关注的热点。

3. 下载

这是数字化时代用户对于文献使用的一个独特行为。读者在浏览电子文献的过程中,碰到感兴趣的文献需要进一步获取全文内容,就需要进行下载(特定的文件,一般为 PDF,也有可能是 EPUB、CAJ、HTML 等格式)。读者在进行浏览前和下载前,其所拥有的对于目标文献的信息量是不同的。浏览前,读者拥有的信息量非常有限,对浏览对象几乎一无所知,而是在浏览的过程中不断获取文献信息,比如论文的题名、作者、摘要等。读者在文献下载前,多数情况下则已经获知了所要下载的文献的部分信息,如浏览过程中获取的题录信息,甚至是文献现有的被引次数、被下载次数等。但其对于文献的更多信息,如该文献所采用的具体研究方法、所得出的研究结论等信息却并不十分清楚,需要下载后在进一步阅读全文的基础上才能获知。因此,从浏览到下载,读者所拥有的关于目标文献的信息是一个由少到多的过程。由于用户在下载前已经对目标文献有了一些了解,其下载行为多数情况下并不是随机的、无目的性的,而是受特定动机驱使。

4. 保存

本书所说的保存主要是指可被服务器所记录的文献保存行为,包括但不限于将文献题录信息保存于文献管理软件(如 Mendeley、EndNote 等)或网络书签中。保存行为类似于下载行为,但又有明显的不同。相似点在于,读者在进行文献保存前,也基本获知了所要保存的文献的部分信息,比如读者在导出某篇文献到 Mendeley 前,是知道所导出论文的题名信息的,就算是进行批量保存,也在一定程度上了解了所保存文献的主题。不同点在于,保存的对象并非只针对全文,也包括文献的题录信息,因此保存行为并非阅读全文的一个必要步骤,而下载全文(不管是用户无意识地缓存到本地的 HTML 全文,还是有意识地通过点击下载的 PDF 全文)则是阅读全文的一个必经步骤。无论是本人下载,还是由其他人下载然后传递给阅读者,都不例外。此外,保存的目的性更强,往往意味着使用者在后续仍有较大可能使用该文献。

5. 分享

分享指文献使用主体通过各种媒介将文献或其题录信息传递给其他主体的过程,其中的媒介主要是指互联网媒介,比如 Twitter、Facebook、微信、博客、社交网络服务(social network service, SNS)平台,等等。分享行为由于是一种社交化行为,因此受到更多非文献因素的影响。根据分享时是否带有分享人的主观判断,分享行为可以分为简单分享和评论分享。简单分享仅仅是将文献信息传递出去而不带任何个人情感。评论分享则带有主体的一些主观感受,如文献是否有趣、是否有价值等,事实上是将分享与评论两个行为融合在一起的过程。

6. 评论

评论指用户对文献的属性发表主观或客观的自我印象阐述。纸质图书时代,常见的公开的对于文献的评论是书评,即评论并介绍书籍的文章,而其他对于论文的评论,往往藏于未出版的纸质稿件中,难以被大众所知。互联网时代,对文献进行评价变得更加方便和简单。例如,在国内的豆瓣、国外的 Goodreads 上,读者都可方便地对图书进行评价;在大型电商平台如京东、当当、亚马逊(Amazon)等上,也可对作为商品的图书进行评论;此外,在博客网站、社交网站上也有读者或集中或零散地对图书、论文等文献进行评论。与分享、保存、评价等行为不同的是,评论不仅可以用数量反映其受关注的程度,而且由于评论带有文字,还可以进行情感区分:评论数量并不一定是越多越好,也有可能存在大量差评。

7. 提及

与引用类似,提及是指在某一文章中提到了另一文章,两文章间建立了有向关联。与引用的区别则在于,提及一般见于非学术性文章,如博文、推文、新闻或者政策性文件,而引用多见于学术性文章,如期刊论文、会议论文、图书、专利、标准等。目前有许多互联网厂商开发了相应的爬虫,可以根据论文的 DOI 号去互联网中爬取提到该论文的非学术性文章,使得利用提及量评价文献受关注程度成为可能。但由于爬虫的效率和非学术性文章如政策性文件的可访问性并不一致,提及量的可靠性也存疑。

以上提及了互联网时代诸多新兴的文献使用行为,研究者对于一篇文献的使用,并不一定包含上述所有环节。有的文献仅被浏览,却从未被下载或分享;有的文献被用户分享,但是分享者却并未阅读全文。文献被使用的流程也并不一定按照"浏览—下载—保存—分享"的顺序进行,有的文献可能在被浏览后即被分享。但是,一篇文献涉及的使用环节越多,被使用的频次越高,说明这篇文章的受关注程度越高。

3.4 文献使用的流程

由荷兰乌德勒支大学(Utrecht University)主持的"学术交流的101种创新"(101 Innovations in Scholarly Communication)调研项目,将科研工作流划分为准备、发现、分析、写作、出版、传播及评价7个大阶段和30个小阶段①。许多商业公司为这样一个科研工作流程建立了一套生态系统,在不同的环节可提供不同的工具,帮助科研工作者提高工作效率。图3-1展示的就是Elsevier等公司在科研活动的各个环节中所能提供的工具,其中很多工具就是针对文献的使用

图3-1 大型商业公司为不同科研环节提供的工具②

---

① 参见 https://blogs.lse.ac.uk/impactofsocialsciences/2015/11/11/101-innovations-in-scholarly-communication/。

② 图片来源参见 https://blogs.lse.ac.uk。

过程,这也说明对于文献的使用贯穿了科研活动的整个过程。由于科研活动在总体上遵循一定的流程,对于文献的使用可能也会从总体上呈现一定的流程。

需要强调的是,单个研究者对于文献的使用并不一定存在先后顺序和必然步骤。比如,下载一篇论文,有的研究者是通过数据库检索主题词后再选择性下载,有的研究者则是浏览期刊主页后直接下载,并没有经过检索过程。但是,知识的流动有着方向性,这一方向性体现在文献(即知识载体)使用的各个环节。比如,用户要阅读一篇文献全文,一般就必须先下载其全文,这里就存在一个"下载→全文阅读"的方向性,而用户要下载一篇文献,一般情况下不会随机地去进行下载,而是有目的性地先进行检索(后续研究也证实了这一点),这里存在一个"检索→下载"的方向性,当然这里也有可能存在其他的可能性,但"检索→下载"无疑是最为主要的一种。我们可以假设,多数研究者使用文献经历这样一个过程:在进行文献检索后,选择其中的部分文献进行下载、阅读,其中有一部分研究者觉得文献有用后分享给其他研究者,这篇文献就经历了"检索—下载—阅读—分享"4个环节;另一部分研究者看到别人分享的一篇文献信息后,点击进行了下载,并在后续自己的研究中进行引用,这篇文献则经历了"分享—下载—引用"3个环节。虽然每个研究者的使用流程并不完全一致,但是知识的流动使得众多研究者的文献使用流程在总体上呈现一定的倾向性,形成了有迹可循的文献使用流程。

从这些流程上看,对于同一文献的不同使用行为,存在着一种相关关系,甚至有可能存在着一种因果联系,对于这种相关性或因果性,有必要从内在的动机的角度进行研究确认。

3.5 记录文献使用行为的工具/平台

在文献使用的不同环节,一些工具(软件或平台)能够帮助研究者更好地利用文献,同时,研究者对于文献的利用也被这些工具所记录,成为可被计量的文献使用数据。这些平台中最为主要的就是各类数据库,提供用户检索、下载,甚至在线阅读功能。另外一些软件或平台受众则相对较少,并不一定存在于所有研究者的文献使用过程中,本节主要对这些工具进行简要介绍。

1. Mendeley

Mendeley 诞生于 2008 年 8 月,2013 年被爱思唯尔(Elsevier)收购。它是一款免费的文献管理软件兼在线学术文献交流平台,具有自动生成参考文献、与其他科研人员在线协作、从其他研究软件中导入论文、基于使用者的文献管理内容推送或查找相关论文、在线访问个人保存的论文、通过 iOS 及 Android 应用程序移动阅读等相关功能①。

使用者可以在 Mendeley 上搜索世界各地的学术文献并上传到 Mendeley 中的"Library"中进行管理和使用。Mendeley 收集和整理文献的功能包括参考文献管理、PDF 文件阅读与标注、自动生成参考文献、一键抓取功能(把网页上的文本添加到个人图书馆中),还可安装 MS Word 和 Open Office 插件,方便在文字编辑器中插入和管理参考文献[106]。Mendeley 可提供丰富的文献使用数据,如在提供某篇论文阅读量的同时,还提供论文本身的元数据,包含读者的学科、国别和身份等数据,为文献的使用分析提供了强大的数据支撑[107],已有不少学者对 Mendeley 数据与引文指标的相关性进行了研究,发现 Mendeley 计量指标与引文指标间存在弱相关性[108-109]。

2. ResearchGate

ResearchGate 同样诞生于 2008 年,是一个为科研学者提供研究信息分享的社交网络平台[110]。目前有来自 190 多个国家不同研究机构和部门的超过 2 000 万名研究人员在使用 ResearchGate 平台进

---

① 参见 https://www.elsevier.com/zh-cn/solutions/mendeley。

行联系、合作和分享他们的工作内容。

ResearchGate 的主要功能及栏目包括帮助用户发布个人学术出版物，向用户反馈科研论文的浏览、下载、引用情况及数据，向用户推送相关研究领域的科研人员及研究成果，帮助用户建立个人学术社交网络[110-111]等。此外，它还设有 ResearchGate Q&A（在线问答栏目），可输入问题并进行学术领域有针对性的问答讨论；设有 Jobs（求职专栏），为用户提供科研岗位招聘信息发布平台①。对出版机构的编辑人员而言，ResearchGate 还有助于编辑开展约稿和审稿工作，并掌握国际学术动态。[111]

ResearchGate 有自己的一套引文数据，主要是从上传到其网站的文件中进行提取的，由于论文的作者可能会将预印本上传到 ResearchGate，因此其被引数量的显示可能会早于 WoS 的引文数据，但要晚于谷歌学术的引文数据[112]。

3. Twitter

Twitter 成立于 2006 年，现已改名 X，基于读者习惯，本书仍沿用"Twitter"的名称。截至 2023 年，其用户规模在 2.5 亿左右，用户在发文时可以发表长度在 140 个字符内的感想和评价，其中可包括图片、GIF、视频、投票、转发和回复等内容，还具有"@好友"、附加链接等功能[113]。Twitter 具有极强的时效性和广泛的话题性，作为一种社交平台而被传播学等领域所关注。与此同时，一些读者也会在 Twitter 上分享最新论义、讨论热门学术话题。用户的各种交互行为（分享、评论、推荐等）可产生大量针对文献的平台数据，也成为一种衡量学术成果社会影响力的新途径[114]。

4. Facebook

Facebook 于 2004 年诞生于哈佛大学，是全球最受欢迎的社交平台之一。许多学者也会在 Facebook 上分享学术论文，探讨学术问

---

① 参见 https://www.researchgate.net/about。

题,针对共同的学术兴趣形成学术圈,Facebook 由此成为创建和共享学术信息的有效载体[114]。一些非学术用户也会在该平台上对一些学术论文发表看法、表达态度,反映出公众而不是学术界对于学术论文的评价[5],因此 Facebook 也成为替代计量指标的重要数据来源。但是 Facebook 的数据存在较为严重的偏倚。例如,Facebook 涵盖了 80% 左右的医学高影响因子期刊[115],但是对其他学科的高影响力期刊覆盖较低;Facebook 上的欧美国家用户较多,中国等发展中国家用户较少,也导致中国作者的论文覆盖率较低。

5. Amazon

Amazon 是一家大型网络电子商务公司,成立于 1994 年。Amazon 作为综合性电商平台,提供纸质及电子图书的销售与服务。在 Amazon 网络平台及电子书平台均可对图书进行点评,并使用"想要阅读"、分享等功能。库沙就运用 Amazon 的在线书评等数据对 2008 年的 2 739 本学术专著和 Amazon 网站列出的 15 个学科类别的 1 305 本畅销书进行了学术出版著作的学术影响力评价[116]。但是,Amazon 的图书评价中可能包含了非图书内容的因素,如对图书纸张质量、物流速度,甚至对同时购买的其他物品的评价和态度。因此在利用 Amazon 数据进行图书评价时,应注意结合自然语言进行内容分析。

6. Wikipedia

Wikipedia(维基百科)于 2001 年上线使用,是一个内容自由、公开编辑且多语言的网络百科全书协作计划,通过 Wiki 技术使得所有人都可以简单地使用网页浏览器修改其中的内容。Wikipedia 主要是由来自互联网上的志愿者共同合作编写而成,任何使用网络进入 Wikipedia 的用户都可以编写和修改里面的文章,并具有两百多种语言版本。

人们在 Wikipedia 中编辑条目时,有时也会引用文献以支持自己的主张,因此其引用量也有望成为评价文献影响力的指标。但是,

Wikipedia 对于论文的覆盖率极低[117]，难以成为有效的评价工具。同时，由于人人皆可编辑，其数据受人为操控的可能性也更高。

7. Goodreads

Goodreads 类似于国内的豆瓣，成立于 2007 年，2013 年被 Amazon 收购，是全球最大的在线读书社区，也可以说是一种读书社交网站。用户可直接在网站里向有需要的读者提供电子书，目前有 13 000 本可供选购，并可通过网站用户的推荐来选择书籍。Goodreads 网站现在有 2 万个群组，既有大型的极客社区，也有一些私人的、线下交流的社区。

Goodreads 可通过第三方账户登录（如 Facebook、Amazon），并提供书籍的评分、评论、内容简介、出版详情等信息。用户可以留下对书籍的评分和评论，或是将书籍添加到"My Books"中，因此也就产生了 Goodreads ratings、Goodreads reviews 等指标。这些指标与传统的引文指标存在较低的相关性[118]。与 Amazon 的相关指标类似，由于这些对书的评价中也许会包含非图书内容的因素，因此如果要将 Goodreads 用作书籍影响评价的指标，应考虑学科及评论者的情绪等因素[119]。

8. Publons

Publons 于 2012 年创立于新西兰，2017 年被科睿唯安收购。它不仅是一个同行评审平台，也是档案库、人才库、评价工具，并具有一定的社交媒体属性。借助 Publons，可以查找、认证和展示学者们在同行评审、著述和编辑等方面的贡献。

Publons 通过 ResearcherID 实现学者身份的统一认证。Publons 可以记录和存档审稿人评审过的文章和所撰写的评审报告，让研究人员的同行评审工作获得认可，并为学者和机构的评价提供依据。Publons 还提供了一个大型的学者个人信息数据库，便于期刊发现适合的审稿人，并可用于培训科研人员了解和学习如何给文章审稿并且撰写评审报告，同时为专家申请新的职位、课题甚至技术移民等提供专业证据。

9. LinkedIn

LinkedIn 作为知名的职场社交平台,创建于 2003 年,总部位于美国硅谷。LinkedIn 的功能包括提供内容发布与更新、点赞、转发、评论、分析模块(包含访客数据、内容表现如更新,以及关注者数据)、小组与邮件(促进用户互动、形成社交网络)等。不少期刊会在该平台定期发布期刊的最新内容,以加强与学者之间的互动,并对期刊加以宣传。同样,一些高校或科研机构的研究者也会在上面发布自己的论文等,以获得更多的关注。

10. Academic.edu

Academia.edu 是一个专门供科研人员使用的学术型社交网站,科研人员可以在网站上免费分享和查看各自最新的科研论文,使学术交流变得更为畅通。作为一个专业性的社交网站,Academia.edu 能够帮助学术科研人员加强彼此间的沟通联系,分享各自最新的学术研究论文,将研究成果惠及更多的人。通过交流,论文作者也能从读者那里快速获得反馈,了解论文的相关情况。

Academia.edu 提供个人档案模块,让用户可以展示自己的工作成就,并跟踪分析论文阅读者与关注自己的人。用户可以按领域将自己的研究分成不同的类别,如发表过的论文、草稿、书评、会议报告等。个人档案顶部设有个人简历栏,可用于展示用户的关键职业成就,还可链接到 LinkedIn 和 Twitter 等其他网站上的个人档案上。

11. Kudos

Kudos 是一个新兴网络平台,提供在线服务,鼓励并帮助各种研究人员、单位、资助人和出版商用更通俗的语言介绍其成果,并提高科研成果的能见度和影响力。针对 Kudos 的一项数据研究表明,当研究者使用 Kudos 分享他们的研究成果时,其文章下载量增加了 23%。Kudos 也可帮助用户衡量和监控活动的影响,使其可以做出更好的规划,目标是提高发表论文的使用率和引用数,增加研究影响力。Kudos本身不提供指标，而是与不同的指标专家合作，将其数据整合在单一平台上，也就是Kudos系统，以便用户可轻松追踪改善项目及科研工作。

3.6 文献使用计量指标

不同的主体通过不同的平台或工具，对不同的文献客体进行使用，这些使用行为被服务器所记录，就形成了各种各样的文献使用计量指标或替代计量指标。在Metrics Toolkit[①] 提供的计量工具包网站中，可以根据不同的文献类型来筛选可用的评价计量指标，其中不少指标就属于使用计量指标，以下介绍几种常见的使用计量指标。

1. Altmetric Attention Score

Altmetric Attention Score(AAS)即Altmetric得分，是由Altmetric.com开发的对某项研究产出（包括期刊文章、书籍和章节、预印本、数据集，以及存放在Altmetric.com存储库中的任何其他研究成果）所获得的关注度进行自动加权计算获得的分数。其数据来源非常广泛，包括但不限于新闻文章、政策文件、博客、新浪微博、Twitter、Facebook、Wikipedia、F1000、Publons、Pubpeer、YouTube、Reddit、Pinterest、LinkedIn、开放教学大纲、Google＋。但是Mendeley读者数、引文数量、CiteULike书签收藏量并不纳入其计算体系。因此，AAS比较适合用于了解某项研究在网上受到的总体关注程度，但不适于用来评价文献的质量或影响力。事实上，一些文献通过有趣或朗朗上口的标题能够提高其AAS，期刊影响因子和文章可访问性也可能对文章的AAS产生积极影响。此外，AAS还存在显著的学科差异，但与被引频次不同，人文社科领域的文献获得的AAS显著高于自然科学领域的文献获得的AAS。

---

① 参见 https://www.metrics-toolkit.org/。

2. Blog mentions

Blog mentions 即博客提及量，是指从博客链接学术成果的次数。这里的博客并没有严格限定是学术博客，一些普通博客的提及也会被追踪。学术成果主要是指文章、书籍和其他具有持久标识符的学术成果，如 DOI、PubMed ID 或 Handle。这些学术成果被用于在博客中引出内容、佐证观点等。虽然博客提及量与后续文献的被引频次有轻微的相关性，但是由于博客内容是未经验证的，其提及的内容也有可能是负面的，因此也不适用于评价文献的质量。

3. Downloads

Downloads 即下载量，是指文献在某一段时间内获得的下载次数。下载是指用户点击下载按钮这一行为，简单地查看网页并不计入下载量。文献下载是用户意图使用文献的代理指标，而不是用户对文献实际使用的指标，这些使用有可能会（也可能不会）反映在最终的引文中。下载量并不能准确衡量用户真正使用（阅读）过该文献，因为下载的文献有可能存在于个人电脑中但并未阅读，也有可能是下载后与其他人分享，甚至有可能是爬虫而非真正用户进行的下载。尽管如此，人们普遍倾向于将下载量与使用量等同，因为相对于其他可被服务器记录的指标，下载量是最为接近真正使用量的指标。本书也将尽可能调研下载量在多大程度上能够反映真正使用量。

4. Goodreads ratings

Goodreads ratings 即 Goodreads 评分，是指由 Goodreads 用户提供的所有评分的平均值。Goodreads 评价对象仅限图书，其评分和评论完全是由用户驱动的，而不涉及特定书籍的质量或重要性。有研究发现，大多数 Goodreads 用户的 IP 地址都来自美国，说明 Goodreads 的指标具有地区偏向性，无法反映全球读者的使用情况。

5. Goodreads reviews

Goodreads reviews 即 Goodreads 评论，是指 Goodreads 用户提供的针对某本图书的评论数量。由于用户的评价具有不可控性，有些评价并非针对图书的质量。因此用户评分和评论不应被作为学术影响力的衡量标准,但用户一般是在实际看过该书后才做出评价,其在一定程度上可反映用户对该书的关注程度。

6. Mendeley Readers

Mendeley Readers 即 Mendeley 用户数,是指将特定文献添加到 Mendeley 库中的 Mendeley 用户数。Mendeley 同时整合了用户的地理信息、学科信息等,这些信息由用户自行提供。从文献使用流程来看,Mendeley 用户数适用于衡量读者对特定文献早期的关注程度,很多研究也发现 Mendeley 用户数和后续的引文之间存在显著的正相关性[120-121],这种相关性在科学和医学领域更为广泛,在人文社科领域则相对较弱[122]。

7. Monograph holdings

Monograph holdings 即藏馆数量,指拥有某本书的图书馆数量,其数据主要来源于国家或国际联盟图书馆目录,如 OCLC、WorldCat。图书,特别是公共图书馆的图书所带来的收益或影响可能难以通过引文数量进行反映,而藏馆数量可在一定程度上反映一本图书在满足用户、教学和研究需求方面的潜力,因为图书馆决定购买一本图书一般是出于该书会满足读者特定需求的考虑,其事实上也反映了图书馆这一主体对于文献的购买行为。

8. Monograph sales and rankings

Monograph sales and rankings 即图书销量和排名。图书销量即某平台或出版机构记录的一本书被购买的次数,而销量排名是其衍生指标,是指图书不分类或按某种标准分类后,一本书的销量与其他同类书的销量相比时所处的位置。这两个指标是个人用户发生图书购买行为时产生的指标,适于衡量大众对某一作品的关注度。但是详细而完整的销售记录是很难获得的,因为销售记录仅限于对最近的过去的记录,更多地反映了一本书最近与同类书相比的销售情况,并且仅限于对个人的、一手书的销售记录,而对于图书馆的销售以及二手书的销售则未能涵盖,因此它并不是衡量图书读者群、研究质量或影响力的直接指标。

9. News mentions

News mentions 即新闻提及量,是指主流在线新闻和杂志媒体对某一个学术成果提及的数量。该指标采用多种方法识别和跟踪新闻媒体提及情况,包括在新闻报道中搜索超链接和全文搜索。新闻提及量可以用于反映研究的影响范围和关注程度,尤其是当提及量来源于高知名度的媒体(如《经济学人》)或与地区相关的媒体(如半岛电视台)。新闻媒体类型(如行业杂志和广泛传播的报纸)还可以用于反映专业和公众受众的潜在参与程度。该指标的局限性来自新闻媒体对科学研究和科学发现的报道可能倾向于关注具有流行性和新颖性的主题、学科以及研究类型[123-124]。因此,新闻提及量不应被作为学术成果质量或影响的直接衡量标准。

10. Policy mentions

Policy mentions 即政策提及量,是指学术成果在政府机构或非政府组织的政策文件中的被引次数。政策提及量可用于反映学术研究对某一领域的政策或行动方向的影响程度。科学研究和科研人员可能会通过在其他非政策文件中的被引来间接影响政府政策和决策,而这种影响无法通过该指标进行体现。一项研究发现,在不同主题类别发表的论文中,只有不到 0.5% 的论文在政策相关文件中至少被提及一次[125]。在 Altmetrics 中,只有那些有 DOI 的书籍、书籍章节和期刊论文可以在政策文件中被跟踪统计。也因此,政策提及量不适用于作为衡量一项学术成果对实践应用的影响的直接标准。

11. Publons score

Publons score 即 Publons 同行评议得分。Publons 是一个同行评审平台,可以记录和存档审稿人评审过的文章和所撰写的评审报告,使研究人员的同行评审工作和编辑贡献获得认可。Publons score 是一个文章级别的指标,它根据 Publons 平台注册用户提交的同行评议,以 1 到 10 的等级来评估论文的质量和意义。注册用户在担任同行评审员时,主要从两方面,即论文的质量和意义,对稿件进行评估打分(从 1 到 10,1 分最低,10 分最高)。其中,质量是衡量稿件的研究方法和严谨性的指标,而重要性是衡量其新颖性和相关性的指标。在评审时,同行评审员被要求考虑两个问题,包括研究的设计和执行是否良好(质量),以及该出版物是否为该领域提供了新的见解(重要性)。然后,平台会基于矢量长度公式就这两方面所有参与评审者的反馈计算出一个总分,也就是 Publons 同行评议得分。该指标可用于初步了解一篇论文在学术研究界的接受和评价情况,但其打分人局限于加入 Publons 社区的研究人员,无法代表完整的论文同行评审过程。在此过程中,稿件的作者也会根据审稿人的评论对稿件进行改进。因此,该指标不适宜于单独作为研究论文影响的衡量标准。

12. Pubpeer comments

Pubpeer comments 即 Pubpeer 同行评审评论。Pubpeer 是一个出版后的同行评审平台,注册和非注册用户可以对任何有 DOI、PubMed ID 或 ArXiv ID 的论文进行评论,并且提交的评论全文均是公开的。与 Publons score 类似,由于 Pubpeer comments 覆盖面仅限于 Pubpeer 用户,因此该指标也只适用于初步了解某篇论文在学术研究界的接受和讨论情况,而不适宜于作为衡量研究影响的标准。

13. Twitter mentions

Twitter mentions 即推特提及量,是指在 Twitter 上使用链接分享任何学术成果(如期刊文章)的次数,如发布或转发包含学术成果的推文。一般来说,推特提及量是由 Twitter 注册用户的数量决定的,这些用户发布或转发了可链接跟踪到学术成果的推文。根据数据源的不同,可能会以不同的方式解析和表示推特提及量。相关信息可以包括注册 Twitter 用户的活动、用户人口统计信息和用户网络信息,比如关注者数量和活动。推特提及量、用户人口统计信息以及用户网络信息可用于识别社交媒体上关于研究成果的信息共享和传播,特别是在发表后的前几周内。推文用户和推文性质可以反映参与的用户类型和质量,如科学观众的理解或公众观众的兴趣情况[126]。但是推文数量是可以被篡改的,并且 Twitter 在学术研究的使用上存在学科差异性。与其他指标一样,推文数量并不能揭示一篇文章或其他学术成果的影响力。

4 文献使用动机调查分析

采用 Usage Metrics 或 Altmetrics 作为衡量文献科研影响力的指标之一,是只有当一篇文献确实被使用者有效使用时才是合适的,而随机的、不带目的的使用所留下的数据则并不能反映科研影响力。但是,仅从指标的数值,我们无法看出使用者的使用动机,也无法知晓使用者是否真正阅读了该文献。目前,除文献分享动机外,国内迄今尚未发现关于文献使用动机的调查研究报道,为填补该项研究空白,本章通过对不同身份的文献使用者进行访谈和调查问卷分析,获得了一些有益的数据。

4.1 调查问卷设计与评价

4.1.1 半结构化访谈

在开展正式问卷调查前,笔者所在研究团队随机选取团队所在单位的 5 位学生和 5 位教师进行了半结构化访谈,访谈对象尽量涉及不同的学科和不同的职业身份。访谈对象具体选择方式按照如下流程:首先,确定 5 个学科大类(理科、文科、工科、医科、农科);然后从每一学科大类中选取 1 名学生和 1 名教师,学生受访者主要从曾选修图书馆(研究团队所在单位)信息素养课程的学生中选取,教师受访者主要从图书馆服务(科技查新、查收查引等)的经常性用户中选取,以确保所有潜在的受访者都是经常使用科技文献并且可以联系到的用户;如果潜在受访者拒绝接受访谈,则重新进行选取,直到完成选取 5 名教师和 5 名学生。最终接受半结构化访谈的用户身份信息见表 4-1。

表 4-1 半结构化访谈用户身份信息

访谈者 ID	身　份	研究方向	专业分类	年龄
Prof. Y	专任教师	统计学	理科	34
Prof. G	教辅专技人员	图书情报	文科	36
Prof. W	专任教师	生物医学	医科	28
Prof. X	专任教师	软件工程	工科	37
Prof. L	专任教师	水产养殖	农科	41
Student Y	博士研究生	水产养殖	农科	28
Student W	博士研究生	生物医学	医科	30
Student L	硕士研究生	市场营销	文科	26
Student F	本科生	软件工程	工科	19
Student S	硕士研究生	数学	理科	24

访谈以面谈的方式进行,首先聚焦于用户的文献下载动机。访谈中的问题围绕"你一般会出于什么原因去下载一篇文献的全文"展开,以便从中抽取与下载动机相关的因素。访谈时间 5—10 分钟。

部分被访谈者的回复内容摘录如下。

教师 Y:好奇;对某一概念或领域的相关知识或动态不清楚时。搜索出多篇文献时,如果让我挑选要下载来看的原因:首先是篇名极为符合我的需求且文献来源(期刊或学位论文)较为权威;其次如果是一般期刊,我会点击进去看看摘要,再决定(是否)下载。

教师 G:想详细看论文的研究内容,比如从摘要看跟我想研究的主题非常相关,或者是前期研究。

教师 W:看完题目摘要之后感觉有有用的东西,值得深入看一下。

学生 Y:和我要研究的问题相关的;对我的研究问题有启发的;该论文研究的问题有意思的;可以作为写作模式参考的;现在暂时不用但可以作为以后研究问题的参考论文的。

学生 W:一般我对这个研究方法感兴趣会下载下来,其次我会根据我所写的主题,跟这个主题相近的我会下载下来。

学生 L:我一般在做具体某一个方向的课题的时候,会先检索有相关关键词的论文,再看摘要,摘要中和我研究的方向关联度高的论文,我会全文下载。

根据被访谈者的回复内容,我们可以提炼出半结构化访谈内容关键词,见表 4-2。可以看出,关键词分为两大类,分别为文献要素特征相关和文献使用主体相关。

表 4-2　半结构化访谈内容关键词

类　型	关键词
文献要素特征相关	篇名、摘要、文献来源、主题
文献使用主体相关	好奇、需求、启发、有意思、感兴趣

中国科学技术发展战略研究院研究员武夷山认为,学术文献具有内部特征和外部特征,内部特征是文献内容所呈现出来的东西,外部特征指的是文章的作者、作者单位、标题、关键词、摘要、参考文献等[1]。不难发现,对于文献下载,多数受访者是受文献的外部特征吸引的。这似乎不难理解,因为在文献被下载之前,用户无法获知文献

---

[1] 武夷山.读者心目中的文学质量:荷兰的一项研究[EB/OL].[2024-05-17]. https://blog.sciencenet.cn/home.php?mod=space&uid=1557&do=blog&id=1239631.

的全部内容，所以对其内部特征(结构、逻辑、方法等)并不了解，自然无法受文献内部特征吸引。文献保存、分享、评论等行为，则有可能发生在用户阅读文献的全文之后。因此，相对于下载行为，上述文献使用行为更有可能受文献内部特征影响。

但是，无论是何种文献使用行为，均受到文献特征(外部特征和内部特征)以及用户对于文献特征的感知/期许的影响，两者的有机结合是促使用户进行文献使用的决定因素。因此，调查问卷的设计也主要围绕这两方面因素展开。

4.1.2　调查问卷维度与质量

通过前期大量的文献整理和分析研究，并结合半结构化访谈，本书提炼了用户使用学术文献的可能动机及其对应的尽量全面的潜在变量，并制定了量表。量表采用李克特五级量表，涉及 3 种文献使用行为的动机，分别为：文献下载动机(共 27 项)、文献分享动机(共 29 项)、文献保存动机(共 17 项)。另外，量表还调研了用户的数据库使用偏好(共 16 项)以及用户的基本信息(共 4 项)。

用户基本信息问题主要涉及用户的身份、年龄、发文经历和所属学科。

在针对每一种文献使用行为进行动机调查时，问卷题目主要从外部要素吸引、内在价值感知及使用便利驱动 3 个维度进行设计。其中，外部要素吸引主要是指吸引用户下载的文献外部特征，如论文的标题、摘要、关键词、主题等，这些外部特征并不能从任何角度来反映论文内容的质量或影响力。内在价值感知是指用户根据文献的一些可量化的指标，对文献的价值、影响力、质量等做出一些主观或客观的判断。例如，用户通过论文的被引频次、下载频次等，产生对文献本身的价值感知；通过论文所在期刊影响因子等，产生对文献所在载体的价值感知；通过论文的发表时间，产生对论文时效性的价值感知等。使用便利驱动是指用户在使用文献的过程中感受到的使用的难易程度，如文献在数据库中的排名靠前与否(排名靠前的文献更容易获得点击和下载),文献是否以用户熟悉的语言发表(阅读起来没有障碍),文献是否可以在常用的数据库平台获取(不需要较高的学习成本、不需要经过烦琐的查找),文献是否可以不通过检索即可获取(自动化推送、分享等)。

详细的调查问卷题项见本书附录1。

本书在正式发放调查问卷前,进行了小规模问卷发放与回收,并对数据进行了信度和效度检验,问卷总体信度和效度均在0.9以上(显著水平为0.05)。经过预调研后,采用问卷星在国内各高校等科研单位进行大规模调查问卷发放与回收,最终获取525份调查问卷,删除无效问卷(答题时间低于60秒、答案选项单一者)后,最终获得480份有效问卷,问卷有效率达91.4%。

对问卷的信度和效度进行检验,发现问卷总体信度达0.977,3个维度的信度分别为0.932、0.994、0.988,信度较好;问卷的总体结构效度达0.970,结构效度良好。问卷总体和各维度信度检验见表4-3和表4-4,问卷结构效度KMO和Bartlett的检验见表4-5。

表4-3 问卷总体信度检验

		N	%	Cronbach's Alpha	基于标准化项的 Cronbach's Alpha	项数
案例	有效	480	100.0	0.977	0.969	93
	已排除	0	0			
	总计	480	100.0			

表4-4 问卷各维度信度检验

		N	%	维度	Cronbach's Alpha	基于标准化项的 Cronbach's Alpha	项数
案例	有效	480	100.0	下载	0.932	0.933	27
	已排除	0	0	分享	0.994	0.995	29
	总计	480	100.0	管理	0.988	0.989	17

表 4-5 问卷结构效度 KMO 和 Bartlett 的检验

取样足够度的 Kaiser-Meyer-Olkin	度量	0.970
Bartlett 的球形度检验	近似卡方	53 424.303
	df	2 628
	Sig.	0.000

注:表中数据 0.000 是保留三位小数后的写法,实际数据介于 0 至 0.001 之间。

4.2 受访者基本情况

本次调研的 480 个有效样本中,受访者身份涉及专任教师、本科生、硕士研究生、博士研究生、教辅专技人员、其他人员(如行政管理人员、辅导员、机关工作人员等),受访者身份分布如图 4-1 所示。其中本科生占比最高,达到 154 人(占比 32.1%),之后依次为硕士研究生 109 人(占比 22.7%)、专任教师 80 人(占比 16.7%)、博士研究生 57 人(占比 11.9%)、其他人员 51 人(占比 10.6%)和教辅专技人员 29 人(占比 6.0%)。

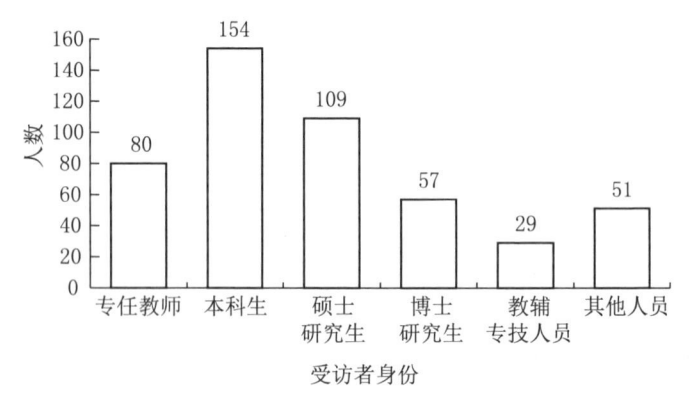

图 4-1 受访者身份分布

受访者年龄分布如图4-2所示。30岁以下人群占比最多(321人,占比66.9%),之后依次为30岁至40岁人群(105人,占比21.9%)和40岁以上到50岁人群(47人,占比9.8%),而50岁以上到60岁人群占比最少(7人,占比1.4%),未获取到60岁以上的受访者。

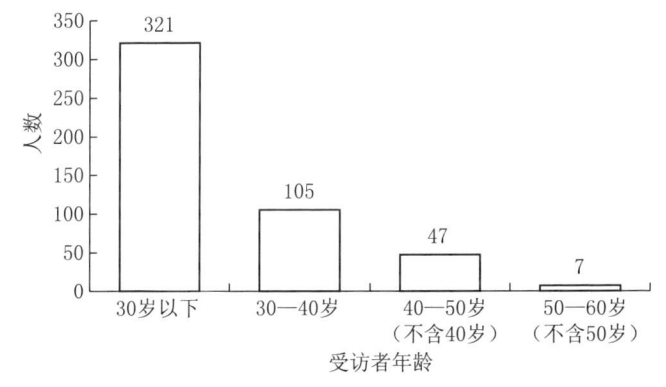

图4-2 受访者年龄分布

从受访者的专业分布来看,文、理科人数占绝大多数。其中,文科184人(占比38.3%)、理科226人(占比47.1%);工、农、医等专业人数较少,占比均低于10%,具体人数为工科22人(占比4.6%)、农科30人(占比6.3%)、医科3人(占比0.6%);其他类别专业为15人(占比3.1%)。详细的受访者专业背景分布如图4-3所示。

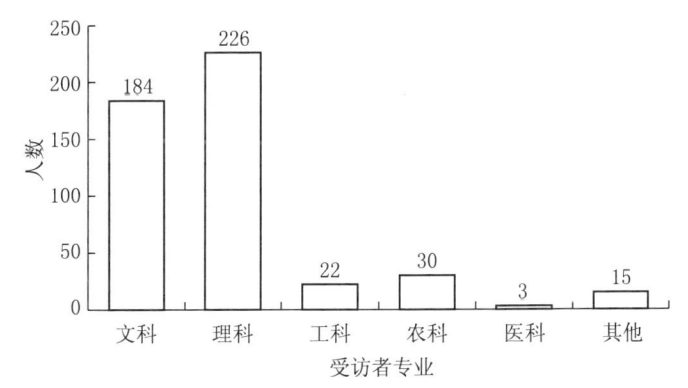

图4-3 受访者专业背景分布

从论文发表经历来看,已发表过论文及准备发表论文的受访者为 292 人(占比 60.8%),其中以第一/通讯作者身份发表过论文的受访者高达 205 人(占比 42.7%),从未写过论文的受访者为 188 人(占比 39.2%)。受访者发文经历分布如图 4-4 所示。

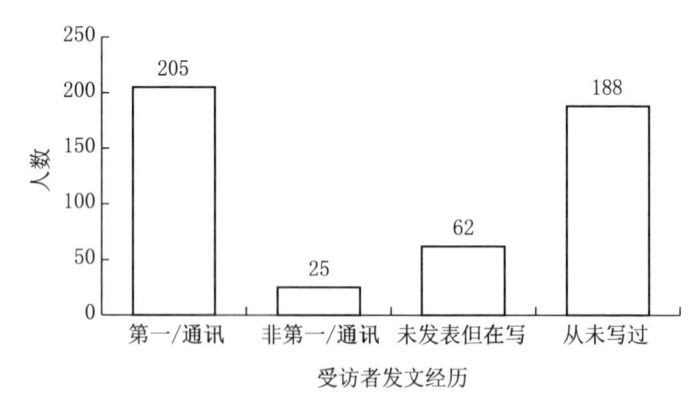

图 4-4 受访者发文经历分布

从上述调研数据的基本情况分析可知,受访者背景数据分布均呈现非正态分布、方差非齐性,并且各类数据的样本量也存在极大差异。

4.3 用户下载行为分析

4.3.1 下载频率

为了后续研究不同使用动机对于受访者文献使用行为的影响,有必要了解受访者不同文献使用行为的频率,以此作为衡量文献使用情况的度量指标之一。

受访者文献下载频率分布如图 4-5 所示。可以看出,下载行为是覆盖较广、频率较高的一种文献使用行为,仅 14 人(占比 2.9%)从未下载过文献,同时这 14 人也从未撰写过论文,均为在读本科生。每天都下载文献的人数则高达 83 人(占比 17.3%),这 83 人中主要为在读博士研究生(31 人)和在读硕士研究生(23 人),绝大多数发表过或正在撰写论文,有着强烈的文献需求。每周至少下载一次文献的群体占比最高(164 人,占比 34.2%),基本符合普通用户对于文献的需求频率。

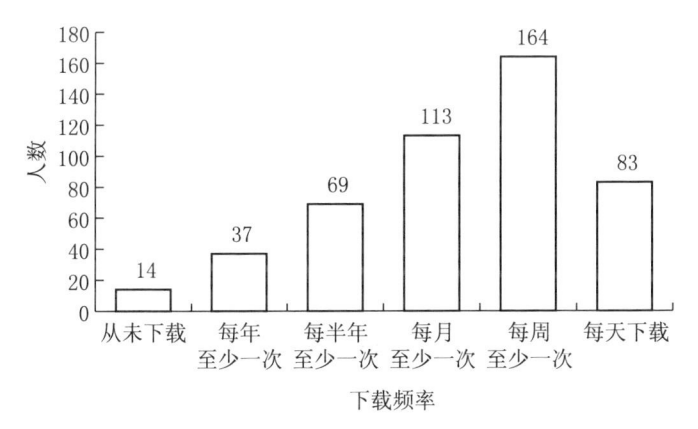

图 4-5 受访者文献下载频率分布

通过对受访者的下载频率与受访者身份进行交叉分析,发现随着下载频率的增长,在读本科生和教辅专技人员所占的比例逐渐缩小,而在读博士研究生所占比例逐渐增大。在读硕士研究生和专任教师所占比例变化与在读博士研究生比例变化趋势基本一致,但是在"每天下载"这一频率上稍有回落。这一现象说明在读博士研究生对于文献的需求最为强烈,几乎每天都需要下载文献。下载文献是科研活动的一个重要环节,因此可以看出科研是在读博士研究生日常最为主要的活动,已成为近四成博士研究生每天生活必不可少的一部分。在读硕士研究生和专任教师除了阅读文献外,则有其他的科研活动(如上课、教学)或非科研活动,相比在读博士研究生,高频的文献下载行为会相对较低。不同身份受访者的下载频率分布如图 4-6 所示。

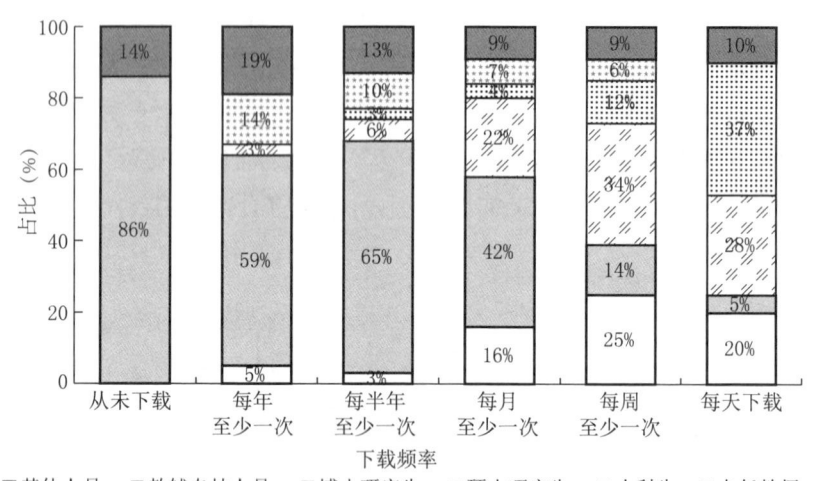

图 4-6 不同身份受访者的下载频率分布

对受访者的下载频率与受访者的发文经历进行交叉分析亦发现类似现象。写作并不是无根之水,而是需要在阅读大量文献并吸收前辈经验的基础上进行的,因此,从未下载过文献的受访者,肯定也从未撰写过论文——下载并阅读文献是撰写论文的基础。但是,从未撰写过论文的受访者,并不一定从不下载文献,也并不一定下载频率就低。不同发文经历受访者的下载频率分布如图 4-7 所示,可以看到,在每天下载文献的受访者中,有 9 人(占比 10.84%)是从未撰写过论文的,我们推测有如下两个原因:首先,从下载文献到阅读文献再到撰写文献,有一个较长的过程,初入科研领域的本科生或低年级的硕士研究生,尚处于专业知识的积累阶段,未进入写作阶段[①];其次,人们下载文献的目的并不只限于后续写作,知识获取、教学素材准备等也是下载文献的原因之一。

---

① 调阅这 9 人的具体调查问卷,发现 3 人属于在读本科生,6 人属于在读研究生。

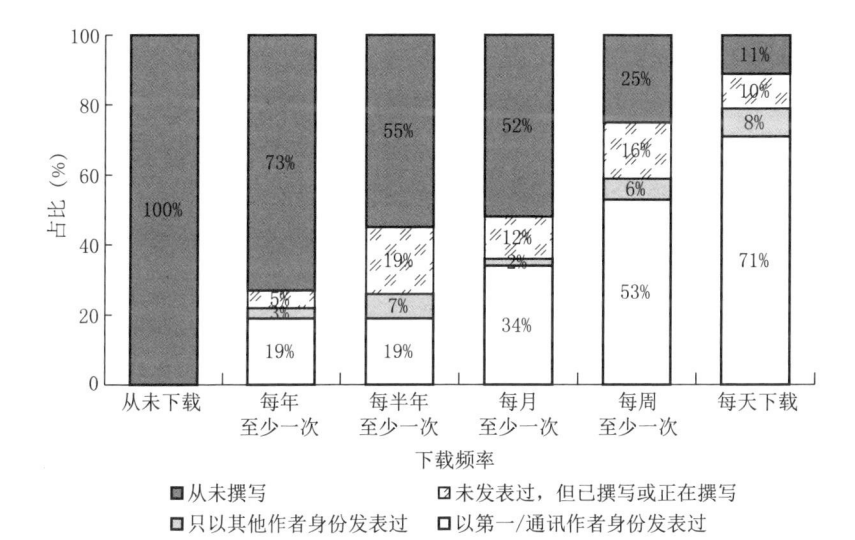

图 4-7 不同发文经历受访者的下载频率分布

4.3.2 下载方式

用户下载文献的可能方式有多种多样。如果用户的需求比较明确，知道所需论文的题名，一般就会在全文数据库中直接通过检索题名进行下载，但更多的情况是用户根据一个研究主题，输入相关的检索词进行检索，在检索结果中选择所需的文献进行下载。此外，许多未接触学术数据库的用户，可能会选择通过搜索引擎搜索，此时他们在 IP 地址允许范围内也能通过搜索引擎提供的数据库链接进入数据库下载全文，还可能通过在一些学术社交平台（如小木虫、ResearchGate 等）上求助、文献传递等方式间接获得全文。

不同的用户可能采取的下载方式不同，就算是同一用户，在不同的时间点，根据不同的目的和情境，也会选择不同的下载方式。但总体来说，一个人的下载方式具有一定的偏好性。

通过调查用户下载全文的主要方式不难发现，受访者最主要的下载方式均来自数据库检索，即在全文数据库中检索题名直接下载、检索主题等非题名字段后选择性下载。此外,通过搜索引擎检索后进入数据库下载占比也不少,这种方式的下载行为事实上也被记录在所进入数据库的下载量统计中。总而言之,数据库的下载量指标能够较为真实地反映用户获取文献的数据,用户通过学术社交网站等数据库无法记录的方式获取文献的比例是非常低的。受访者下载全文的主要方式分布如图 4-8 所示。

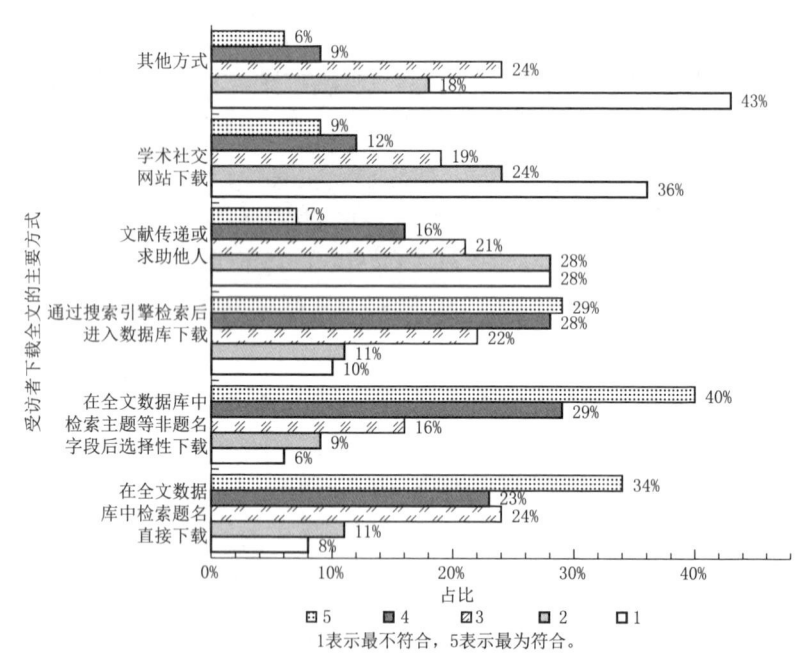

图 4-8 受访者下载全文的主要方式分布

通过比较不同身份用户的下载方式,我们惊奇地发现专任教师通过搜索引擎检索后进入数据库下载的占比几乎与在全文数据库中检索题名直接下载的占比一致,成为这一群体最为主要的两种下载方式。这可能是由于专任教师对于所研究的主题已较为熟悉,对于通过主题检索去获取文献的需求较少,更多的需求是目的明确地获取特定文献。我们原以为会大量依赖搜索引擎进行文献获取的本科生,却出乎意料地主要是通过数据库的主题检索获取文献。推测这主要是因为本科生在大一、大二阶段已接触学术文献数据库,本科生"不识知网"是极个别现象,并且本科生尚处于学术探索期,需要进行宽泛性的文献检索,根据自己的需求选择性下载文献。

4.3.3　下载行为转化为阅读的概率

知识是流动的,能够从一个主体传递到另一个主体,其中一个重要的途径就是通过文献。文献要发挥其传递知识的作用,一个重要的前提是文献作为知识的载体,其承载的内容能够被用户所获取。但是,用户的文献下载、文献分享、文献保存行为并不等同于用户阅读了文献并从中获取了知识——这些行为只针对知识的载体即文献,而非知识本身。因此,我们需要了解上述文献使用行为究竟有多大比例是在促进知识流动的,即有多大比例是与阅读这一直接作用于知识的行为相关的。

我们首先调查了用户在下载文献后进行全文阅读的概率。如图4-9所示,38.63%的受访者全文阅读了他们下载的80%及以上的文献,26.39%的受访者全文阅读了80%以下到60%的文献,21.89%的受

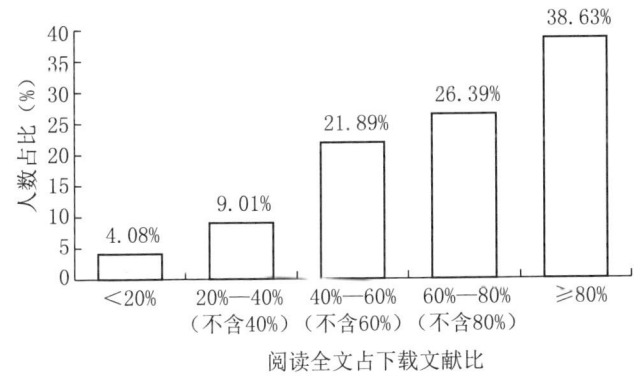

图 4-9　受访者下载文献后阅读全文的概率分布

访者全文阅读了60%以下到40%的文献,只有4.08%的受访者表示他们阅读全文的概率低于20%。可以看出,大部分(占比86.91%)的受访者全文阅读了他们下载的40%及以上的文献。

当我们区分不同群体时,可以发现受访者中绝大多数在读硕士研究生(占比93.58%)和在读博士研究生(占比94.74%)阅读了他们下载的40%及以上的文献;专任教师中绝大多数(占比91.25%)的受访者阅读了他们下载的40%及以上的文献。对于在读本科生,则只有约79%的受访者阅读了其下载的40%及以上的文献。教辅专技人员阅读的比例最低,仅75.87%的受访者阅读了其下载的40%及以上的文献,说明教辅专技人员对于论文的下载有着其他的用途,并不仅仅是为了阅读获取知识,可能更多是用于日常工作,比如图书馆馆员下载文献用于文献传递、机构库建设、元数据搜集、共同第一作者信息的确认等。

4.3.4 下载文献的用途

文献作为科学技术研究结果的表现形式,是人们获取知识的重要媒介,也是人类智慧传承的基础。科研工作者在进行科学技术研究的初始阶段,离不开文献的检索和阅读。本书中,绝大多数受访者下载文献的主要用途即是为正在开展的研究进行文献调研,积累知识基础,发现研究空白。作为高校科研的主力军,专任教师和在读博士研究生在这一用途上的占比最高。

在这一过程中,科研工作者受益于前人的研究结果,于是在自己的论文中加以引用以示尊重和感谢,形成参考文献。随着引文数据库的出现,参考文献的作用也越来越重要,一些文献计量学家通过分析参考文献,对原文的原创性、学科交叉性甚至论文质量进行测度,但是这也引发了一些为了引用而产生的引用。一些受访者下载文献的用途并不是进行阅读,而是为了后续引用的方便(虽然下载题录信息也可以直接引用,但为了避免误引,查看全文是更妥的方式)。此外,下载文献并不一定是为了科研和写作,也有受访者是为了满足个人兴趣,比如想了解某个科技名词的含义,想查阅一段感兴趣的史料,等等。

不同身份的受访者下载文献的用途存在差异(见表4-6)。专任教师除了进行科学研究外,教学也是极为重要的一项活动。因此,不少专任教师下载文献的用途在于为教学工作提供素材,而在繁忙的教学和科研工作之余进行非研究目的的文献下载和阅读机会甚少。在读学生,包括本科生、硕士研究生、博士研究生,一般不存在教学任务,因此以教学素材作为下载文献用途的可能性最低。教辅专技人员相对于其他群体科研压力较低,有较多时间去根据个人兴趣进行阅读,因此其根据个人兴趣进行的下载可能性最高。

表4-6 不同身份受访者下载文献的用途

用途	本科生	硕士研究生	博士研究生	教辅专技人员	专任教师	其他人员
文献调研	4.23	4.67	4.75	4.31	4.75	4.37
教学素材	2.50	2.50	2.67	3.41	3.76	2.67
个人兴趣	3.04	2.99	3.07	3.52	2.94	2.80
后续引用	3.55	4.12	4.16	3.62	3.60	3.43
其他	2.37	2.41	2.47	2.48	2.11	2.57

注:本表显示的是李克特五级量表分值。

4.3.5 促使全文下载的文献特征

促使受访者进行全文下载的文献特征分布如图4-10所示。总体上看,由于受访者下载全文的途径主要是通过检索主题后选择性下载,所以受访者最关注文献主题与本人研究方向的一致性。在主题契合的情况下,快速找到对自己最有用的文献是下载者的主要目的,但是在未阅读正文的情况下,下载者如何找到最有用的文献呢?

促使受访者下载的文献特征

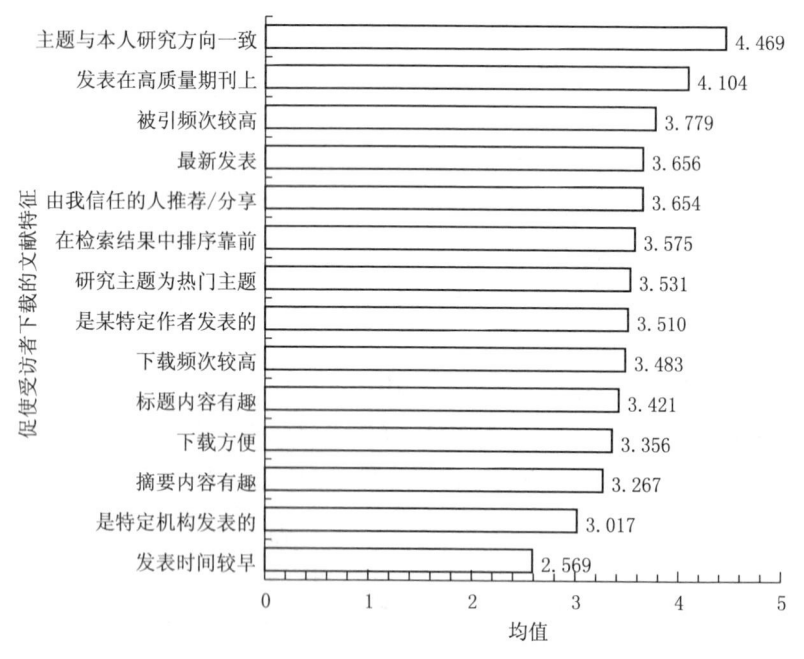

特征	均值
主题与本人研究方向一致	4.469
发表在高质量期刊上	4.104
被引频次较高	3.779
最新发表	3.656
由我信任的人推荐/分享	3.654
在检索结果中排序靠前	3.575
研究主题为热门主题	3.531
是某特定作者发表的	3.510
下载频次较高	3.483
标题内容有趣	3.421
下载方便	3.356
摘要内容有趣	3.267
是特定机构发表的	3.017
发表时间较早	2.569

图 4-10 促使受访者进行全文下载的文献特征分布

一些受访者根据文献计量学的经验，首先查看文献所在的期刊，认为高质量期刊上所刊载的论文经过了严格的同行评议，其质量一般要高于其他期刊的论文。同样，当发现一篇论文的被引量明显高于其他相同主题的论文时，也会潜在地认为该论文的质量高于其他论文，这些论文对于自己是有用的。

除此之外，科研工作者普遍有追"新"现象。信息具有时效性，人们都愿意获取第一手信息。同样，科研工作者也希望获取最新的研究成果信息。同时，科研工作也具有一定的竞争性，获取最新的科研信息亦能最快地获得科研启迪，加快自己的科研进程，在同行竞争中取得优势。因此，最新发表的论文能够获得更多下载可能性，而发表时间较早的论文，如果不是某一领域的经典论文（显然这样的论文是极少数），其获得下载的可能性就更低。这可能是因为用户考虑到文献老化规律[127]，认为文献越旧，其用处就越小。

4.4 用户分享行为分析

4.4.1 分享频率

尽管很多研究报道称科研人员开始越来越多使用社交平台，并在社交网络上进行知识分享，但从本书的调查结果来看，国内高校用户在社交平台上进行学术文献分享的行为并不普遍，分享频率相对较低。如图 4-11 所示，有超过一半以上（251 人，占比 52.30%）的受访者从未在社交平台上分享过学术文献，该部分群体大多数为在读本科生（103 人）。有过文献分享行为的受访者中，分享频率也多集中在每年至少一次和每半年至少一次，占比分别为 18.33%（88 人）和 15.83%（76 人）。仅有少数人的文献分享频率为每周至少一次和每天分享，占比分别为 2.71%（13 人）和 0.83%（4 人）。

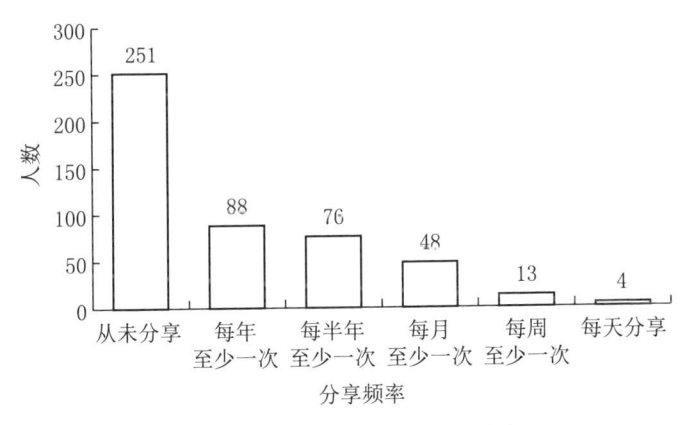

图 4-11 受访者分享文献频率分布

将受访者的分享频率与受访者身份进行交叉分析可以看出，与下载行为类似，在读博士研究生随着分享频率的增长，所占比例在总体上呈现出一定的增加趋势,成为"每天分享"的主要群体,占比高达50%。在读硕士研究生和专任教师在不同分享频率的人员分布上差别不大,同样是高频分享(每天分享)的主要人群,占比均为25%。在读本科生的分享频率具有一定的"两极分化"现象,既有大量从未分享的人群,也有在"每周至少一次"的分享频率上占有较大比例的人群,但总的来说在读本科生的分享频率相对较低。不同身份受访者文献分享频率分布如图 4-12 所示。由此可见,文献分享行为以科研活动联系最密切的在读博士研究生、在读硕士研究生以及专任教师为主要人群。

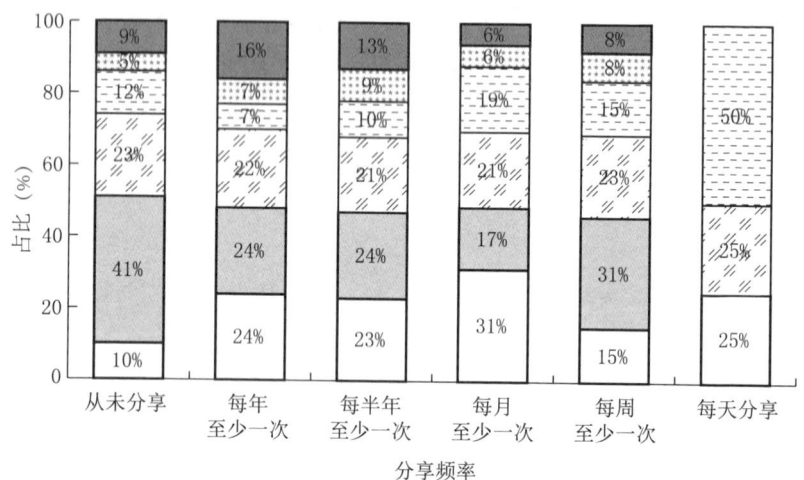

图 4-12 不同身份受访者文献分享频率分布

从受访者的分享频率与发文经历的交叉分析结果来看,以第一/通讯作者身份发表过论文的受访者随着分享频率的增加,所占比例类似于下载频率,也呈现出逐渐增加的趋势。尽管如此,与下载行为不同的是,也有相当一部分撰写过或正在撰写学术论文的受访者从未在社交平台上分享过学术文献。从未撰写过论文的受访者虽然随着分享频率增加,所占比例呈现出总体下降的趋势,但也有1位从未撰写过论文的受访者(为在读研究生)每天都有分享文献的行为。这说明科研写作活动尽管在一定程度上会对受访者的分享行为产生影响,但并不是唯一因素。不同发文经历受访者的文献分享频率分布如图 4-13 所示。

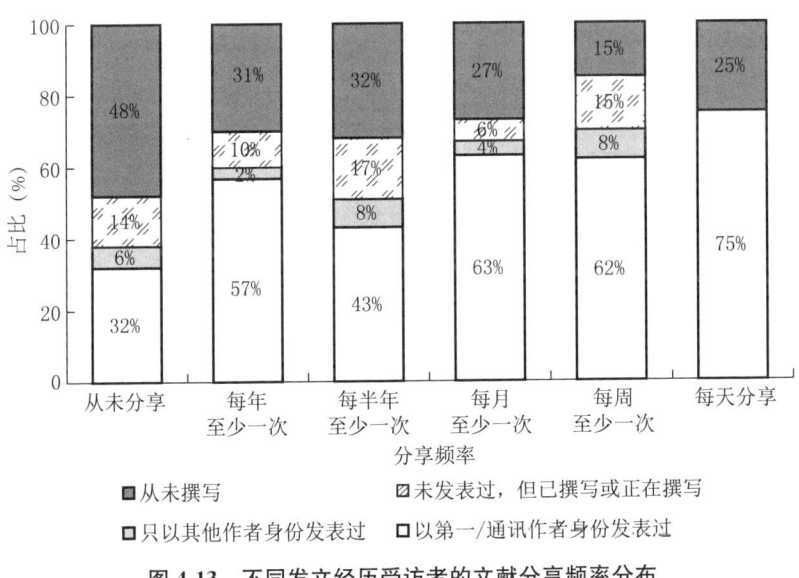

图 4-13 不同发文经历受访者的文献分享频率分布

4.4.2 分享方式

读者在社交平台上分享学术文献的方式同样存在一定的差异性。从调查结果来看,全文分享是绝大多数受访者最主要的分享方式,其次是通过平台的分享按钮直接分享、截图或复制主要信息分享。对于简要评论后分享、对主要内容或某一观点进行概括后分享以及其他形式的分享方式,受访者选择的比例相对较低,可见其并不是常用的分享方式。受访者分享文献的主要方式分布如图 4-14 所

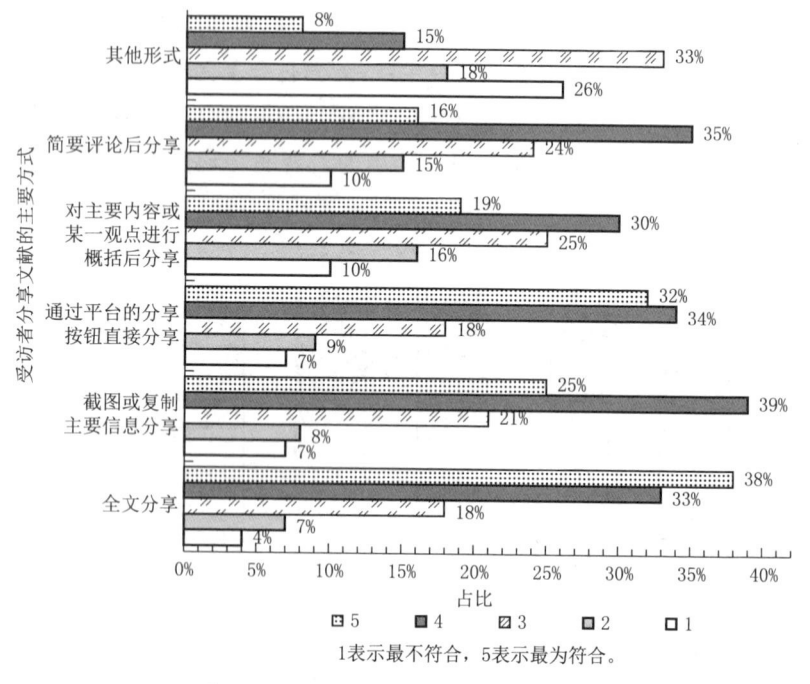

图 4-14 受访者分享文献的主要方式分布

示。总体来讲,受访者更偏好于选择全文分享、平台按钮分享、截图或复制分享这类更为简单直接的分享方式,而不是需要对文献内容进行二次加工的评论和概括等复杂的分享方式。

通过对受访者的身份与分享方式的交叉分析,本书发现专任教师、在读硕士研究生、在读博士研究生均以全文分享为主要的社交平台分享方式,而在读本科生和教辅专技人员更偏向使用平台按钮直接分享。结合前文的下载频率分析结果,这部分人群可能对于科研文献的需求度不高,全文下载频率总体上较低,因此全文分享方式的可能性也较低。除教辅专技人员之外,其他群体对评论后或概括后分享方式的采纳度均不高。这可能是由于这两种分享方式太复杂,一方面需要读者耗费时间和精力阅读学术文献,另一方面对读者的学术能力和专业要求较高。教辅专技人员，如图书馆馆员，由于工作的需要（阅读推广）则可能需要对文献进行二次加工，提炼主要信息。

4.4.3 分享前进行阅读的概率

本研究调研了在用户分享的文献中，有多大比例是其已经阅读过的[①]。调研显示，接近半数的受访者（占比 48.91%）表示其分享的 80% 及以上的文献都是阅读过的，18.34% 的受访者表示其分享的 80% 以下到 60% 的文献都是阅读过的，17.03% 的受访者阅读了 60% 以下到 40% 的分享文献，只有 5.24% 的受访者表示他们对所分享的文献阅读概率不足 20%。可以看出，大部分受访者（占比 84.28%）阅读了他们分享的 40% 及以上的文献。受访者阅读其分享文献的概率分布如图 4-15 所示。

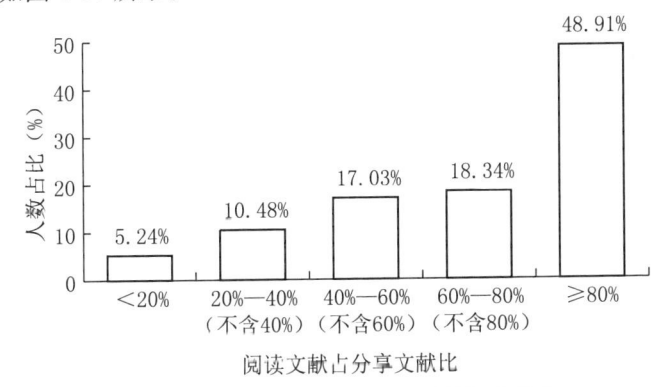

图 4-15 受访者阅读其分享文献的概率分布

通过对受访者身份与分享文献的阅读比例交叉分析，我们发现与下载文献的阅读比例类似的结果分布，分别有 92.5% 的在读博士研究生、91% 的专任教师和 88% 的在读硕士研究生阅读了他们分享

---

① 只有有过文献分享行为的受访者才会被要求回答这一问题，因此回答此问题的受访者少于总受访者。

的40%及以上的文献。对于在读本科生,只有78.5%的受访者阅读了其分享的40%及以上的文献。教辅专技人员阅读的比例最低,仅有70.6%的受访者阅读了其分享的40%及以上的文献。这就表明,与科研活动联系越紧密的群体,吸引其分享文献的原因可能更多是在阅读文献之后受到文献的学术内容驱使。从事科研活动不多的在读本科生、教辅专技人员分享文献,则并不一定是由于文献的学术内容,可能是由于文献的外在其他特征,如有趣的题名或特定的发文作者、机构等。

4.4.4 分享文献的用途

受访者分享文献的主要用途分布如图4-16所示。为了表示赞成该文的观点/方法等是绝大多数受访者最主要的使用目的。其次,

受访者分享文献的主要用途

为了表明自己对这方面的了解: 12%, 25%, 22%, 21%, 20%

为了以后查找/阅读方便: 24%, 32%, 21%, 13%, 10%, 11%

为了引发讨论: 31%, 27%, 19%, 12%

为了让他人了解文献信息: 26%, 45%, 18%, 7%, 4%, 6%

为了表示反对该文的观点/方法等: 16%, 24%, 25%, 29%

为了表示赞成该文的观点/方法等: 34%, 47%, 14%, 4%, 1%

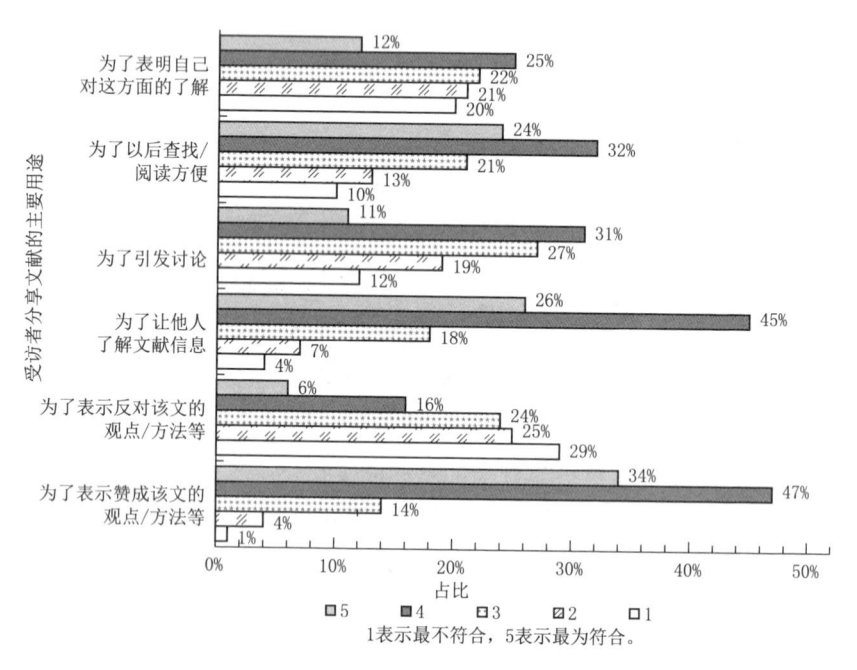

占比:0%~50%

■5 ■4 ■3 ■2 □1
1表示最不符合,5表示最为符合。

图4-16 受访者分享文献的主要用途分布

为了让他人了解文献信息也是较为主要的分享目的。为了表示反对该文的观点/方法等是占比最低的分享用途。这与金昌娜采用内容分析方法对分享学术文献进行分析的结果一致[128]。该研究发现有85%的推文对学术文献保持中立态度(即没有表达观点),10%的推文持正面态度,而5%的推文则是持有负面或偏负面的态度。这种情感差异性很早就被研究人员在文献引用行为中发现,不同引用功能的引文所具有的情感极性具有显著不同[129]。总体上,正面情感要多于负面情感,主要也是因为大多数科研人员引用是为了支持自己的研究观点,同时为了表达对前人研究工作的认可和尊重[130];负面情感的引用较少出现是由于学术论文的科学性和严肃性,批评前人的观点往往容易引起很大的争议,即使需要负面评价通常也会采用较为委婉的表达方式[131]。与此类似,相比于反对文献观点/方法等,读者在社交平台上分享文献更倾向于赞成文献观点/方法等,也主要是为了表达对他人研究成果的认可和尊重。

结合受访者的身份来看,为了让他人了解文献信息是专任教师和教辅专技人员较为重要的分享目的,这部分受访者需要将文献用于教学任务中提供教学素材或是用于图书馆的阅读推广工作。其余3种分享用途(为了以后查找/阅读方便、为了引发讨论、为了表明自己对这方面的了解)则并不是主要的分享用途。这可能是出于以下两方面的原因:一是在查找和阅读文献方面,社交平台不如专业的文献管理软件使用方便和快捷,社交平台上的信息纷繁杂乱,在其上分享的学术文献很容易淹没在其他的信息之中,后期文献查找和阅读都存在一定困难;二是引发讨论和表明自己对这方面的了解这两种分享目的,很受分享者个体性格和专业领域了解程度的影响,从受访者的人口分布来看,大多数人是在读本科生和在读硕士研究生,学术水平的高度和经验尚且不足。不同身份受访者进行文献分享的用途见表4-7。

表 4-7　不同身份受访者进行文献分享的用途

用　　途	本科生	硕士研究生	博士研究生	教辅专技人员	专任教师	其他人员
赞成观点/方法	4.20	3.92	4.26	4.22	4.12	3.82
反对观点/方法	1.93	2.69	2.66	2.81	2.47	2.36
为了让他人了解文献信息	3.82	3.75	3.80	4.04	4.00	3.82
为了引发讨论	2.84	3.14	3.06	3.26	3.53	3.21
为了以后查找/阅读方便	2.98	3.57	3.78	3.30	3.47	3.89
为了表明自己对这方面的了解	2.43	2.98	2.96	3.15	3.24	3.14

注：本表显示的是李克特五级量表分值。

4.4.5　促使用户分享的文献特征

在促使用户进行文献分享的文献特征分布上，与下载行为类似，文献主题与本人研究方向一致是促使受访者分享的最主要的文献特征。与下载行为不同的是，内容有趣和主题热门是仅次于主题契合的文献特征，其促使受访者分享文献的重要程度要高于发表在高质量期刊上和最新发表，甚至远超下载频次和被引频次的影响。可见，受访者下载文献时会更多考虑期刊论文的质量和新颖性，为自己论文写作带来助益，而在分享文献时，受访者考虑的可能并非是文献的学术价值，更多的是其带来的社交媒体话题度，内容有趣和热门主题则是引起话题度的主要特征。促使受访者进行文献分享的文献特征分布如图 4-17 所示。

除此之外，本书发现内容有趣比标题有趣更能促使受访者分享学术文献。这与前文中"分享前进行阅读的概率"的分析结果一致，受访者大多是在阅读了学术文献之后，发现文献内容有趣而产生分享行为，而不仅仅是所谓的"标题党"。再者，当内容涉及本人/本团

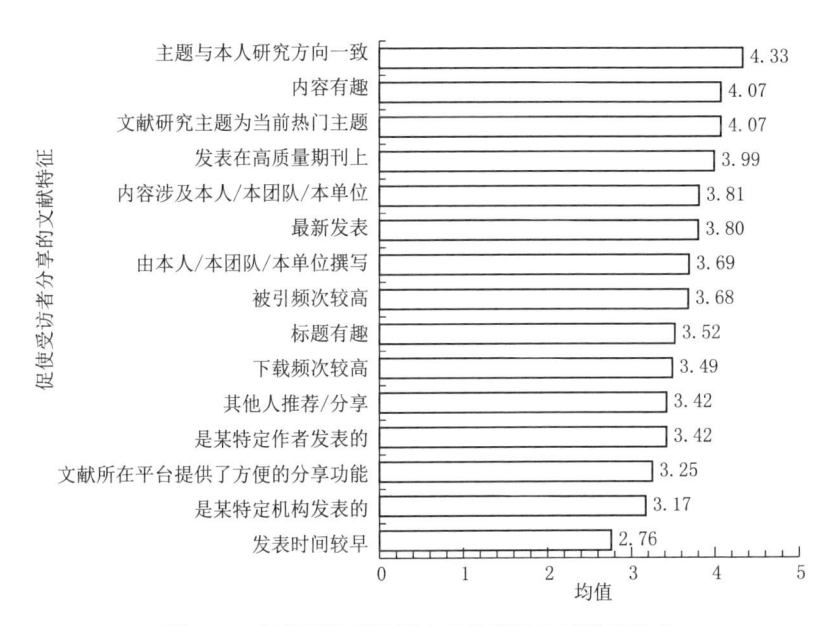

促使受访者分享的文献特征	均值
主题与本人研究方向一致	4.33
内容有趣	4.07
文献研究主题为当前热门主题	4.07
发表在高质量期刊上	3.99
内容涉及本人/本团队/本单位	3.81
最新发表	3.80
由本人/本团队/本单位撰写	3.69
被引频次较高	3.68
标题有趣	3.52
下载频次较高	3.49
其他人推荐/分享	3.42
是某特定作者发表的	3.42
文献所在平台提供了方便的分享功能	3.25
是某特定机构发表的	3.17
发表时间较早	2.76

图 4-17 促使受访者进行文献分享的文献特征分布

队/本单位,则比由本人/本团队/本单位撰写的文献更容易受到分享,这也反映了国人性格偏向内敛的特点,不太愿意在社交平台上分享自己发表的学术文献。总体来说,从促使用户分享的文献特征来看,非学术性特征要多于学术性特征。

4.5 用户保存行为分析

在本次调研的 480 个样本中,针对用户使用各种文献管理软件/平台进行文献保存的目的、文献保存后的阅读比例,以及促使用户进行文献保存的不同文献特征的占比这 3 方面进行了分析和讨论。

4.5.1 使用文献管理软件/平台进行文献保存的频率

由于许多高校会定期开设文献管理软件/平台的使用、操作等相关讲座及学分课程,高校用户群体对于文献管理软件/平台并不陌生。但针对使用其进行文献保存的频率开展调研后发现,情况并不乐观,频率总体上较低。有约 1/3(168 人,占比 35%)的受访者甚至从未使用过文献管理软件/平台进行文献保存,该部分群体中在读本科生占据了半壁江山(78 人,占比达 46.4%);每天使用的受访者仅有 40 人,占比 8.3%;每周至少使用一次的受访者人数也较为有限,为 59 人,占比仅有 12.3%;每年、每半年、每月至少使用一次的受访者的使用频率较为一致,均为 70 人上下,其占比分别为 14.4%、15.4%、14.6%。受访者使用文献管理软件/平台进行文献保存的频率分布如图 4-18 所示。

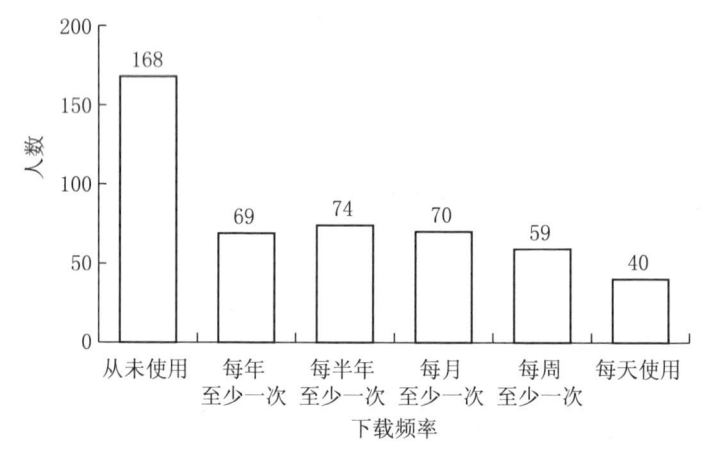

图 4-18 受访者使用文献管理软件/平台进行文献保存的频率分布

将受访者使用文献管理软件/平台进行文献保存的频率与其身份进行交叉分析可以看到,在读博士研究生及专任教师随着使用频率的增加,其人数所占比例在总体上也呈现出一定的增加趋势,并且是每天使用的主要人群,占比分别为 30% 和 23%;在读硕士研究生的使用频率分布较为均匀;在读本科生的使用频率与前三类群体相比正好相反，随着使用频率的增加，使用人数越来越低，高频使用的人数仅占 5%；此外，教辅专技人员的使用频率总体较低。由分析结果可见，使用文献管理软件/平台进行文献保存的行为主要是以与科研活动联系最密切的在读博士研究生、专任教师以及在读硕士研究生为主要群体。不同身份受访者使用文献管理软件/平台进行文献保存的频率分布如图 4-19 所示。

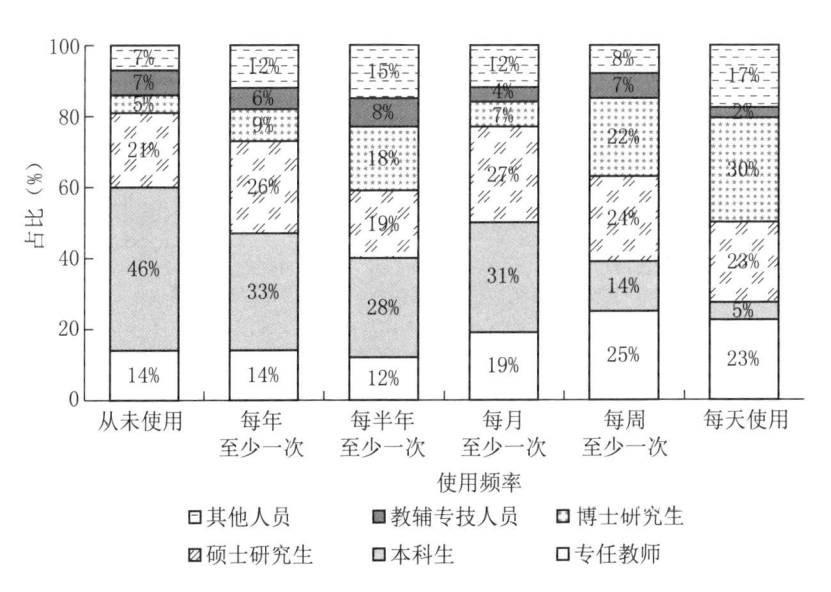

图 4-19 不同身份受访者使用文献管理软件/平台进行文献保存的频率分布

从受访者的使用频率与发文经历的交叉分析结果来看，以第一/通讯作者身份发表过论文的受访者，随着使用频率的增加，其人数所占比例与下载频率和分享频率较为一致，即也呈现出逐渐增加的趋势，在每天使用的群体中占比高达 75%；其他身份作者以及未发表但已撰写或正在撰写论文的受访者的占比总体上随着使用文献管理软件/平台进行文献保存的频率增加而有一定的降低；从未撰写过论文的受访者随着使用频率的增加，其所占比例呈现出总体下降的趋势，但依然有 10% 的受访者每天使用文献管理软件/平台进行文献保存。不同发文经历受访者使用文献管理软件/平台进行文献保存的频率分布如图 4-20 所示。

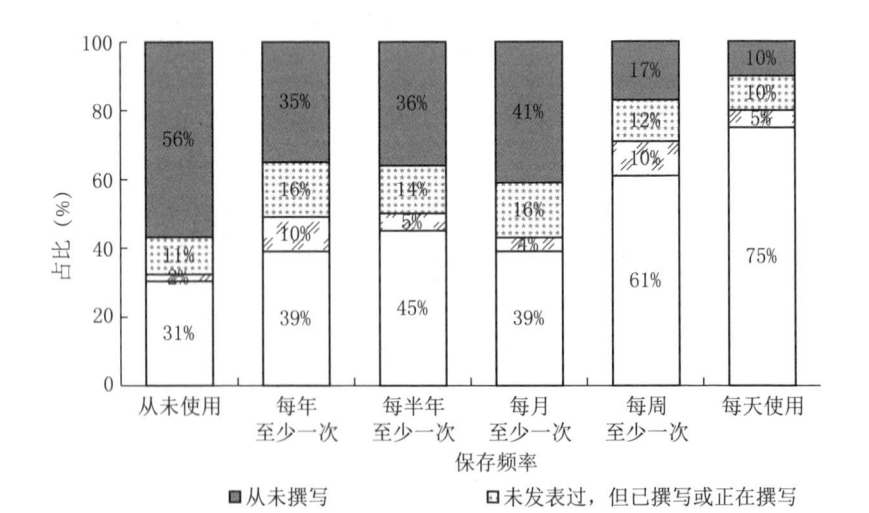

图 4-20 不同发文经历受访者使用文献管理软件/平台进行文献保存的频率分布

4.5.2 保存后进行阅读的概率

分析用户使用文献管理软件/平台保存文献后进行阅读的概率可知,63.46% 的受访者阅读了他们保存的 50% 及以上但不满 100% 的文献,这一比例的受访者比重最高;仅有 14.42% 的受访者阅读了他们保存的全部文献;21.47% 的受访者阅读的文献少于 50% 但大于 0%,只有 0.65% 的受访者表示他们没有阅读保存在文献管理软件/平台中的文献。总体上可以看出,近 80% 的受访者阅读了他们保存的一半及以上的文献,说明用户在进行文献保存后进行阅读的概率较高。文献保存后用户阅读的概率分布如图 4-21 所示。

4 文献使用动机调查分析 | 79

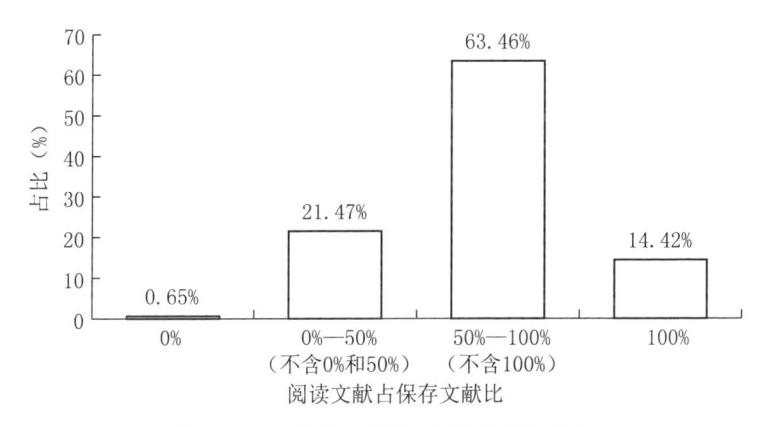

图 4-21 文献保存后用户阅读的概率分布

通过对受访者身份与保存文献后阅读概率进行交叉分析，发现一篇都未读过的受访者均为在读本科生，其余身份的受访者在保存文献后均进行了不同比例的阅读。阅读篇数少于 50%但大于 0%的受访者中，在读本科生所占比重也最大（占比 40.3%），其次是专任教师（占比 20.9%）、在读硕士研究生（占比 17.9%），其余身份占比均在 10%以下。阅读篇数大于等于 50%但低于 100%受访者中，科研主力军的占比较高，在读硕士研究生、在读博士研究生、专任教师分别为 26.3%、19.2%、19.2%。全都读过的受访者中，占比较高的前三位分别是在读本科生（占比 26.7%）、在读硕士研究生（占比 22.2%）、在读博士研究生（占比 17.8%）。总体而言，科研主力军在保存文献后进行阅读的概率高于其余身份的受访者，保存并阅读文献是科研工作的重要一步。相较之下，一篇都未阅读过的人数占比中，在读本科生夺冠，但全部阅读过的受访者中占比最高的也是在读本科生。分析其原因可能有以下两点：一是本科生受访者人数占总体受访者比重最大，导致全部阅读的人数最多；二是部分本科生对保存到文献管理软件/平台中的文献确实未进行阅读，原因可能是其在课程中接受过文献管理软件/平台方面的知识学习或培训，但仅作为操作练习而使用文献管理软件/平台保存了文献,并未对其进行后续阅读。

4.5.3 保存文献的用途

用户在文献管理软件/平台中保存文献题录信息后,后续文献用途主要涉及下载全文、后续阅读、后续引用、共享给他人。通过分析可知,用户在保存后,最主要的文献用途为后续引用,认同的用户占比达 54%,其次是后续阅读(占比 43%),第三是下载全文(占比 35%)。共享给他人则并不是用户保存文献的主要用途,认同的用户仅占 11%,用户的低分享意愿从保存文献的后续使用中也可窥见。受访者在文献管理软件/平台中保存文献的用途分布如图 4-22 所示。

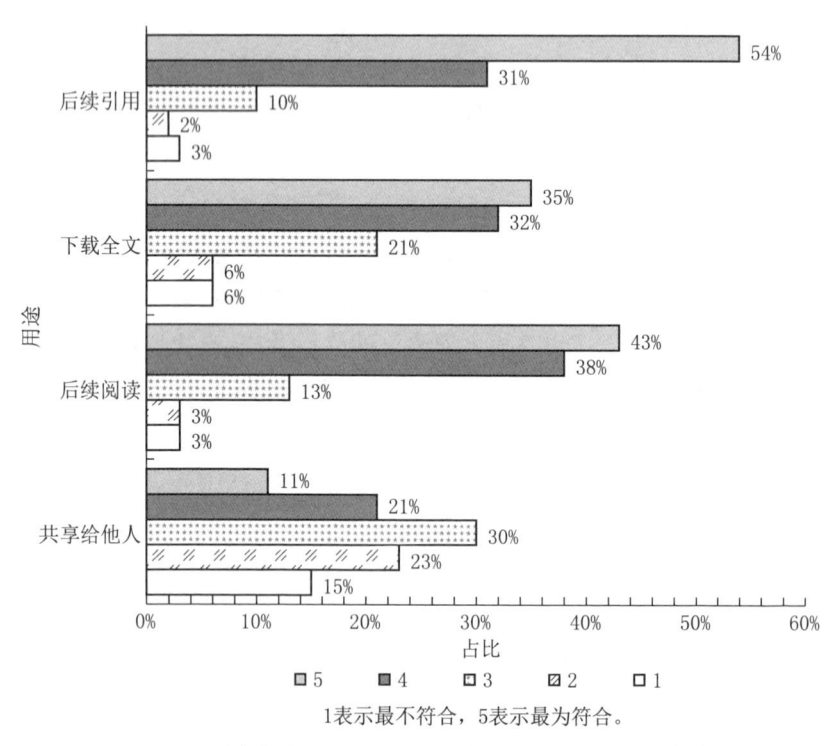

图 4-22 受访者在文献管理软件/平台中保存文献的用途分布

1表示最不符合,5表示最为符合。

结合受访者的身份来看,后续引用是各种身份受访者保存文献的主要用途,其均值总体高于其余 3 种用途,接下来依次是后续阅读、下载全文、共享给他人。这一结果与图 4-22 的分析结果较为一致。然而令人意外的是,在读硕士研究生作为科研群体之一,其文献用于"后续引用"的分值明显低于其余身份的受访者,仅有 3.99,其在"后续阅读"上也同样低于其他群体,而在"共享给他人"这一用途上的分值又相对较高,仅次于专任教师的分值。

对于共享给他人这一用途,教辅专技人员得分最低,而专任教师、在读硕士研究生、在读博士研究生相较其余身份群体更愿共享保存的文献给他人。对于下载全文这一用途,同样是教辅专技人员得分最低,可能是由于教辅专技人员保存的文献(题录)更多是用于常规工作中,如做文献检索服务工作时,其仅需要保存文献的题录信息,而不需要下载全文。不同身份的受访者保存文献的用途见表 4-8。

表 4-8 不同身份的受访者保存文献的用途

用 途	本科生	硕士研究生	博士研究生	教辅专技人员	专任教师	其他人员
后续引用	4.39	3.99	4.53	4.47	4.33	4.33
下载全文	3.75	3.74	3.99	3.69	3.78	3.97
后续阅读	4.21	3.91	4.31	4.29	4.00	4.10
共享给他人	2.68	3.09	3.01	2.59	3.22	2.77

注:本表显示的是李克特五级量表分值。

4.5.4 促使用户保存的文献特征

从文献主题、文献发表时间、文献影响力(被引频次、下载频次、期刊质量)、文献内容以及文献发表的单位或作者等特征进行分析,发现促使用户保存的最主要的文献特征为文献主题情况(如与本人研究方向一致、热门研究主题,其均值分别为 4.47 和 3.71);其次是文献影响力情况(发表在高质量期刊上、被引频次较高,其均值分别为 3.92 和 3.61);第三是文献发表时间情况,用户更钟情于最新发表的文献(均值为 3.63)。此外,相较于特定机构发表的文献,用户更青睐特定作者发表的文献。促使受访者保存的文献特征分布如图 4-23 所示。

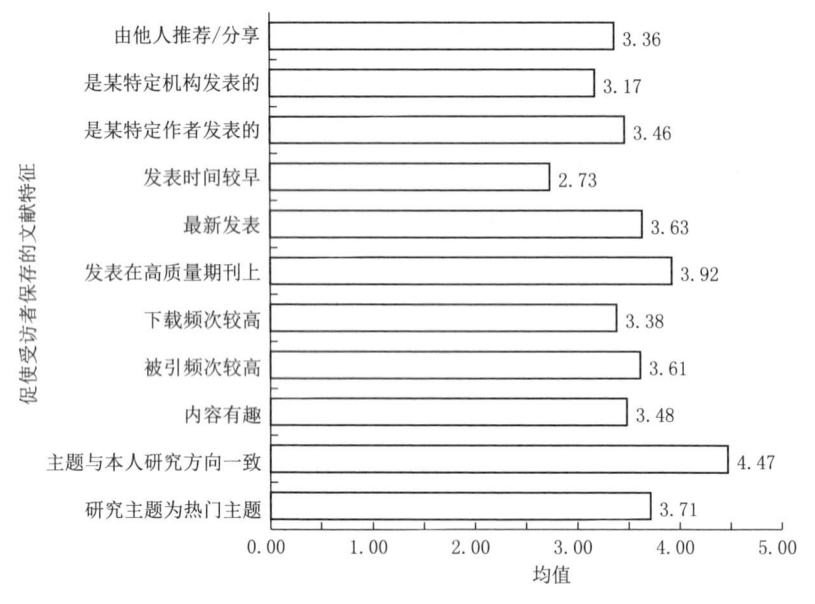

促使受访者保存的文献特征	均值
由他人推荐/分享	3.36
是某特定机构发表的	3.17
是某特定作者发表的	3.46
发表时间较早	2.73
最新发表	3.63
发表在高质量期刊上	3.92
下载频次较高	3.38
被引频次较高	3.61
内容有趣	3.48
主题与本人研究方向一致	4.47
研究主题为热门主题	3.71

图 4-23 促使受访者保存的文献特征分布

4.6 不同行为比较分析

已有关于文献使用行为的研究主要集中在单一的使用行为上,很少同时调查多种使用行为并比较它们的不同动机或影响因素,本书则针对同一主体的不同使用行为开展研究,去除了主体差异化的因素,有助于了解同一主体的不同使用行为和动机。本节主要对本研究中受访者的 3 种不同使用行为的频率、使用目的,以及与文献属性的关系等进行比较分析。

4.6.1 总体比较

在 480 名有效受访者中,466 人下载过学术文献,229 人在社交媒体上分享过文献,312 人在文献管理软件/平台中保存过文献,还有 10 人从未下载、分享或保存过文献。有 122 名受访者只进行过下载,而没有分享或保存过文献。受访者不同文献使用行为人数分布如图 4-24 所示。这部分受访者中大多数是本科生(60 人,占比 49.18%)。这些只下载文献的受访者的主要下载目的是进行文献综述和引用,平均得分分别为 4.39 和 3.59。有 1 名受访者(本科生)只进行文献分享,而没有下载或保存,分享的目的是对文字的观点表示赞同。同样,只保存文献而没有下载或分享的受访者只有 1 名本科生,其保存文献的主要目的是为了引用。有 191 名受访者同时存在 3 种使用行为。在这部分受访者中,研究生占比最高(70 人,占比 36.6%)。所有受访者中,42.7% 的受访者曾以第一作者或通讯作者身份发表过论文。他们下载、分享和保存文献的目的与总样本($N=480$)相似。

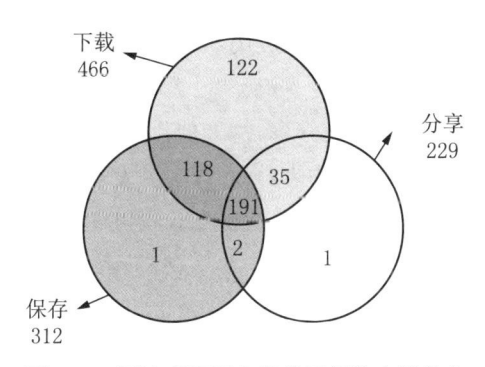

图 4-24 受访者不同文献使用行为人数分布

4.6.2 频率比较

大约 34.17%($n=164$)的受访者每周至少下载一次学术文献,其次是每月至少下载一次(占比23.54%，$n=113$)、每天下载(占比17.29%，$n=83$)、每半年至少下载一次(占比14.38%，$n=69$)以及每年至少下载一次(占比7.71%，$n=37$)。文献分享的频率分布与文章下载的情况大致相反。分享文献的受访者中,分享频率由高到低,分别是每年至少在社交媒体上分享一次(占比18.33%，$n=88$)、每半年至少分享一次(占比15.83%，$n=76$),有更高文献分享频率的受访者比例较低,分别为每月至少分享一次(占比10%，$n=48$)、每周至少分享一次(占比2.71%，$n=13$)以及每天分享(占比0.83%，$n=4$)。在文献管理软件/平台中保存学术文献的受访者中,文献保存频率的人数分布相对均衡。在全部480名受访者中,15.42%($n=74$)的受访者的保存频率是每半年至少一次,其次是每月至少一次(占比14.58%，$n=70$)、每年至少一次(占比14.38%，$n=69$)、每周至少一次(占比12.29%，$n=59$)和每天使用(占比8.33%，$n=40$)。

研究生是文献使用的主要主体。在经常下载、分享和使用文献管理软件/平台保存学术文献的受访者中,大多数人是研究生。其中,在每天下载、每天分享、每天使用文献管理软件/平台保存文献的受访者中,研究生占比分别为65.06%、75.00%和52.50%。就发文经历而言,在每天下载、每天分享、每天使用文献管理软件/平台保存文献的受访者中,作为第一作者或通讯作者发表过文章的受访者比例分别为71.08%、75%和75%。从未下载过学术文献的受访者大多也从未保存或分享过文献。但一些下载频率较高的受访者也会显示出较低的保存或分享频率。总的来说,同一受访者的文章下载、分享和保存频率各不相同。

5 文献使用动机模型构建

上一章中,笔者对文献使用行为和动机进行了描述性统计分析,但是描述性统计分析只能让我们知道两个变量之间的相关性,还缺乏因果方面的推断。本书的研究目的是找出什么原因导致用户使用特定的文献。因此,本章将引入结构方程模型,对用户的使用动机和使用频率进行了因果分析。此外,结构方程模型的使用可以使研究问题更加简洁。例如,我们可以使用一个潜在变量来反映各种类似的观察变量(如引文、下载量和影响因素)。这可以使读者对相关的现象有更清晰、更深入的了解。

5.1 相关模型

在"2.2 动机理论"一节中,我们已经介绍了使用满足理论(U&G)、计划行为理论(TPB)以及技术接受模型(TAM)。这些模型与本书密切相关,可作为本书的基础模型。比如,使用满足理论认为,读者会基于不同的目的而使用相同的媒体。根据已有的关于被引动机的研究以及在现实中的预调研,本书推测在文献使用过程中,不同读者同样也会基于不同的目的而使用相同的文献,也即同一篇文章所积累的使用计量指标,如下载量等,反映了读者多样化的动机,如果单纯地将其作为反映文章的"影响力"的指标,可能并不恰当,需要利用数理模型进行验证。

计划行为理论认为感知行为控制同时影响着行为意图和行为,在很多研究中,感知行为控制这一维度对行为意图的解释度最高,超过行为态度和主观规范[132]。感知行为控制反映了个体对实施某种行为感受到的容易或困难程度。读者在使用学术文献中所感受到的难易程度,会受到文献自身的语言和知识复杂度,以及数据库平台易用性的影响。计划行为理论中的主观规范则可解释为个体对于是否采取某种行为时所感受到的社会压力。读者可能会因为文献是与自己密切相关的人所发表而产生使用行为,如引用、下载、分享等。

技术接受模型认为,感知易用性会影响用户对于新技术的使用,同样,文献使用的方便程度也会影响对于文献的最终使用,这一点在文献分享行为研究中也已得到证实。此外,感知有用性是影响用户使用最为重要的一个因素,本研究认为这一点也与文献使用具有同一性——多数人不会去使用(如下载、阅读、分享、保存)一篇对自己毫无用处的文献。当然这一用途是具有广泛意义的,既指可以使自己获取知识,也指可以让他人获取知识。这一用途既可以是已经实施的,也可以是尚未实施但计划实施的,比如用户保存了一篇论文,计划明天看,这就是一种计划实施的用途。

通过对3种相关理论和模型的初步分析,我们认为用户使用互联网平台获取数字化文献,从本质上也是一种特定的互联网使用行为,因此参考了技术接受模型,结合互联网使用动机理论的相关研究成果,并适当补充引文动机理论的研究结论,尝试建立了四因素的文献使用动机模型。

5.2 模式设计与假设提出

本书首先聚焦文献下载行为来建立文献使用动机模型。因为下载是使用数字化文献过程中最常见和最重要的步骤,已有的研究也已证实下载量相对于其他文献使用计量指标具有更高的覆盖率。因此,以文献下载行为作为突破口进行研究,可使本书能够有充足的有效调查数据进行模型研究,而本书定义的文献保存和分享行为由于在国内学术环境下较为少见,指标覆盖率不足,恐出现调查问卷有效样本不足的情况,因此本书选择下载行为作为文献使用行为的代表进行模型验证。

在 TAM 的基础上,本书首先确立了影响下载量的 4 个变量:感知有用性(perceived usefulness)、感知有趣性(perceived enjoyment)、感知易用性(perceived ease of use)及感知相关性(perceived relevance)。其中,前 3 个变量来源于 TAM 及其扩展模型,而感知相关性则是本书根据文献和调研数据提出的新变量,下面分别对这 4 个变量所代表的含义进行说明。

1. 感知有用性

感知有用性是指用户的一种主观信念,即下载特定文献将提高其任务表现。例如,用户感知下载某篇文献有助于用户获得新知识、了解权威定义或发现研究热点。已有的关于 TAM 的研究发现,感知有用性与互联网等新技术的使用频率之间存在着较强的相关性[64, 133-134]。在数字化文献使用这一情境下,本书推测感知有用性与文献下载频率呈正相关,因此提出了以下假设。

H_1:感知有用性正向影响用户的下载频率。

2. 感知有趣性

如果某项活动能带来乐趣或享受,人们可能会更愿意参与其中[64]。在文献使用这一情境下,一个人可能会被某篇文章有趣的摘要吸引,并渴望获得更多的细节而去下载文献。在这一情境下,人们感知他们将从阅读有趣的内容中体验到乐趣和享受。这种文献使用的动机被定义为感知有趣性。泰奥证实,感知有趣性对互联网使用有显著正向影响。本书推测,感知有趣性与文献下载频率之间也存在显著正相关[64]。

同时,受趣味性标题吸引而进行文献点击的用户会首先查看摘要。如果该用户通过摘要的内容认为文献对自己有用(即感知到有用性),则可能会下载文献全文;如果发现该文献对自己并无用处,便不会下载,而是转而浏览其他文献。因此,本书推测,感知有趣性可能会通过感知有用性间接影响用户的下载频率,于是,提出了如下两个假设。

H_2:感知有趣性正向影响用户的下载频率。
H_3:感知有趣性正向影响感知有用性。

3. 感知易用性

感知易用性是指一个人认为下载特定文献的容易程度。用户可能只需要一次点击就可以下载一篇论文,也有可能需要经过多次跳转、验证等烦琐的过程才可以下载;用户可能只需要花费一秒钟就可以下载一篇文献,也有可能需要几分钟甚至十几分钟才能下载一篇文献。这些都是获取特定文献时难易程度上的差异。最省力原则认为,人本身作为一个能量—物质系统,为了解决某个问题,一定会遵循所做全部功最小或成本最小的路径移动。因此,从最省力原则出发,更容易被发现的文献可能会获得更多的下载,因为用户不需要花费额外的时间去进行下载。如果下载文献的过程花费(时间、经历、金钱等)较多,用户可能会选择放弃下载。

已有研究已经证明,感知易用性可通过感知有用性[63]和感知有趣性[133]间接影响用户的使用行为。在文献使用的情境下,如果一篇文献很难下载,其有用性则很难被感知到,因为用户在无法下载的情况下很难了解其内容对于自己的价值。对于感知易用性对感知有趣性的影响,可以做出类似的推断,即下载难的文献不太可能被感知到有趣。基于上述分析,本书提出了如下假设。

H_4:感知易用性正向影响用户的下载频率。
H_5:感知易用性正向影响用户的感知有用性。
H_6:感知易用性正向影响用户的感知有趣性。

4. 感知相关性

在关于引文动机的研究中,与被引作者之间的人际关系被证明是一个重要的因素[135]。例如,用户引用一篇论文,可能是因为该论文是由其熟悉的人撰写、分享或推荐的。本书引入感知相关性这一因素,旨在确定这种影响是否也存在于文献下载行为中。感知相关性是指一个人认为文献与自己相关的程度。应该注意的是,感知相关性的最初概念是指"对信息与需求或感知需求的有关程度"[136],而在本书中,为了研究人际关系而不是文献内容对用户下载行为的影响,所定义的感知相关性是指感知身份的相关性。一般来说,一个人会下载其认为与其相关的文献。如果文献是由用户熟悉的人(如导师、同事、同学、专家)撰写、分享或推荐的,则用户会认为该出版物更有用、更有价值。因此,我们提出了以下假设。

H_7:感知相关性正向影响用户的下载频率。
H_8:感知相关性正向影响用户的感知有用性。

基于上述假设和 TAM 模型,本书构建了如图 5-1 所示的文献使用动机模型,该模型由 4 个潜变量组成,即感知易用性(perceived ease of use)、感知有用性(perceived usefulness)、感知有趣性(perceived enjoyment)、感知相关性(perceived relevance),四者共同影响用户的下载频率。

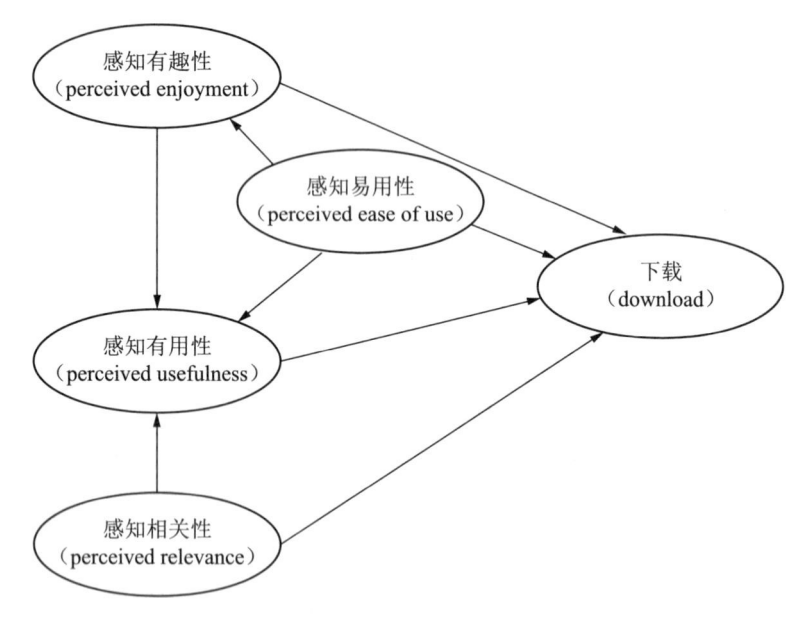

图 5-1　文献使用动机模型

为了测度 4 个潜变量，在调查问卷中分别设置 3—5 个问题（代理变量）来进行考察，4 个潜变量及对应的问题见表 5-1。

表 5-1　4 个潜变量及对应的问题

感知有趣性（perceived enjoyment）
Q17. 文献标题有趣 Q18. 文献摘要有趣 Q19. 文献研究主题为热门主题
感知易用性（perceived ease of use）
Q20. 文献下载方便，没有平台或语言的障碍 Q21. 文献为最新发表 Q22. 文献在检索结果中排序靠前

续表

感知有用性(perceived usefulness)
Q23. 文献主题与本人研究方向一致 Q24. 文献发表时间较早 Q25. 文献被引频次较高 Q26. 文献下载频次较高 Q27. 文献发表在高质量期刊上
感知相关性(perceived relevance)
Q28. 文献是某特定作者发表的 Q29. 文献是某特定机构发表的 Q30. 文献是由我信任的人推荐/分享的

采用偏最小二乘结构方程模型(PLS-SEM)来评估所提出的研究模型和假设的关系。PLS-SEM 是一种将主成分分析与多元回归相结合的迭代估计,也是一种因果建模方法。在 PLS-SEM 中,首先对模型进行拟合评估,在满足拟合时,可以对各个路径进行评估。与基于协方差的 SEM 相比,PLS-SEM 需要的样本量相对较小,不需要变量呈现正态分布,更适于探索性分析和处理形成性结构。我们通过内部一致性(internal consistency)、收敛有效性(convergent validity)和判别有效性(discriminant validity)等指标评估测量模型的质量。①通常,Cronbach's α 和复合可靠性(CR)值大于 0.700 被认为反映了测量项目具有可接受的信度。收敛有效性和判别有效性评估要求每个 AVE 的平方根都超过结构间的相关性。应用自举法(bootstrapping)重采样技术来确定路径系数,以研究因素之间的关系。所有模型分析过程均使用 SmartPLS 3.3.3 软件进行分析。赫特(G.T.M. Hult)[137]和洛莫勒(J. Lohmöller)[138]等详细解释了

---

① Fornell C, Larcker D F. Structural Equation Models with Unobservable Variables and Measurement Error: Algebra and Statistics[J]. Journal of Marketing Research, 18(3):382-388.

PLS-SEM 算法如何在 SmartPLS 中实现,欲了解 SmartPLS 操作细节的读者可阅读上述文献。

5.3 模型的验证与解释

通过检测,发现上述模型所有变量的 Cronbach's α 值均高于 0.800,所有 CR 值均高于 0.900,因此研究中的每个变量的信度都是可靠的。AVE 值均大于建议值 0.500,证明结构模型具有可接受的效度。模型的信度和效度指标见表 5-2。

表 5-2 模型的信度和效度指标

因 子	Cronbach's α	CR	AVE
感知有趣性	0.890	0.932	0.820
感知易用性	0.841	0.904	0.759
感知有用性	0.924	0.943	0.770
感知相关性	0.888	0.930	0.817
下载频率	1.000	1.000	1.000

AVE 的平方根及相关性矩阵见表 5-3。每个变量的 AVE 平方根(见表 5-3 中的粗体文本)均大于变量之间的相关性(见表 5-3 中的非加粗文本)。这些检验结果表明本研究具有收敛和判别因子的有效性。对测量模型的评估表明,本研究中的因素在下一步评估结构模型时是可靠和有效的。

表 5-3 AVE 的平方根及相关性矩阵

	感知有趣性	感知易用性	感知有用性	感知相关性	下载频率
感知有趣性	**0.906**				
感知易用性	0.728	**0.871**			
感知有用性	0.778	0.842	**0.877**		
感知相关性	0.720	0.789	0.822	**0.904**	
下载频率	0.399	0.405	0.458	0.431	**1.000**

结构方程模型结果如图5-2所示。模型的总方差解释为22.1%（$R^2=0.221$，$p<0.01$），说明我们的模型具有中等的解释能力。[①]感知有用性（$\beta=0.277$，$p<0.01$）和感知相关性（$\beta=0.150$，$p<0.05$）均对用户下载频率具有统计学意义的正向影响，而感知有趣性和感知易用性与用户下载频率没有显著关系。

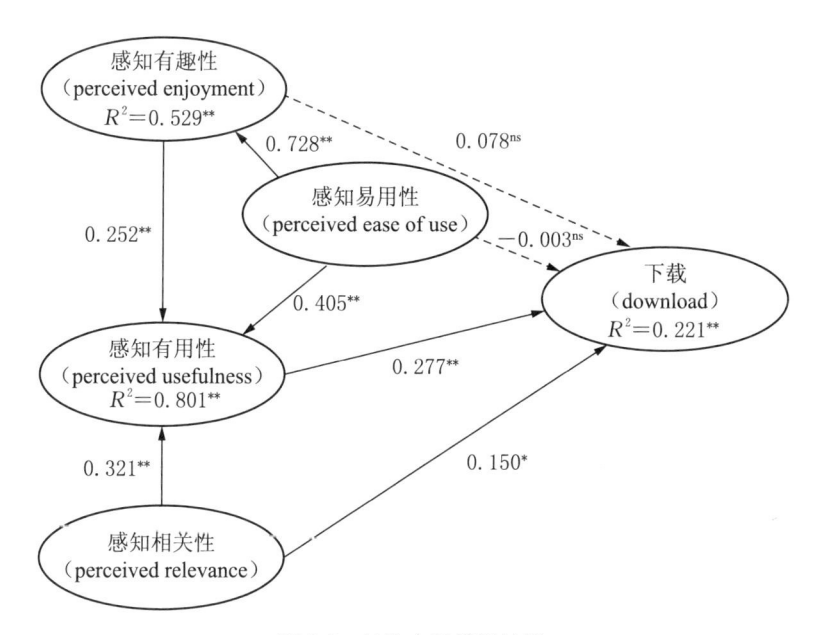

图5-2 结构方程模型结果

注：ns表示不显著；* 表示 $p<0.05$，** 表示 $p<0.01$。

就4个潜变量之间的关系而言，感知易用性对感知有趣性（$\beta=0.728$，$p<0.01$）和感知有用性（$\beta=0.405$，$p<0.01$）都有显著的正向影响。感知相关性和感知有趣性都对感知有用性有显著的正向影响

[①] Chin W W, Peterson R A, Brown S P. Structural Equation Modeling in Marketing: Some Practical Reminders[J]. Journal of Marketing Theory and Practice, 16(4): 287-298.

($\beta=0.321$,$p<0.01$;$\beta=0.252$,$p<0.01$)。因此,感知易用性、感知有趣性和感知相关性均可通过感知有用性对用户下载频率产生间接影响,间接效应值分别为 0.112($p<0.01$)、0.070($p<0.01$)和 0.089($p<0.01$)。感知有用性可以用感知易用性、感知有趣性和感知相关性来解释。这 3 个因素解释的总方差为 80.1%($R^2=0.801$,$p<0.01$)。感知有趣性解释了感知易用性总方差的 52.9%($R^2=0.529$,$p<0.01$)。

上一章的描述性统计结果显示,主题一致性、发表在高质量期刊上和高被引是吸引用户下载学术文献的 3 个主要特征,这 3 个特征也是感知有用性的外显变量,因此我们推断感知有用性是驱动用户下载特定文献的关键因素,而 TAM 模型分析的结果也证实了这一推断。尽管已有研究证明,感知有用性是互联网使用最重要的动机,但本书的研究首次证明了这一结论也适用于文献下载动机。

我们可以从文献使用流程与知识获取的关系来进行解释。用户在阅读全文之前,除了对文献的主题有所了解外,对文献有用性的感知只能通过文献有限的外部特征来判断,如被引次数和期刊的影响因子。用户一般会认为被引频次高的文献具有较高的学术价值或者影响力,相应的对自己也更为有用,因此会更倾向于下载高被引论文,期刊影响因子亦然。文献被下载并被阅读后,一些用户会在自己的论文中引用他们认为新颖的、知名的或者提出特定概念的文献[135],因为他们觉得引用这些文献能够支撑他们的观点,说明知识的来源,或者从更广泛的意义上说,对他们更有用。因此,文献的下载量和被引量在总体上会呈现中度的相关性[139]——事实上这反映了客体和主体感知的一种一致性,即被引量所代表的文献有用与否与下载量所代表的用户感知文献有用与否的一致性,而不是下载和被引之间存在某种因果联系。由于被引量被认为是评价文献影响力的重要指标,这种一致性也让下载量在评价文献影响力方面表现出了一定的适用性。

感知相关性也被证实是影响用户下载行为的一个重要因素。这一因素被认为是最基本的动机,因为无论文献的被引量有多高,如果用户认为文献(的主题、作者、机构等内容)与他们无关,就不会下载这篇文献。正如怀特在一项关于引用动机的研究中所描述的那样[140],所有引用行为背后的一致动机是感知相关性。该文作者将感知相关性分为感知主题相关性、感知类比相关性(概念之间有相似之处)、感知方法相关性、感知证据相关性等。这些类型的感知相关性均与文献内容有关。用户认为文献中的概念或方法对他们有用,因此也可以将其列为感知有用性。本书则提出了一种与内容无关的感知相关性,即感知身份相关性:用户更倾向于下载由熟悉的人(如导师、同事、同学、专家)撰写、分享或推荐的文献。感知身份相关性不是文献内容有用性的反映,而是文献作者社会网络关系的反映。被感知相关性吸引的下载更容易转化为引用,因为人们倾向于信任他们熟悉的人,当面对两篇类似的文献,他们更倾向于引用熟悉的人撰写、共享或推荐的文献。

与感知有趣性一样,用户不会仅仅因为论文容易下载就去下载它。然而,下载一篇论文越容易,用户在同类文献中就越容易阅读到它的内容,也就越容易感知它的有用性。例如,开放获取期刊论文获得了更多的引用和下载[28, 141],这不仅是因为它们可以免费获得,还因为它们的有用性更容易被感知,即感知易用性通过感知有用性间接影响用户的下载行为。

提高文献的感知易用性的途径有很多,除了开放获取外,共享、电子邮件推送、文章推荐等文献推广活动都可以提高文献的易用性,因为如果文献对用户有用,这些活动都可以节省用户花在检索上的时间。这些提高文献易用性的努力也在一定程度上有效地提高了文献的影响力。

5.4 模型的作用与局限

本书研究中的发现对出版商、作者和图书馆馆员都有一定的实际意义。例如,出版商可以为用户提供个性化订阅功能,让用户能够及时、轻松地获得与自己研究相关的最新文献;如果文献的原始语言不是英语(如是中文),可以提供英文标题和摘要,使得世界各地的用户可以更容易地获得文献的主要信息。作者可以为他们的文章选择一个易懂的标题,提供更多有用的摘要信息,并使他们的出版物可以公开访问,以提高其易用性。图书馆馆员应考虑其服务对象的研究主题,以提供更准确的服务,并使用更有趣的标题来吸引用户进一步阅读。在第8章,我们将更多地聚焦于本书成果如何落地——即文献使用动机视域下图书馆服务创新研究。

必须说明的是,该模型也存在一定的局限性。首先,本书的数据主要来源于中国高校,对于国外的文献使用者未能收集到相关数据,未来的研究可以比较不同国家用户下载动机的差异性,以研究文化、语言差异等对于文献使用动机的影响。其次,本书尚不清楚学科、工作岗位和写作经验的差异是否会影响用户的下载动机,因为本书的研究样本不符合不变性要求[142]。未来的研究应该包括更多来自多个群体的用户,以全面了解学术文献使用动机的异质性。

6 文献使用动机剖析

全球复杂网络研究权威,"无标度网络"创立者,美国物理学会院士艾伯特-拉斯洛·巴拉巴西在其著作《巴拉巴西成功定律》中曾提到"成功不是来自能力表现,而是来自社会的感知"。对于成功,在很多时候我们都是通过量化的指标来衡量,比如明星的粉丝数量、演奏者吸引的观众数量、艺术家的声望、品牌的知名度、银行家的获利,等等,其度量方法背后有一点是相同的,即它们都是基于外界评价而非内省,都是基于集体评价而非某一个体。

如果将文献是否获得"成功"以文献的使用频次来衡量,我们也可以推断出文献的成功不是来自文献内容本身,而是来自文献使用者的感知。酒香也怕巷子深,如果一篇高价值文献没有被用户发现,其价值没有被感知,这篇文献就可能会被束之高阁,成为一直沉睡的珍宝;相反,如果一篇文献内容质量平平,但是出于某些质量之外的原因而被使用者感知到某种价值,其被使用的次数也会达到惊人的程度。因此,用户对于文献的感知,决定了用户对于文献的使用行为,进而反映在文献的使用计量指标上。在上一章我们利用数据和模型也得出了类似结论,本章我们就来具体聊一聊该模型中的 4 个要素是如何来影响用户的文献使用行为的。

文献使用行为贯穿于大多数现代研究者的整个研究过程:通过阅读文献,产生新的观点和启发;通过查阅文献,验证新的观点是否具有新颖性和可行性；在实施的过程中，也需要通过文献学习新的方法和技术；最后在论文的撰写过程中，更需要大量的文献来丰富自己论文的研究背景，支撑自己的研究方法和观点，并通过文献对比以说明自己研究的独到价值。在数字化时代，这种文献使用行为更多地体现为对电子文献的使用，所以我们主要探讨 4 种感知要素对电子文献使用的影响。

6.1　感知有用性——文献使用的核心因素

如果我们对于文献的使用动机有点陌生，那么不妨先来思考：在平常的工作和生活中，如果是你，会在什么情况下下载安装一款软件？或者在进行系统重装后，你会优先下载什么软件进行安装？有人会安装 QQ、微信，因为工作和生活中需要用这些软件和别人交流沟通；有人会安装 Microsoft Office，因为需要用它进行文字处理工作；有人会安装 NoteExpress，因为会用它管理研究中的参考文献；有人也许还会安装某个游戏，因为可能会用它来消磨无聊时光。不难发现，安装这些软件是因为预感到这些软件对自己的工作或生活有用。其实，下载文献也是一样，感知到某篇文献对自己的学习、研究有帮助，或者在提升自己的愉悦度等方面有用，用户就极大可能进行下载。比如，我正在进行一个跨学科研究的影响力测度的研究，当我看到相关的论文时，我就会强烈地感觉到这篇文章对我会有所帮助，从而激发我的下载意愿，实施下载行为。所以，能否让用户感知有用，是文献能否被下载的核心因素。

除了影响下载意愿外，感知有用性也会影响用户的文献使用频率和使用深度。当用户觉得某一篇文献对其研究有着极为重要的启发性或观点支持力时，他不仅会下载全文进行深入阅读，还可能在文章撰写过程中进行多次引用，抑或在文献管理软件中保存并且进行标注，甚至在社交平台上进行分享。这种强烈的感知有用性，不仅可能提高用户对同一文献的同一种使用行为的频率,还可能影响用户对同一文献的不同使用行为的种类,即导致文献使用行为的多样性增加。

有读者可能会问:为什么是感知有用性,而不是实际有用性决定人们对文献的使用呢?在我们阅读全文获取文献知识之前,我们对其是否有用只能根据一些外在的指标来进行预判,比如文章是不是发表在高质量的期刊上?文章的被引频次高不高?文章的下载频次高不高?事实上,我们这个时候正是基于外界评价来判断文献的有用性。但是,基于这些指标来判断文章对我们是否有用,结果并不一定正确。我们一般会认为如果被引频次高,文献质量也高,但其实两者并无绝对的相关性。首先,被引频次有正面引用和负面引用,其中负面引用如对文章内容的批判,并不能反映施引者对文章质量的肯定;其次,被引频次存在"马太效应",一篇被引频次高的文献,就容易受到引用。但是在大众眼里,高被引和高质量已经画上了等号,人们会根据被引频次来判断哪些是高质量的论文从而进行下载、保存、分享。这导致很多文献使用指标在统计学意义上会跟引文量指标保持一定的正相关性。

初始的被引频次越高,文献越有可能受到引用,这种孕育成功的现象在科学文献里被称为优先连接(preferential attachment)。这种现象存在于各个学科领域,比如社会学中的"马太效应"。我们在日常生活中也经常能看到利用这种优先连接来谋求成功的例子,比如一些店面开张,会雇用一些"黄牛"排队购买,营造"热销"的假象。在论文的引用上,一些学者同样也会采用自引的方式,增加论文最初的引用量,以期迅速达到优先连接,成为高被引论文,从而受到更多的关注。

6.2 感知易用性——最省力原则

人类天生具有保存能量和避免不必要努力的倾向,这是生物体为了生存和繁衍而发展出来的本能，因此人们可能会倾向于选择较为轻松、省力的方式行事，从而表现出某种程度的"懒惰"。在社会学或经济学中，人类的这种行为准则被称为"最省力原则"，即用最小的付出获得最大的收益。在工作中，最省力原则可以帮助我们更有效地分配资源和精力，优先处理那些能够带来最大效益的任务。通过识别并专注于关键任务，我们可以提高工作效率，减少不必要的浪费。

例如，有两款不同的文献管理软件，我们会选择下载哪一款呢？如果其中一款软件的界面设计更简洁明了，操作步骤更直观易懂，用户无须花费太多时间和精力就能熟悉并掌握使用方法，那么用户的感知易用性就会很高。在这种情况下，用户会更倾向于使用该软件进行文献管理，因为他们觉得这样做既方便又高效。但是这里有一个前提，就是两款文献管理软件对用户来说都是有用的，不同的只是感知到的软件使用的难易程度。这也就是说，感知易用性要影响用户的使用意向，必须是在感知有用性已成立的前提下。

文献使用是进行科学研究中的一项重要"任务"，我们会发现大多数情况下我们在这项"任务"中也会遵循最省力原则。例如，下载文献时，由于使用谷歌学术、百度学术等学术搜索引擎进行文献检索相较于一些传统的数据库更加便捷快速，学生会更倾向于使用这一类引擎进行检索，然后跳转到数据库再进行下载；如果一篇文献在多个平台有全文，学生也会倾向于选择自己熟悉的平台进行下载——因为不需要再学习和熟悉平台的各种功能。除了下载外，其他文献使用环节也遵循这样一种最省力原则。比如文献保存行为，如果在浏览器界面上就有一个一键保存到文献管理软件中的功能，使用者会更愿意进行文献的保存，这也是 Zotero 如此火爆的原因之一，因为它提供了非常方便的浏览器插件供用户保存文献使用。

对于平台来说，感知易用性对下载行为的影响还体现在用户的使用体验和满意度上。当用户觉得一个下载平台或工具易用性高时，他们的使用体验会更加愉悦，对平台的满意度也会相应提升。这种积极的体验会促使用户更频繁地使用该平台或工具进行下载，从而形成良好的使用习惯。因此，对于平台设计者来说，提高平台或工具的易用性是吸引用户、促进下载等使用行为的关键。通过优化界面设计、简化操作流程、提供清晰明确的指导等方式，可以降低用户的学习成本，提高用户的感知易用性，进而促进用户的使用行为。

但是，感知易用性针对的是文献所在的平台/工具，并不是文献内容本身。因此，其所影响的也是在单个平台/工具下的使用频率，而不会影响文献使用的多样性。

6.3 感知相关性——社会连接

文献所包含的不仅仅是研究内容、研究主题等信息，还有作者信息、机构信息、引文信息等。因此文献之间形成的网络，也不仅仅包含内容之间的连接，同时也包含了作者之间的连接、机构之间的连接。在文献计量分析中，作者共现、机构共现等分析就包含了这种思想。但是基于作者共现、机构共现等方法的研究，还是从内容角度去进行剖析，很少涉及社会网络角度。

前面说到感知有用性是文献使用的决定因素，但在文献下载之前，读者未曾阅读到文献中的内容，那他们是如何感知到其是否有用的呢？读者身边的朋友、老师、同事等社会关系可能会起作用。在生活中，我们可能会经常遇到这样的例子：如果朋友推荐了一家餐厅，我们很可能会去光顾；如果同学说最近有一首音乐很好听，我们大概率也会下载来听；如果导师说某个软件很好用，我们极有可能也会尝试安装使用。同样，如果同事推荐了一篇论文，我们就更可能去下载。在没有使用之前，我们很难对某一产品的价值做出正确的判断，而可能是依赖别人的意见做出选择。我们倾向于选择相信周围的人做出的选择，这会让我们少走弯路。

在信息爆炸的时代，我们会更依赖于周围人做出的选择。例如，在文献出版呈指数级增长的情况下，我们寻找优秀作品比之前要困难得多。书店中有成千上万的书籍，数据库中有数以亿计的论文，互联网上的信息更是如漫天繁星一般，一个人如何才能从中选出最优秀的作品呢？回顾一下我们在生活中是如何做出选择的，我们会发现我们在多数时候参考了别人的意见。到某家第一次光顾的饭店吃饭，我们会根据大众点评给出的推荐菜品进行点菜；网购商品时，我们会选择销售量高的商家。这是因为我们相信推荐可以减少干扰，帮助我们直抵最佳产品，因为这些产品都是经过群体检验的结果。在文献使用情境中，我们很多时候也采用了同样的策略，即根据其他人下载的情况选择下载，根据其他人引用的情况进行引用。然而，周围人都做出的选择一定就是正确的吗？让我们来看一看雅虎音乐实验室（MusicLab）所做的一个实验。

雅虎音乐实验室的创始人邓肯·J.瓦茨（Duncan J. Watts）、马修·塞尔加尼克（Matthew Salganik）和彼得·道兹（Peter Dodds）为了搞清楚流行度如何影响他人的选择，邀请了 14 000 名青少年来欣赏歌曲，但这些歌曲并未标注是哪个乐队演唱的（正如没有标注作者的论文一样），并且都是市面上没有的，除了演奏乐队成员的朋友和家人，圈外人通常没有听过。

这 14 000 名参与者被分配到 9 个不同的虚拟房间中，他们的任务是将 48 首曲目从优到差进行排序，其报酬是可以下载喜欢的歌曲到各自的音乐收藏夹中。参与者下载一首歌，表明他是真正喜欢这首歌的，至少还想再听一次。如果一首歌被反复下载，研究人员便认为这首歌是"好"的，反之，如果一首歌被听完后没有下载量，研究人员便认为这首歌是"差"的。这 9 组参与者分成了 1 个对照组和 8 个实验组，实验组的参与者可以看到一个统计表，上面有每一首歌曲被他们小组其他成员下载的次数，当每位参与者登录并下载自己喜欢的歌曲时，这个统计表的数据就会相应地更新。每一位参与者所看到的排行榜都不相同,这取决于之前人们的选择,每位参与者也都为下一位登录的人留下了与自己登录时略微不同的排行榜。

8个实验组中,有一首歌曲一直占据榜首,具有惊人的一致性,即每个组都认为这首歌是最优秀的一首。但除此之外,组与组之间也表现出显著的差异,如果将8个实验组看成是8个平行宇宙,每个宇宙都发展出极为不同的音乐品味。例如,由52号地铁乐队(52 Metro)演唱的 *Lock Down* 在一个组里是最受欢迎的,但是在另一个组里却被全体成员鄙视。一旦这些年轻人可以知晓同伴的选择,社会影响便会左右他们的选择。

在对照组中,研究人员故意欺骗了试验参与者,他们将对照组里经常下载的歌曲标为只有很少的下载次数,而不受欢迎的歌曲却被标在榜首。通过这样的设定,研究人员看到了不同声誉信号相互混杂时的情况,参与者陷入了一个困惑的境地,所做出的选择也和其他组别大相径庭。毫无疑问,排行颠倒的负面情况对优秀歌曲的影响是致命的,而平庸的歌曲则从中获利。

从这个研究中我们可以看到别人的选择是如何影响自己的选择的。在文献使用过程中也会发生这样的情况,特别是有量化指标呈现在页面上时,比如我们会选择高被引论文下载,因为我们觉得这是其他人认可过质量的论文。但是我们应该时刻警惕,过分关注别人的选择有可能使我们失去一些更有价值的东西。

除了依赖社会网络中的群体决策,人们也更倾向于相信网络中的权威人士给出的信息,而忽略不那么有名气的人。在 J.K. 罗琳因《哈利·波特》出名后,曾用罗伯特·加尔布雷斯(Robert Galbraith)——一个前宪兵军官的身份写了一本名为《布谷鸟的呼唤》(*The Cuckoo's Calling*)的书,但是写完之后的出版之路却异常艰难,没有哪个出版社愿意出版这个默默无闻的小人物的作品。很长一段时间后,加尔布雷斯终于找到一个愿意碰碰运气的出版社,而当这本书正式出版时,销售量也极其惨淡,仅仅售出了不到500册。

但是不久之后有一种传言开始蔓延,说加尔布雷斯有着和J.K.罗琳相同的代理商和编辑,并且两者的写作风格是如此相似。这些传言促使《星期日泰晤士报》请教了一位计算机专家,而这位专家也确实在J.K.罗琳的书稿和加尔布雷斯的新书中,找到了一些难以置信的相似性。最终,J.K.罗琳承认自己就是加尔布雷斯,而第二天,《布谷鸟的呼唤》一下子就成了全球畅销书。

同样还是那本书,只不过人们认知的作者姓名发生了变化,销量就产生了翻天覆地的变化,不得不让我们深思。

6.4 感知有趣性——标题党是否真的有效?

最后是关于感知有趣性(或称"感知愉悦性")的作用。其实让人感到心情愉悦,对用户来说也可视为是"有用性",但是我们为什么把它单拎出来呢?因为这种"有用性"的感知并没有那么强,而且可持续性很短,与我们在第一节中所说的有用性还是具有明显的差异的。

在微信公众号上,我们经常看到这样的文章标题,如"抓到直接扣 12 分,这类违章你知道吗?""万万没想到,这样吃水果居然有害处!""震惊!她吃这一物,竟然一星期瘦十斤!"。这类标题用极其"吸引眼球"的语言和夸张的语气来赚取公众的关注,但点进去往往发现文章内容与标题相差甚远。这一类内容,互联网赋予它新的代名词——标题党。标题党是互联网时代营销手段的一种,其目的就是吸引用户点击,获取流量。

为什么标题党会吸引用户点击呢?一个重要的原因是好奇心驱动。人们天生对未知或新奇的事物充满好奇,标题党往往利用这一点,通过夸张、神秘或引人猜测的标题来制造悬念,引发用户的好奇心,从而促使他们点击链接以获取更多信息。另一个重要原因是情感共鸣,标题党善于捕捉人们的情感需求,通过触及情感痛点或激发情感共鸣来吸引用户。这些标题可能涉及人们关心的社会问题、热点事件或个人经历，使得用户产生强烈的阅读欲望。

在文献使用方面也有类似的情况。为了调查是否有一个有趣的标题可以提高论文的读者量和被引用的次数，希尔德和他的同事们让志愿者们对 2000 年和 2001 年在 9 种生态学和进化论期刊上发表的 2 439 篇论文的标题进行评分，并根据它们的有趣程度打分。打分者可对有趣程度进行从 0 分(表示"非常严肃")到 6 分(表示"非常有趣")的评分。然后，研究人员寻找论文的得分和其被引次数之间的联系，包括其被作者自身引用的次数。在控制了自我引用作为论文重要性的一种衡量标准之后，研究人员发现，标题有趣的文章被引用的次数实际上比那些标题严肃的文章要多。例如，得分为 6 分的论文平均被引用的次数几乎是那些得分为 4 分的论文的两倍。因此，作者认为有趣的标题可以增加论文的引用量。

但是更多的研究人员也质疑了这项研究的结论。作者引用的动机有很多。对于内容确实优质的文献，有趣的标题确实也能吸引更多关注，更有可能让读者感受到文章的价值，但是如果内容本身不过关，就算通过一个有趣的标题引来了点击，也很难转化为对文献普遍的较高评价。正如雅虎音乐实验室的实验所证明的，对流行度的错误感知可能会抬高一首糟糕歌曲的排名，但它绝不会获得整个群体的喜爱。当能力表现和"优先连接"一致时，才能带来持续的成功。

此外，有趣的标题只会影响下载的意愿，即单次下载，而不会影响使用的频率和深度。显而易见，读者被标题党糊弄了一次之后，不容易再被同一个标题所迷惑。要想影响使用的频率和深度，最终还是需要有实质的优秀内容，让用户感知到其价值。

7 差异化文献使用动机驱动下的文献使用模式

为什么要研究文献使用模式呢？模式是从庞大杂乱的大数据中识别出的具有共性和规律性的表现形式，可以为进行预测分析提供基础。互动百科以及吴建平等人对模式的定义是"模式是主体行为的一般方式，包括科学实验模式、经济发展模式、企业盈利模式等，是理论和实践之间的中介环节，具有一般性、简单性、重复性、结构性、稳定性、可操作性的特征"。[①]可见，了解模式，是从理论走向实践的关键一步。本章我们就从用户差异化的文献使用动机出发，了解不同的动机形成的一般性的文献使用模式。

主体不同的文献使用动机导致了多样化的文献使用行为，而客体在属性上的差异（如论文所在期刊、论文的开放存取程度等）也在一定程度上影响着主体对于文献使用的偏向性。这些差异化的使用动机和影响因素作用于每一位文献使用者的每一次使用文献行为，使得使用行为随着时间的变化呈现出一定的量化特征及变化趋势，我们称之为文献使用模式。

常见的文献使用模式是引文模式（Citation pattern），引文模式是指被引次数反映在时间上的曲线[143]。与此类似，使用模式（Usage

---

① 吴建平.认知：所谓成长就是认知升级[M].北京：中国友谊出版公司,2019:272.

pattern)是指文献的使用量指标(如下载次数)反映在时间上的曲线。一般而言,同一模式反映了该模式下的样本在行为或性质上的一致性,而不同模式的样本则在行为或性质上存在显著的差异性。比如,在引文模式中,有两类较为特殊的引文模式:"睡美人"和"昙花一现"[144-146]。这两类引文模式主要是针对期刊论文而言的。

对于其他文献使用行为,较少有学者研究其模式。一方面,这是因为其他文献使用行为的时间序列数据较难被学者所获取,比如下载量,数据库供应商一般只公布累积下载量,缺乏不同时期的下载量数据;另一方面,不同平台的使用者群体存在差异,因此基于不同平台所获得的使用模式也可能存在差异[33],缺乏一个普适性的结果。

本章主要利用两部分文献使用数据来研究文献使用模式。第一部分数据来源于国内最大的期刊数据库平台——中国知网,知网提供的期刊论文下载量时间序列数据,能够最大范围地覆盖国内用户这一群体,结果具有一定范围的普适性。第二部分数据来源于 Springer 的电子书平台 Springer Book。这是一个可提供全球最全面的科学、技术与医学,以及人文与社会科学领域电子图书的数据库①,虽然我们亦无法获得其时间序列数据,同时也存在其他大型的学术类电子图书数据库,但 Springer Book 全面的图书类型和丰富的使用计量指标可为我们了解除论文之外的其他类型文献的使用模式提供参考。

7.1 期刊论文下载模式分析

随着互联网的发展,期刊的出版逐渐走向数字化,越来越多的学术论文可以通过电子数据库进行下载使用,并且这些下载情况能够即时地被 Web 服务器记录并储存在数据库中。尽管这些数据不能

---

① 参见 https://www.springernature.com/cn/products/books。

说明诸如用户使用动机等问题，但直接反映了读者对学术论文的使用倾向，即哪些论文被下载、谁在下载，以及什么时候在下载等[23]。此外，下载量是对论文使用的实时测量。因此，一些学者开始对论文下载量在读者使用行为分析[2, 3, 38, 147, 148]、论文老化规律分析[23, 29, 34]中的作用，以及在科研评价中作为引文分析的补充[11, 149, 150]等方面进行研究。

尽管越来越多的学者开始关注论文下载量，但是对其的系统性研究并不多见，已有的研究主要关注如下 3 方面内容：下载量与被引量指标的比较与相关性[6, 7, 34, 151-153]、下载量半衰期[154-155]、影响论文下载量的主要因素等[42, 45, 156]。

上述研究证实了论文下载量与被引量存在着一定的相关性，但是在数据的选择和处理上，仍然存在一些不足之处。

首先，已有的相关研究受数据库供应商的限制，大多数只能以单本或几本期刊作为数据来源。例如，莫埃德选择期刊 *Tetrahedron Letters* 作为研究对象，提出了下载量变化的双因素模型，并指出在论文被引后的 3 个月内，其下载量会比未被引情况下增加 25%[34]；贾马里等以 PLoS 的 6 本期刊为研究对象，研究了论文标题类型对于下载量的影响，发现提问式标题、短标题能够获得更多的下载[45]。这些研究忽略了期刊的特征，如影响因子、期刊主题等对论文下载量的影响。

另外的一些研究选择 ScienceDirect 作为论文下载量的数据来源，结合其他一些数据库的被引量数据来分析两者的相关性[6, 7, 139]。这些研究均是将样本作为一个整体，未考虑到样本中的论文受到多种因素的影响，可能具有不同的下载规律。基于被引量的文献老化模式的研究中，已有学者证实存在不同的被引模式[157]，但基于下载量的研究中尚未见到相关报道。因此，挖掘不同类型的论文下载模式及其形成原因和影响因素，有助于我们进一步探索不同的用户下载行为及论文下载量与被引量的相关性。

因此,本小节拟通过对图书情报领域期刊论文下载量的分析,探索是否存在不同的下载量变化模式,并在此基础上,研究基于下载量的论文老化规律,以及决定下载量的主要因素,为后续研究不同下载模式与不同被引模式的相关性提供基础,同时为进一步研究以下载量作为论文影响力评价的补充指标的可行性提供理论依据。

7.1.1 研究数据与方法

以中国知网(CNKI)提供的11种图书情报领域期刊2006—2008年发表的且获得过下载的10 334篇论文作为研究对象(CNKI从2005年开始有完整的下载数据)。选择这些期刊主要是由于这些期刊创刊时间较长,在CNKI中收录完整,并且其出版日和上线日基本一致,而《图书情报工作》《中国图书馆学报》等期刊因为从出版到上线的滞后期较长,所以未被选为研究对象。剔除数据集中的目录、卷首语、征稿启事、简讯等噪声数据后,得到最终的原始数据集 DataSet1,共涉及论文9 919篇。

原始数据集中,每篇论文所涉及的数据包含论文的基本题录信息以及该论文在2006—2015年每一自然年的下载量。我们计算了论文出版后一年内的实际下载量以及出版后第二年的实际下载量。

论文出版后一年内的实际下载量为

$$D'_{Y+1} = D_Y + \frac{D_{Y+1}}{12} \times (12 - M) \tag{7-1}$$

论文出版后第二年的实际下载量为

$$D'_{Y+2} = \frac{D_{Y+1}}{12} \times M + \frac{D_{Y+2}}{12} \times (12 - M) \tag{7-2}$$

式中:M表示论文出版当年的剩余月份。

与此类似,我们获得了论文出版后其他年份的实际下载量,并将其汇总保存为DataSet2。需要说明的是,在计算实际下载量时,我们假定了在一年内不同月份论文的下载量是均等的。然后我们进一步计算获得了每篇论文每年的相对下载量并保存为 DataSet3。每篇论文每年的相对下载量为

$$R_{Y+1} = \frac{D'_{Y+1}}{\sum D'} \tag{7-3}$$

最终，我们获得了 3 个数据集：原始数据集 DataSet1、绝对下载量数据集 DataSet2、相对下载量数据集 DataSet3。

以下是一个如何利用 DataSet1 的数据计算获得 DataSet2 和 DataSet3 数据的实例。以某篇发表于 2008 年 9 月的论文为例，其每自然年下载量见表 7-1 中的 DataSet1，在 DataSet2 中，有

$$D'_{2008+1} = D_{2008} + \frac{D_{2008+1}}{12} \times (12-3) = 36 + \frac{45}{12} \times 9 = 69.75$$

$$D'_{2008+2} = \frac{D_{2008+1}}{12} \times 3 + \frac{D_{2008+2}}{12} \times (12-3) = \frac{45}{12} \times 3 + \frac{30}{12} \times 9$$
$$= 33.75$$

相应地，在 DataSet3 中，有

$$R_{2008+1} = \frac{69.75}{69.75 + 33.75 + 26.25 + 21.25 + 12.50 + 20.50 + 16.50} \times 100\%$$
$$= 34.79\%$$

$$R_{2008+2} = \frac{33.75}{69.75 + 33.75 + 26.25 + 21.25 + 12.50 + 20.50 + 16.50} \times 100\%$$
$$= 16.83\%$$

表 7-1　某论文在不同数据集中下载量的计算结果

DataSet1：原始下载量

2008(年)	2009 年	2010 年	2011 年	2012 年	2013 年	2014 年	2015 年
36	45	30	25	20	10	24	14

续表

DataSet2：绝对下载量

第一年	第二年	第三年	第四年	第五年	第六年	第七年
69.75	33.75	26.25	21.25	12.50	20.50	16.50

DataSet3：相对下载量

第一年	第二年	第三年	第四年	第五年	第六年	第七年
34.79%	16.83%	13.09%	10.60%	6.23%	10.22%	8.23%

我们采用的分析方法如下。

1. 正态性检验

采用 QQ 概率图对论文下载量的分布作直观呈现，并通过 K-S 检验对其分布的正态性进行检验。QQ 概率图是以观测值为横坐标、期望值为纵坐标的散点图，如果散点紧挨参考线，则说明数据集遵循假定的分布规律。

2. 聚类分析

采用两步聚类法（two-step cluster）对样本数据集进行聚类分析，探究论文下载的不同模式。两步聚类方法是一种可扩展的聚类分析算法，可用于处理超大数据集。它可以同时处理连续变量和分类变量，并且比传统的聚类方法（K-均值聚类算法）更可靠和准确[158]。顾名思义，两步聚类过程涉及两个不同的步骤：（1）将案例（或记录）预聚类到许多小的亚类中；（2）将预聚类步骤产生的亚类再聚类到所需的聚类数中。聚类过程也可以自动选择聚类数。①在本书中，分别以 DataSet2 和 DataSet3 中的数据作为连续变量，使用贝叶斯信息标准（BIC）进行聚类。聚类质量利用轮廓测量凝聚与分离度（silhouette measure of cohesion and separation）进行分析，以该方

---

① Tkaczynski A. Segmentation Using Two-Step Cluster Analysis[C]//Dietrich T, Rundle-Thiele S, Kubacki K. Segmentation in Social Marketing. Singapore：Springer, 2016：109-125.

法测量类群内和类群之间的变量的关系,如果得分在 0 以上,表明不同变量之间的簇内距离和簇间距离是有效的。

3. 相关性分析

采用 Spearman 相关系数对不同的论文下载模式中论文下载量与论文标题长度、作者数量、关键词数量、期刊复合影响因子,以及首年下载量等进行相关性分析。

4. 半衰期计算

参考被引半衰期的概念,我们将论文的下载量半衰期定义为:在统计当年,该论文被下载的总次数中,较新的一半是距离当年多长时间内累计达到的。不同下载模式的半衰期,通过该模式下的年平均下载量计算获得。

7.1.2 研究结果

1. 正态性检验

首先采用 QQ 概率图对论文总下载量的正态分布作一直观呈现,结果如图 7-1(a)所示,可见数据集中的单篇论文总下载量曲线明显偏离期望值,说明单篇论文的总下载量分布并不符合一般正态分布。这一结果与陆伟等的研究结果一致。[1]由于 Pearson 相关系数并不适合非正态分布的样本数据,因此在后续的分析中我们采用 Spearman 相关系数进行相关性检验。

为了后续研究能够更便捷地进行统计推断,尝试将每篇论文的下载量进行对数转化,对得到的新样本集再进行正态性分布检验,发现下载量的对数呈明显的正态分布,其 QQ 概率图如图 7-1(b)所示。因此,我们采用对数函数对样本下载量进行拟合,拟合结果为

$$y=-259.1\ln(x)+2409.4(R^2=0.930)$$

---

[1] 陆伟,钱坤,唐祥彬.文献下载频次与被引频次的相关性研究:以图书情报领域为例[J].情报科学,2016,34(1):3-8.

(a) 单篇论文下载量

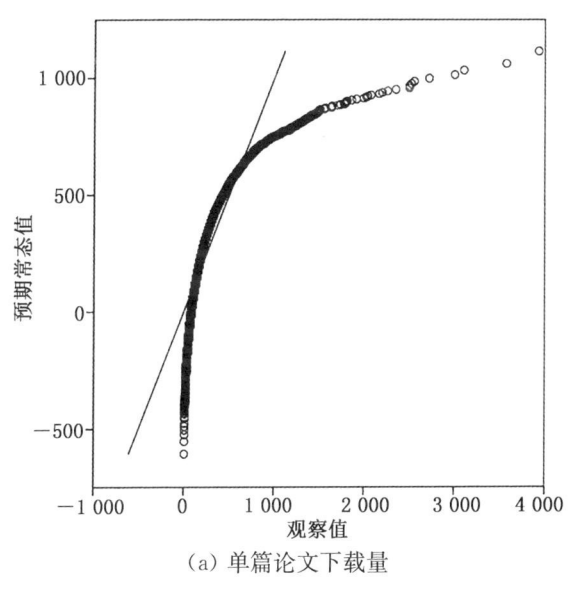

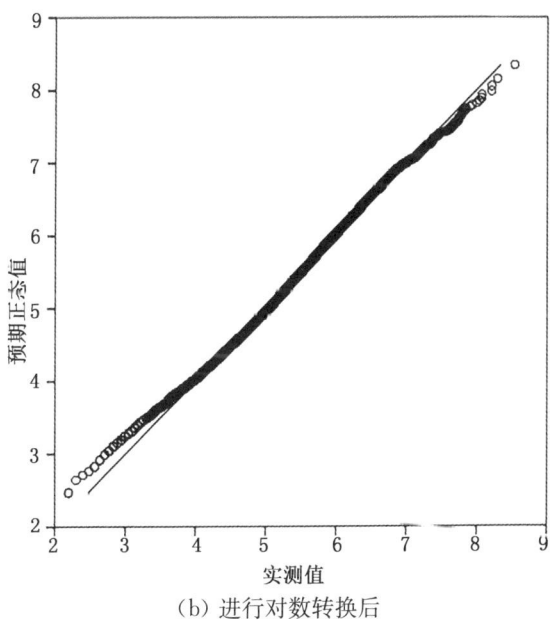

(b) 进行对数转换后

图 7-1　QQ 概率图的直观呈现

论文总下载频次分布如图 7-2 所示。

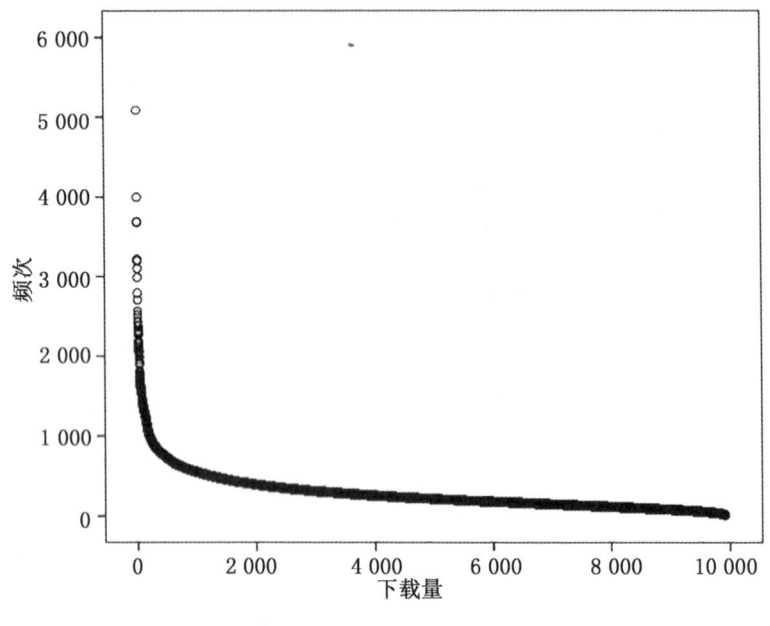

图 7-2 论文总下载频次分布

2. 绝对下载量的动态变化模式

采用两步聚类法对 DataSet2 中每年的绝对下载量进行聚类分析,发现样本可以聚类为 4 个集群,分别表示 4 种不同的绝对下载量的变化模式。4 种绝对下载量变化模式及其拟合曲线见表 7-2。

表 7-2　4 种绝对下载量变化模式及其拟合曲线

模式	样本量	样本比例	拟合曲线
1	4 885	49.25%	$y_1 = 36.219 x_1^{-0.744}$; $R^2 = 0.992$
2	3 512	35.41%	$y_2 = 84.428 x_2^{-0.712}$; $R^2 = 0.992$

续表

模式	样本量	样本比例	拟合曲线
3	1 328	13.39%	$y_3 = 132.75 x_3^{-0.482}$；$R^2 = 0.944$
4	194	1.96%	$y_4 = 7.7456 x_4^2 - 63.552 x_4 + 282.32$；$R^2 = 0.938$

采用平均值计算每一个集群每年的下载量，可得到表 7-3。4 种绝对下载量模式逐年变化趋势如图 7-3 所示。可以看出模式 1、模式 2

表 7-3 新数据集中 4 种下载模式年均下载量

模式	第一年	第二年	第三年	第四年	第五年	第六年	第七年
1	38.13	21.08	14.75	12.65	11.23	9.86	8.70
2	88.07	51.43	36.15	30.04	26.62	24.31	22.19
3	142.85	94.26	71.86	62.13	58.21	58.49	58.35
4	230.24	184.24	157.22	147.85	159.31	194.21	208.08

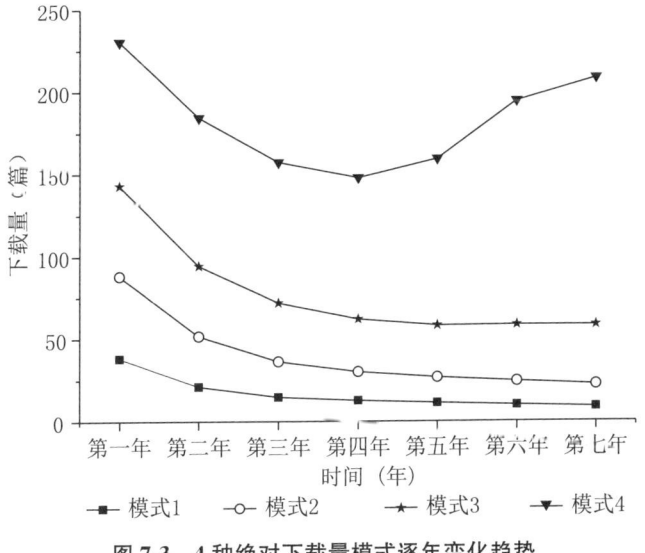

图 7-3 4 种绝对下载量模式逐年变化趋势

和模式3的下载量均为第一年最高,然后呈逐年下降趋势,三者变化趋势基本一致,拟合曲线均为负幂函数形式,主要是绝对数量上的差异,模式2每年绝对下载量约为模式1的2.3—2.6倍,模式3每年绝对下载量约为模式1的3.7—6.7倍。

模式4的下载量则呈现先降低后上升的趋势,下载量在第四年到达最低点后又逐渐上升,到第七年的下载量接近第一年的下载量,其函数关系拟合度最高的为二项式,其绝对数量约为模式1的6.04—23.92倍。

计算得到每一种模式的下载量半衰期、总下载量及篇均下载量,结果见表7-4。其中,模式1和模式2下载量半衰期均为2年左右,这两种模式占总样本数的85%左右,但却只贡献了总下载量的60%左右。模式4中的高被引论文,虽然论文数量只占样本总量的不到2%,但对总下载量的贡献却超过了10%,篇均下载量达到1 530.71篇,其老化速度也明显慢于其他下载类别,下载量半衰期约为3.47年。

表7-4 新数据集中4种下载模式的下载半衰期、总下载量及篇均下载量

模式	下载量半衰期(年)	样本数(篇)	样本比例(%)	总下载量(篇)	总下载量占比(%)	篇均下载量
1	1.95	4 885	49.24	620 142	22.03	126.95
2	2.00	3 512	35.41	1 072 632	38.13	305.42
3	2.50	1 328	13.39	823 751	29.28	620.30
4	3.47	194	1.96	296 957	10.56	1 530.71

采用相同方法对DataSet3中的相对下载量进行了聚类分析,9 919个样本共聚为两个集群,分别表示两种不同的相对下载量的下载模式。两种相对下载量变化模式及其拟合曲线见表7-5。

表 7-5 两种相对下载量变化模式及其拟合曲线

模式	样本量	样本比例	拟合曲线
A	4 426	44.62%	$y_A = 0.394\ 3 x_A^{-1.029}$；$R^2 = 0.999\ 4$
B	3 512	55.38%	$y_B = 0.229\ 1 x_B^{-0.421}$；$R^2 = 0.968\ 2$

采用平均值计算每一种模式每年的下载量占比,结果见表 7-6,归一化数据集两类下载模式变化趋势如图 7-4 所示。从总体上看,

表 7-6 DataSet3 中两种下载模式每年下载量占比及下载量均值

		第一年	第二年	第三年	第四年	第五年	第六年	第七年
模式 A	相对下载量	39.16%	19.90%	12.36%	9.43%	7.57%	6.25%	5.32%
	绝对下载量	81.13	42.02	26.21	19.77	15.95	13.58	11.79
模式 B	相对下载量	24.35%	16.63%	13.26%	12.30%	11.75%	11.19%	10.53%
	绝对下载量	67.52	47.07	38.04	34.77	33.86	34.37	33.88

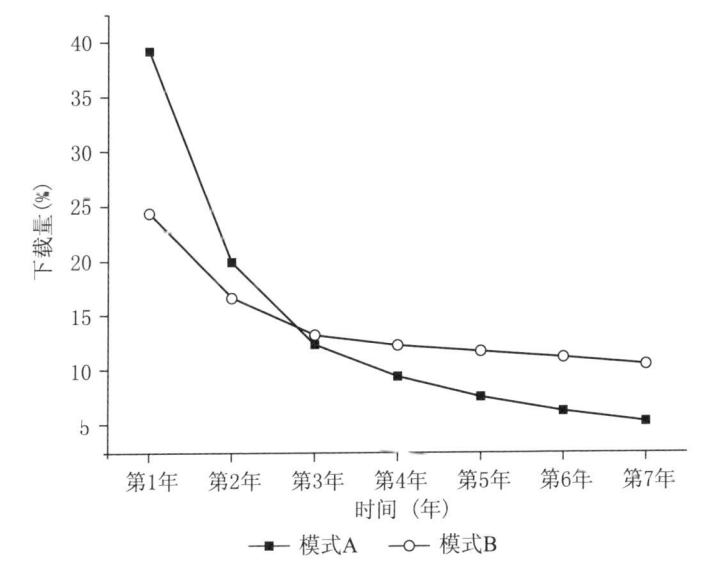

图 7-4 归一化数据集两类下载模式变化趋势

两个集群年下载量占比均呈逐年下降趋势,集群 A 在论文发表的前两年占比高于集群 B,但下降速度较快,在第 3 年所占下载比重已开始低于集群 B,老化趋势更为明显,其下载量半衰期为 1.54 年,集群 B 的下载量半衰期为 2.68 年(见表 7-7)。

表 7-7　DataSet3 中两种下载模式的下载半衰期及篇均下载量

类别	下载量半衰期(年)	样本数(篇)	样本比例(%)	总下载量(篇)	总下载量占比(%)	篇均下载量
集群 A	1.54	4 426	44.62%	995 491	35.38%	224.92
集群 B	2.68	5 493	55.38%	1 817 991	64.62%	330.97

从两个集群的绝对下载量的变化也可以看出两者的老化趋势,在第一年集群 A 的下载量高于集群 B,但在第二年就下降了近 50%,绝对下载量逐渐低于集群 B。

对两个样本数据集中的下载模式建立样本量矩阵和下载量矩阵,结果见表 7-8 和表 7-9。可以看出,模式 1 和模式 2 这两个绝对下载量较低的群体,在模式 A 和模式 B 中的分布是均等的,而模式 3 和模式 4 这两个绝对下载量较高的群体,则更多地分布在集群 B 中,即绝对下载量高的论文,其年均下载量占比变化较小,半衰期较长。

表 7-8　两种数据集不同下载模式的样本量矩阵

模式	1	2	3	4	总计
A	2 442 (24.62%)	1 681 (16.95%)	291 (2.93%)	12 (0.12%)	4 426 (44.62%)
B	2 443 (24.63%)	1 831 (18.46%)	1 037 (10.45%)	182 (1.84%)	5 493 (55.38%)
总计	4 885 (49.25%)	3 512 (35.41%)	1 328 (13.38%)	194 (1.96%)	9 919 (100%)

7 差异化文献使用动机驱动下的文献使用模式

表7-9 两种数据集不同下载模式的下载量矩阵

模式	1	2	3	4	总计
A	312 339 (11.10%)	497 834 (17.69%)	171 579 (6.10%)	13 739 (0.49%)	995 491 (35.38%)
B	307 803 (10.94%)	574 798 (20.43%)	652 172 (23.18%)	283 218 (10.07%)	1 817 991 (64.62%)
总计	620 142 (22.04%)	1 072 632 (38.12%)	823 751 (29.28%)	296 957 (10.56%)	2 813 482 (100%)

将论文按下载量排序,前1‰的论文可被视为高下载论文,则共获得99篇高下载论文。这99篇高下载论文共获得190 665次下载,占总下载量的6.777%。这99篇高下载论文在绝对下载量上均属于模式4,而在相对下载量上,97篇属于模式B,只有2篇高下载论文属于模式A。

一般认为,论文下载之前的检索行为,主要会通过检索题名、关键词、作者等进行。论文题名越长、关键词和作者数量越多,就越有可能被检索到,进而检索者才有可能根据论文的相关性及期刊的影响力等因素来进行下载。因此,本部分研究采用Spearman相关系数分别分析了不同下载模式下,论文总下载量与论文特征之间的相关性,同时为了研究先期下载量对总下载量的影响,我们也分析了论文第一年的下载量与总下载量的相关性。相关性分析结果见表7-10。此外,我们分析了总下载量与初始下载量(论文出版后第一年的下载量)的相关性,如图7-5所示。

表7-10 不同下载模式下的论文总下载量与论文特征的相关系数

	模式1	模式2	模式3	模式4	样本总体
题名长度	0.018	−0.062**	−0.071**	−0.116	0.019
作者数量	0.185**	0.043	−0.010	0.180*	0.253**
关键词数量	0.228*	0.006	−0.028	−0.065	0.174**
复合影响因子	0.127**	0.087**	−0.004	0.064	0.055**
第一年下载量	0.731**	0.474**	0.466**	0.411**	0.869**

注:** 表示 $p<0.01$,* 表示 $p<0.05$。

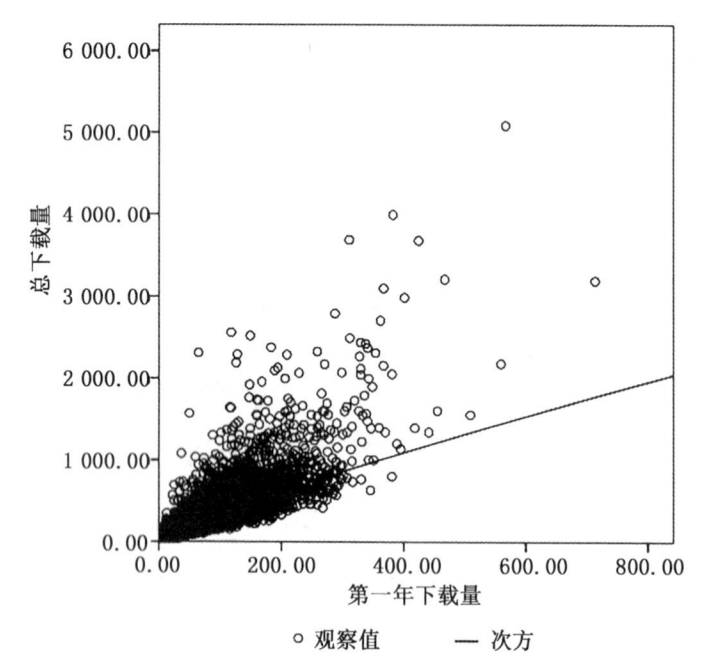

图 7-5 样本总体中第一年下载量与总下载量的相关性曲线估计

结果显示,虽然不同模式论文下载量或与题名长度、作者数量、关键词数量存在相关性,但相关性非常弱,并且不同的模式对不同的论文特征的反应不一,如对于题名长度,模式 2、模式 3 均有微弱的负相关性,即题名越长,下载量越低,而对于模式 1 和模式 4,题名长度和下载量没有相关性,却与作者数量有微弱的正相关性。

只有"样本总体的第一年下载量"和"模式 1 的第一年下载量"与论文总下载量之间有较强的相关性,相关系数分别为 0.869 和 0.731。因此,我们以第一年下载量作为自变量 x,论文总下载量作为因变量 y,采用 SPSS 对新数据集中的总样本数据作曲线估计,得到拟合度最好的曲线为幂函数,函数表达式为 $y=7.198x^{0.839}(R^2=0.751)$。

进一步研究了论文主题与下载模式的关系,我们将每一篇论文的主题分类号取至第三级,选择论文数量超过 100 篇的三级主题分类号进行研究,结果见表 7-11。无论哪个主题,模式 B 中的篇均下载量均高于对应主题下模式 A 的篇均下载量。

表 7-11 不同论文主题下的下载模式

分类号	主题	论文数量	模式 A 论文数量	模式 A 下载数量	模式 A 篇均下载	模式 B 论文数量	模式 B 下载数量	模式 B 篇均下载
G250	图书馆学	1 598	762	173 050	227.100	836	272 833	326.355
G252	读者工作	927	472	101 171	214.345	455	154 905	340.451
G258	各类型图书馆	758	298	56 327	189.017	460	122 723	266.789
G251	图书馆管理	591	307	59 543	193.951	284	85 812	302.155
TP39	计算机的应用	532	321	71 961	224.178	211	81 110	384.408
G259	世界各国图书馆事业	366	80	10 470	130.875	286	51 332	179.483
TP31	计算机软件	331	219	42 148	192.457	112	45 504	406.286
G354	情报检索	329	205	51 514	251.288	124	56 764	457.774
G253	藏书建设和藏书组织	316	146	26 888	184.164	170	45 226	266.035
G254	文献标引与编目	307	138	20 367	147.587	169	37 387	221.225
G350	情报学	274	108	28 397	262.935	166	75 037	452.030
F270	企业经济理论和方法	254	150	50 647	337.647	104	46 556	447.654
F272	企业计划与经营决策	243	151	50 150	332.119	92	45 771	497.511
G256	文献学	238	13	991	76.231	225	31 460	139.822
G203	信息资源及其管理	230	93	21 659	232.892	137	58 704	428.496
G353	情报资料的处理	216	59	11 428	193.695	157	77 492	493.580
G255	各种文献工作	197	81	12 440	153.580	116	20 904	180.207
G201	信息理论	121	38	8 915	234.605	83	37 515	451.988
F49	信息产业经济(总论)	126	53	11 902	224.566	73	30 261	414.534

为了进一步研究高下载论文的特征，我们用 Spearman 相关系数对高下载论文的总下载量与题名长度、作者数量、关键词数量、复合影响因子等指标进行相关性分析，发现高下载论文的总下载量与上述因子之间均未表现出相关性，而与第一年的下载量表现出微弱的负相关性。

表 7-12　高下载论文总下载量与主要论文特征因子的相关系数

	题名长度	作者数量	关键词数量	复合影响因子	首年下载量
相关系数	−0.037	0.128	−0.020	0.030	−0.281**
显著性	0.718	0.206	0.844	0.769	0.005

注：** 表示 $p<0.01$。

7.1.3　基于下载量的文献老化规律

传统文献老化规律主要基于被引量来进行分析，主要涉及负指数模型、巴尔顿-开普勒老化方程、布鲁克斯（Brookes）积累指数模型、阿夫拉米斯库方程等数学模型，并且有学者发现期刊论文还存在着不同的引用模式。由于数据可获取性的问题，基于下载量的变化来分析论文老化规律的研究并不多见，并且已有的研究并未深入探讨是否存在不同的下载模式。本书通过二步聚类法，发现论文的下载量可以区分为多种模式。从绝对下载量的角度看，模式 1、模式 2、模式 3 可表示为简单幂律函数 $y=at^{-b}$（y 为某篇或某类论文的下载量，t 为时间，单位为年，$a>0$，$b>0$），其中 a 表示初始下载量，b 表示下载量变化的速度（b 越接近 0，其下载量变化越小）；对于模式 4，在所研究的时间框架内，下载量呈先下降后上升的变化趋势，类似于二次函数，由于科技文献的老化趋势不可避免，我们推测在若干年后模式 4 的下载量将与前 3 种模式一致，最终成幂律函数，但在本书的时间框架内，由于受到某一因素的影响，使得模式 4 的下载量变化模式偏离了其老化轨迹，这一影响因素，有可能与这些论文的被引有关。莫埃德[34]在研究中发现,一篇论文被引用 3 个月后,其下载量要比不被引用情况下的下载量增加 25%;施洛格[139]也发现了论文被引用后,其下载量会有一个重新上升的过程。因此假设 t 期某论文的被引对于 $t+1$ 期该论文的下载量的影响可表示为 z,我们推测论文的绝对下载量随时间变化更一般的函数可表示为 $Y=\alpha z+(1-\alpha)y$(α 表示被引量对于下载量的影响大小,$0<\alpha<1$)。对于大部分论文,由于被引量不多,被引对于下载的影响可以忽略不计,$\alpha \approx 0$,即 $Y=y$。

从相对下载量的角度,并没有出现类似于模式 4 的变化趋势,两种相对下载量的变化模式均呈幂律函数形式。这是因为相对下载量分析方法将所有论文在限定的时间框架内的总下载量都认为是 1,消除了不同论文的下载量在绝对数量上的差异。这样我们可以获得更一般化的论文老化规律,即论文的下载量在出版后第一年最高,然后逐年下降,最后由于各种原因论文走向"死亡",其下载量归于 0。

两种研究视角各有利弊。绝对下载量视角下,我们识别出了某些高下载论文"不一般"的下载量变化模式,从而推测被引量在这些论文下载过程中的影响,但是这种视角更容易受到时间框架的影响,我们目前无法推测模式 4 在未来一段时间的发展趋势。相对下载量视角下,我们更多地关注下载量随时间的变化趋势,并以此去研究论文下载量的老化模式,而忽略了很多影响其绝对下载量变化的因素,因此获得了更一般化的论文下载量老化模式。

7.1.4 论文下载量的义献因素

一些研究者对论文的标题类型[45]、标题长度[45, 159]、作者数量[160]、关键词数量[161]等因素与论文的被引量之间的相关性进行了研究,而对于这些因素与下载量之间的关系的研究则并不多见,仅限于对论文标题相关特征与下载量的相关性研究。例如,贾马里等发现长标题论文的下载量要略微低于短标题论文[45, 162],然而哈比卜扎德(F. Habibzadeh)[46]和雅克(T. S. Jacques)[159]却发现论文标题越长，其下载量和被引量越多。可见，由于数据的差异，获得的研究结果并不一致。本书采用 Spearman 相关系数分别分析了不同下载模式下，论文总下载量与论文特征之间的相关性，发现不同模式论文下载量与标题长度、作者数量、关键词数量等因素的相关性较弱，并且不同模式下，下载量对不同的论文特征的反应不一。例如，对于题名长度，模式 2、模式 3 呈微弱的负相关性，即题名越长，下载量越低，而对于模式 1 和模式 4 以及样本总体的论文，题名长度和下载量并没有表现出相关性。对作者数量、关键词数量、复合影响因子等因素与下载量的相关性分析也得出了类似的结果。可见，论文的下载量由于同时受到多种因素的影响，可能存在不同的变化模式，单纯地讨论某一论文特征与下载量之间的相关性并不可靠。

论文的首年下载量与论文的总下载量之间则表现出中到高度的相关性。对于样本总体，两者的相关系数达到 0.869。对于不同下载模式的论文，绝对下载量越高，相关性越弱。同样，高下载论文的下载量与其他论文特征因子均未表现出显著的相关性，这也暗示了高下载论文并非由于上述论文特征导致其下载量较高，而更有可能是与其内容质量有关。鉴于高下载论文的下载量变化趋势为先下降后上升，考虑到论文被引的滞后性，推测论文的引用在论文下载量的上升过程中起了推动作用。施引文献下载后，其参考文献中的论文被更多研究者发现，从而引起了被引文献的更多下载，也导致了其下载量老化模式与其他论文存在差异。同时，模式 1 中的论文总下载量与作者数量、关键词数量以及复合影响因子呈现更高的相关性，表明低下载量论文所获得的下载更多地取决于其被检索到的概率，如更长的标题、更多的关键词和作者数量。

7.2 电子书使用计量指标的学科差异性

通过对论文的分析，我们发现论文所在期刊这一外部因素对论文下载量和被引量都有着重要的影响,如果剔除这一影响因素又会有什么不同呢？电子图书为我们的研究提供了很好的样本。电子图书虽然有出版社的差异,但是对于出版社,并不存在诸如影响因子、分区之类的量化评价指标,读者在使用电子书时,会忽略图书的出身（出版社）,更多地关注图书内容的质量。那么由此而产生的使用计量指标和图书质量或影响力评价指标（被引量）有何关系呢？

对于这一问题,一些学者利用相关性分析进行了前期的探索,但是结果却并不完全一致。例如,祖卡拉等人以 8 538 本历史领域出版的书籍为研究样本,发现被引量与 Goodreads 读者评分数之间的相关性较弱[18],而库沙和塞尔沃尔对 2 739 本学术专著和 1 305 本畅销书研究后发现,被引量与 Amazon 评论数量之间存在中低相关性[116]。上述研究要么只关注特定的学科领域,要么没有对学科进行区分,缺乏不同学科间的比较研究。尽管后来埃尔凡马内什（M. Erfanmanesh）[163]使用涵盖 4 个学科的电子书研究了 Altmetrics 的学科差异,但只能窥见冰山一角。事实上,研究已经证明,在图书的产出量上存在着巨大的学科差异[20]。因此,本小节中我们想确定一下不同使用计量指标之间的相关性是否存在学科差异,以及在多大程度上存在学科差异。

7.2.1 研究方法

我们使用 MARC 记录和元数据下载工具 MARC Records & Metadata Downloader Tool①从 Springer Book 获得图书清单。图书馆馆员经常使用该工具更新图书馆目录,因为它可以下载 Springer Nature 电子书标题列表、Springer Protocols 标题列表、Springer 期刊标题列表和当前图书馆馆藏的 MARC 记录。为了进行完整的样

---

① 参见 https://www.springernature.com/gp/librarians/manage-your-account/marc-records/title-list-downloader。

本分析，本书选择了所有语言和电子书集以及所有学科分类下的电子图书列表进行下载。每条记录都包含书名、作者、版本、图书类型、版权年份、版权持有人、印刷版 ISBN、电子版 ISBN、语言、DOI、主题分类等。

然后，我们根据 DOI 从 Bookmetrix 中抓取每条记录的使用计量指标。Bookmetrix 由 Springer Nature 与 Altmetric 合作开发，它汇集了一系列评价指标，以衡量世界各地对图书的讨论、引用和使用情况。它可提供各种图书级别和章节级别的指标，全面概述了图书的覆盖范围、使用情况和读者群[①]。它的全部功能只能在 Springer 社区内使用，但是我们可以通过 SprinkerLink 上的特定图书页面免费获得其对应的数据。尽管这些特定的免费页面的 URL 是加密的，但我们可以构建一个由固定地址（http://www.bookmetrix.com/detail/book/）和图书 DOI 号组成的新 URL 进行访问。例如，一本 DOI 编号为 10.1007/978-3-642-55315-8 的图书可以通过 URL 为 http://www.bookmetrix.com/detail/book/10.1007/978-3-642-55315-8 的网址进行访问。因此，我们开发了一个爬虫工具来获取 Springer Book 中每本电子书的下载、引用、评论、提及和 Mendeley 读者数。所有数据都存储在 MySQL 数据库中以供后续分析。利用 R^2 来检验样本总体以及不同学科领域下各指标间的 Spearman 相关性系数。

7.2.2 研究结果

1. 描述性统计

通过上述方法一共获得 251 866 册电子图书的数据，这些图书共分布在 40 个不同的学科中，其中医学与公共卫生（Medicine & Public Health）、工程（Engineering）、计算机科学（Computer Science）、商业

---

① 参见 https://www.springer.com/cn/authors-editors/book-authors-editors/author-services/bookmetrix。

和管理(Business and Management)是出版数量最多的 4 个学科,占 Springer 电子书总数的 40.93%,如图 7-6 所示。

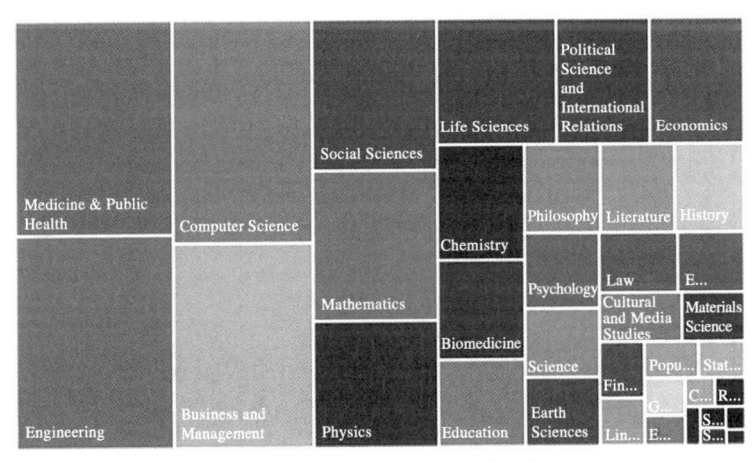

图 7-6 Springer 电子书学科分布

尽管 Springer 电子书的分类标准尚未公开,但我们注意到这种分类可能存在一些问题。例如,对于医学与公共卫生(Medicine & Public Health),数据库中还可以找到另一个与之非常相似的学科——医学(Medicine),该学科下只有 6 册图书。因此,我们将这些学科重新归入两个大类,即自然科学(Natural Science)和社会科学(Social Sciences),见表 7-13。自然科学类的图书册数(Num of Titles)仍占总量的约 61.80%,社会科学类的图书册数占总量的约 38.19%。科普(Popular Science)是一门较为特殊的学科,同时包括自然科学和社会科学的内容。在本书中,我们将该学科归类为自然科学,因为该学科的大多数电子书都是普及自然科学知识的。

Springer 最早的电子书可以追溯到 1815 年,除了 1915—1918 年和 1944—1947 年这两个衰退期,即两次世界大战前后之外,1960 年之前的图书册数逐年缓慢增长。1960 年之后,图书册数呈爆炸式增长,并在 2016 年达到顶峰。Springer 电子书年代分布如图 7-7 和图 7-8 所示。

表7-13 Springer电子书学科分布

自然科学(Natural Science)			社会科学(Social Science)		
学 科	图书册数	占比	学 科	图书册数	占比
医学与公共卫生(Medicine & Public Health)	27 494	10.92%	商业与管理(Business and Management)	23 111	9.18%
工程学(Engineering)	27 299	10.84%	社会科学(Social Sciences)	15 254	6.06%
计算机科学(Computer Science)	25 185	10.00%	政治学与国际关系(Political Science and International Relations)	9 505	3.77%
数学(Mathematics)	15 157	6.02%	经济学(Economics)	9 358	3.72%
物理学(Physics)	12 716	5.05%	教育学(Education)	6 166	2.45%
生命科学(Life Sciences)	12 097	4.80%	哲学(Philosophy)	5 407	2.15%
化学(Chemistry)	8 143	3.23%	文学(Literature)	5 283	2.10%
生物医学(Biomedicine)	7 064	2.80%	历史学(History)	4 876	1.94%
科学(Science)	4 137	1.64%	心理学(Psychology)	4 560	1.81%
地球科学(Earth Sciences)	4 123	1.64%	法学(Law)	3 840	1.52%
环境学(Environment)	3 246	1.29%	文化与媒体研究(Cultural and Media Studies)	3 239	1.29%
材料科学(Materials Science)	2 393	0.95%	金融学(Finance)	2 060	0.82%
科普(Popular Science)	1 643	0.65%	语言学(Linguistics)	1 748	0.69%

续表

自然科学 (Natural Science)			社会科学 (Social Science)		
学 科	图书册数	占比	学 科	图书册数	占比
统计学 (Statistics)	1 577	0.55%	犯罪学与刑事司法 (Criminology and Criminal Justice)	686	0.27%
地理学 (Geography)	1 214	0.48%	宗教研究 (Religious Studies)	660	0.26%
能源 (Energy)	973	0.39%	科学、人文和社会科学, 多学科 (Science, Humanities and Social Sciences, multidisciplinary)	428	0.17%
建筑/设计 (Architecture/Design)	480	0.19%	经济学/管理科学 (Economics/Management Science)	17	0.01%
科学 (综合) (Science, general)	360	0.14%	社会科学 (综合) (Social Sciences, general)	2	0.00%
药学 (Pharmacy)	349	0.14%			
牙医学 (Dentistry)	208	0.08%			
医学 (Medicine)	6	0.00%			
水科学 (Water)	2	0.00%			
总计	155 666	61.80%		96 200	38.19%

注：表中数据 0.00 是保留两位小数后的写法，实际数据介于 0 至 0.01 之间。

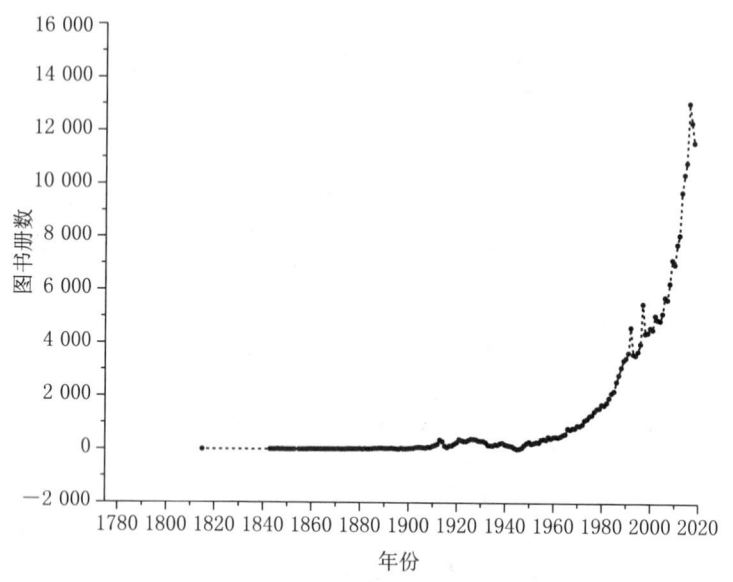

图 7-7　Springer 电子书年代分布(1815—2020 年)

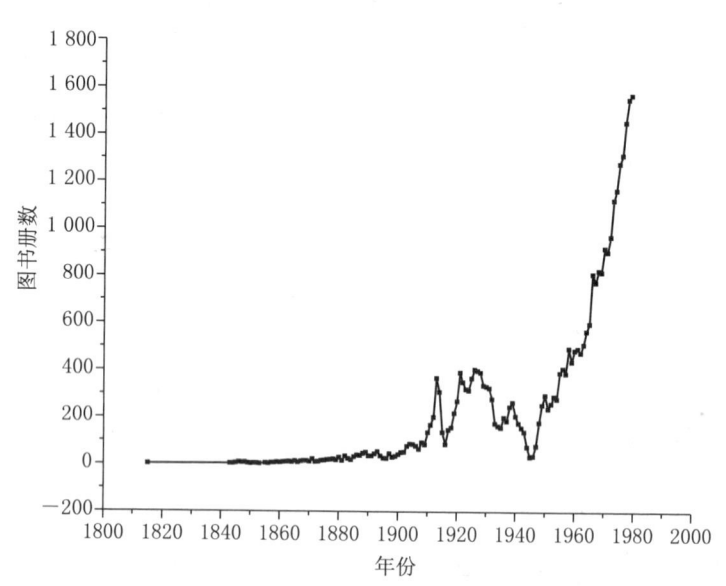

图 7-8　Springer 电子书年代分布(1815—2000 年)

7 差异化文献使用动机驱动下的文献使用模式 | 131

Springer 电子书指标覆盖率如图 7-9 所示,其中,下载量(Downloads)的覆盖率最高(占比 99.98%),其次是被引量(Citations)和读者量(Readers),两者的覆盖率约为 68.26% 和 65.46%。拥有提及量(Mentions)和评论量(Reviews)的图书较少,只有 19.70% 的电子书有提及量,而 18.92% 的电子书有评论量。

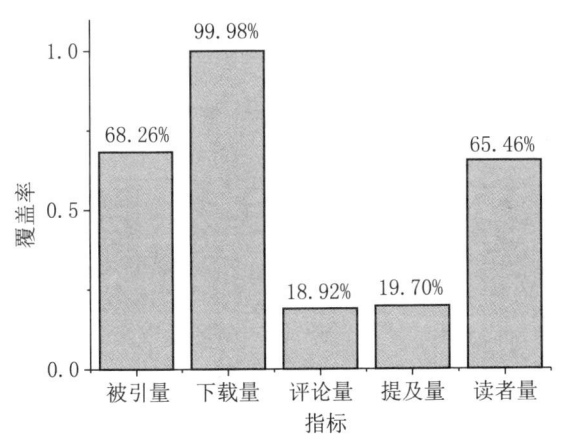

图 7-9 Springer 电子书指标覆盖率

尽管计算机科学(Computer Science)类只占电子书总量的 10.00%,但其被引量、下载量、提及量、读者量均位于各学科排名第一,分别占总量的 21.59%、16.71%、11.46%、27.23%。拥有图书量最多的"医学与公共卫生"类,被引量仅 403 677 次,但评论数量最多,达到 9 495 次。

各学科电子书指标总量见表 7-14。

为了消除不同学科图书册数不同导致的数据偏差,我们计算了册均指标,结果见表 7-15。我们发现经济学/管理科学(Economics/Management Science)是最引人注目的学科,在册均下载量、册均评论量、册均提及量和册均读者量上均排名第一。但值得注意的是,在 Springer 电子书的分类中,经济学/管理科学只包含 17 册图书。

如图 7-10 所示,进一步分析了各指标数据的年代分布,可发现

表 7-14　各学科电子书指标总量

学　科	被引量	下载量	评论量	提及量	读者量
计算机科学(Computer Science)	1 311 222	512 992 325	3 147	43 503	3 633 157
生命科学(Life Sciences)	708 811	177 050 816	3 367	28 846	1 376 265
数学(Mathematics)	623 706	183 117 412	8 695	11 286	532 730
物理学(Physics)	474 867	116 776 409	3 700	15 035	477 348
工程学(Engineering)	434 285	433 567 443	4 378	12 844	1 505 900
化学(Chemistry)	416 641	76 776 540	1 383	3 938	468 668
医学与公共卫生(Medicine & Public Health)	403 677	342 438 230	9 495	25 035	1 397 575
生物医学(Biomedicine)	380 933	109 542 813	1 424	23 599	856 529
地球科学(Earth Sciences)	165 062	45 423 939	1 307	5 958	332 048
社会科学(Social Sciences)	158 842	172 318 145	6 544	31 282	298 160
心理学(Psychology)	158 541	95 766 248	1 694	13 684	256 120
商业与管理(Business and Management)	129 343	335 855 388	7 031	13 457	596 112
教育学(Education)	85 936	95 060 495	2 145	20 895	263 954
经济学(Economics)	81 666	46 398 802	2 146	12 022	179 258

续表

学 科	被引量	下载量	评论量	提及量	读者量
统计学(Statistics)	78 868	39 179 637	1 175	2 203	117 776
政治学与国际关系(Political Science and International Relations)	76 015	48 118 033	6 202	19 941	116 757
科学,人文和社会科学,多学科(Science, Humanities and Social Sciences, multidisciplinary)	67 998	4 476 871	190	1 248	27 590
环境学(Environment)	61 236	37 984 803	711	7 744	249 971
哲学(Philosophy)	55 988	22 888 496	1 623	12 091	114 681
语言学(Linguistics)	27 361	5 967 274	514	3 567	44 971
地理学(Geography)	25 759	14 688 054	272	2 509	109 436
材料科学(Materials Science)	24 070	5 212 280	52	92	36 028
科学(综合)(Science, general)	23 221	1 031 530	6	54	4 140
历史学(History)	22 888	4 781 468	3 405	14 994	24 637
文化与媒体研究(Cultural and Media Studies)	18 311	6 736 599	2 220	11 578	34 446
文学(Literature)	15 050	4 082 391	3 413	8 714	13 014
犯罪学与刑事司法(Criminology and Criminal Justice)	9 202	3 679 500	293	5 455	25 192

续表

学 科	被引量	下载量	评论量	提及量	读者量
药学(Pharmacy)	7 389	2 630 768	68	130	9 019
法学(Law)	6 865	24 473 431	866	4 217	54 143
能源(Energy)	6 803	14 751 549	72	1 678	90 965
金融学(Finance)	6 271	20 532 796	554	2 006	31 154
宗教研究(Religious Studies)	2 319	986 248	501	1 113	4 721
科普(Popular Science)	1 834	53 238 726	1 781	18 356	28 875
经济学/管理科学(Economics/Management Science)	1 033	7 854 669	122	290	18 018
牙医学(Dentistry)	604	2 086 945	25	161	10 425
建筑/设计(Architecture/Design)	515	1 896 541	15	134	2 157
社会科学(综合)(Social Sciences, general)	24	52 460	2	0	25
医学(Medicine)	12	37 950	0	8	107
水科学(Water)	8	65 916	0	18	135
科学(Science)	0	351	1	1	0

7 差异化文献使用动机驱动下的文献使用模式

表7-15 各学科电子书册均指标

学 科	册均被引量	册均下载量	册均评论量	册均提及量	册均读者量
科学人文和社会科学、多学科(Science, Humanities and Social Sciences, multidisciplinary)	158.87	10 459.98	0.44	2.92	64.46
科学(综合)(Science, general)	64.50	2 865.36	0.02	0.15	11.50
经济学/管理科学(Economics/Management Science)	60.76	462 039.35	7.18	17.06	1 059.88
生命科学(Life Sciences)	58.59	14 635.93	0.28	2.38	113.77
统计学(Statistics)	57.28	28 452.90	0.85	1.60	85.53
生物医学(Biomedicine)	53.93	15 507.19	0.20	3.34	121.25
计算机科学(Computer Science)	52.06	20 368.96	0.12	1.73	144.26
化学(Chemistry)	51.17	9 428.53	0.17	0.48	57.55
数学(Mathematics)	41.15	12 081.38	0.57	0.74	35.15
地球科学(Earth Sciences)	40.03	11 017.21	0.32	1.45	80.54
物理学(Physics)	37.34	9 183.42	0.29	1.18	37.54
心理学(Psychology)	34.77	21 001.37	0.37	3.00	56.17
地理学(Geography)	21.22	12 098.89	0.22	2.07	90.14
药学(Pharmacy)	21.17	7 538.02	0.19	0.37	25.84

续表

学 科	册均被引量	册均下载量	册均评论量	册均提及量	册均读者量
环境学(Environment)	18.87	11 702.03	0.22	2.39	77.01
工程学(Engineering)	15.91	15 882.17	0.16	0.47	55.16
语言学(Linguistics)	15.65	3 413.77	0.29	2.04	25.73
医学与公共卫生(Medicine & Public Health)	14.68	12 455.02	0.35	0.91	50.83
教育学(Education)	13.94	15 416.88	0.35	3.39	42.81
犯罪学与刑事司法(Criminology and Criminal Justice)	13.41	5 363.70	0.43	7.95	36.72
社会科学(综合)(Social Sciences, general)	12.00	26 230.00	1.00	0.00	12.50
社会科学(Social Sciences)	10.41	11 296.59	0.43	2.05	19.55
哲学(Philosophy)	10.35	4 233.12	0.30	2.24	21.21
材料科学(Materials Science)	10.06	2 178.14	0.02	0.04	15.06
环境学(Economics)	8.73	4 958.20	0.23	1.28	19.16
政治学与国际关系(Political Science and International Relations)	8.00	5 062.39	0.65	2.10	12.28
能源(Energy)	6.99	15 160.89	0.07	1.72	93.49

续表

学 科	册均被引量	册均下载量	册均评论量	册均提及量	册均读者量
文化与媒体研究(Cultural and Media Studies)	5.65	2 079.84	0.69	3.57	10.63
商业与管理(Business and Management)	5.60	14 532.27	0.30	0.58	25.79
历史学(History)	4.69	980.61	0.70	3.08	5.05
水科学(Water)	4.00	32 958.00	0.00	9.00	67.50
宗教研究(Religious Studies)	3.51	1 494.32	0.76	1.69	7.15
金融学(Finance)	3.04	9 967.38	0.27	0.97	15.12
牙医学(Dentistry)	2.90	10 033.39	0.12	0.77	50.12
文学(Literature)	2.85	772.74	0.65	1.65	2.46
医学(Medicine)	2.00	6 325.00	0.00	1.33	17.83
法学(Law)	1.79	6 373.29	0.23	1.10	14.10
科普(Popular Science)	1.12	32 403.36	1.08	11.17	17.57
建筑/设计(Architecture/Design)	1.07	3 951.13	0.03	0.28	4.49
科学(Science)	0.00	0.08	0.00	0.00	0.00

注：表中数据 0.00 是保留两位小数后的写法，实际数据介于 0 至 0.01 之间。

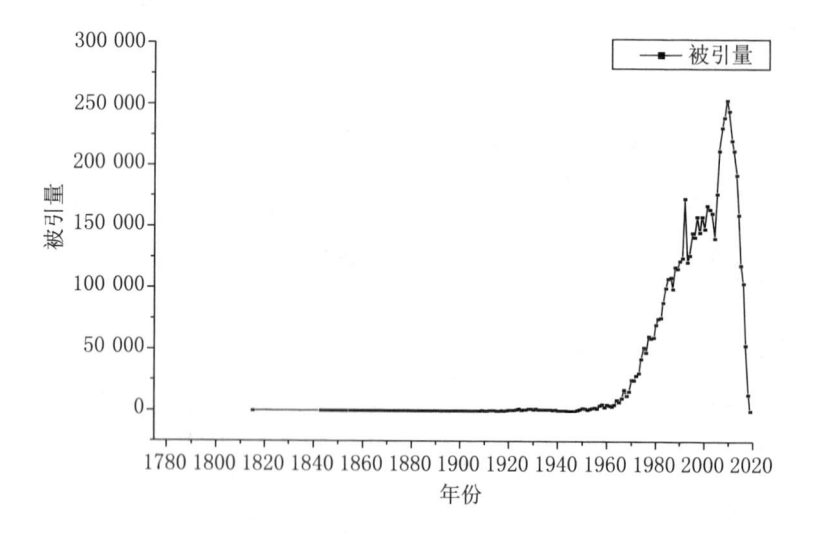

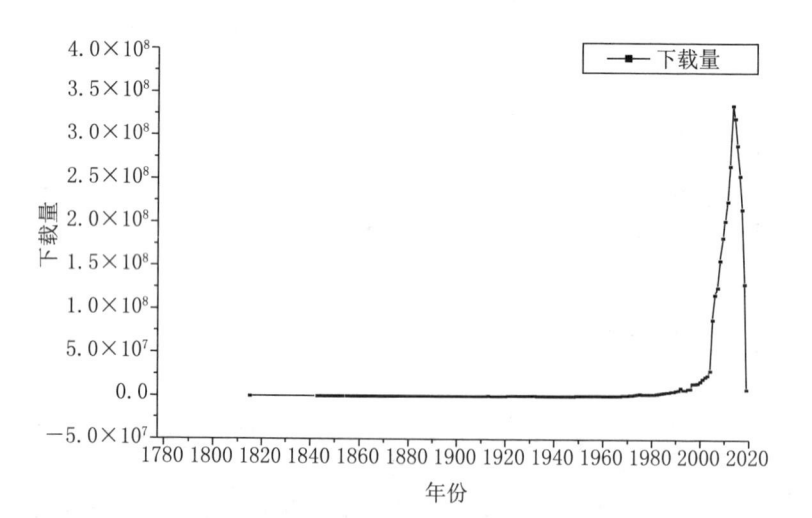

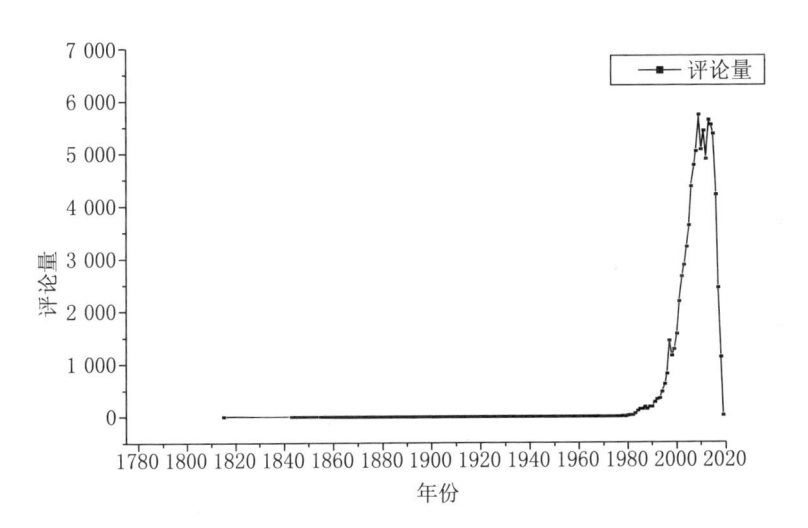

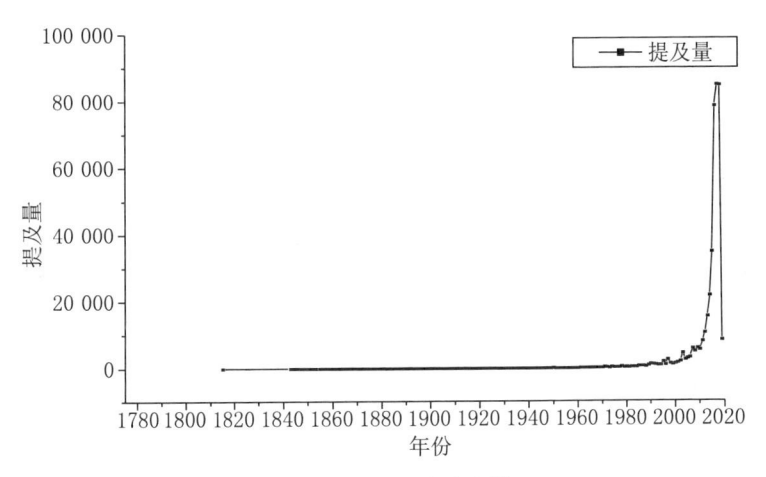

7　差异化文献使用动机驱动下的文献使用模式 | **139**

图 7-10　各指标年代分布情况

各指标的分布曲线总体特征较为一致,均为左偏分布,即大部分有使用数据的图书集中在最近数十年,而对早期的一些电子书,则很少有人去引用、下载、提及和评论。这与前述章节中对用户使用动机调查所获得的结果一致——人们倾向于使用最新发表的文献。

同时,这4个指标在年代分布上又呈现了一些不同之处。首先是峰值差异巨大,下载量峰值达到数亿,被引量峰值在25万左右,提及量在9万左右,而评论量峰值则不到6 000。其次是分布曲线的宽度也存在较大差异,即在时间分布的集中度上存在差异。提及量主要集中在近几年,反映了人们在社交网站上分享和讨论文献时,相较于下载、引用等行为,更倾向于使用最新的文献;被引量的分布则相对广泛,从20世纪60年代到最近几年均有分布,说明在引用行为上,文献发表时间并不是用户很关注的一个因素。

2. 不同指标间的相关性分析

我们首先分析了样本总体的不同指标间的相关性,结果见表7-16。在任意两个指标之间都可以观察到相关性存在,读者量和下载量的相关系数最高,达到0.688;其次是读者量和被引量,相关系数为0.493;读者量和提及量之间的相关系数为0.331。读者量反映的是在Mendeley中的读者量,读者量与其他指标之间的较高相关性表明,阅读行为可能处于电子书使用过程的核心地位。

表7-16 各指标间相关性分析

	下载量	被引量	评论量	提及量	读者量
下载量	—	0.290**	0.190**	0.286**	0.688**
被引量	0.290**	—	0.052**	0.157**	0.493**
评论量	0.190**	0.052**	—	0.088**	0.152**
提及量	0.286**	0.157**	0.088**	—	0.331**
读者量	0.688**	0.493**	0.152**	0.331**	—

注:** 表示 $p<0.01$。

7 差异化文献使用动机驱动下的文献使用模式 | 141

为了分析学科是否对各指标间的相关性产生影响,我们进一步计算了图书册数大于 1 000 的每个学科中任意两个指标之间的相关性,结果如图 7-11 至图 7-13 所示。

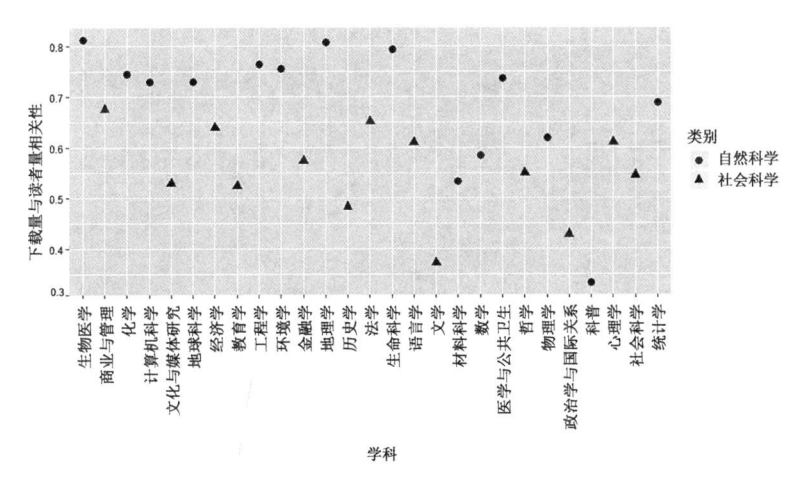

图 7-11 不同学科电子书下载量与读者量的相关性

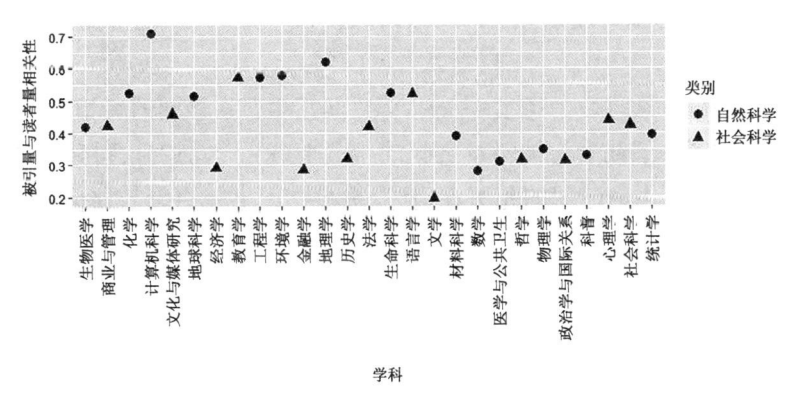

图 7-12 不同学科电子书被引量与读者量的相关性

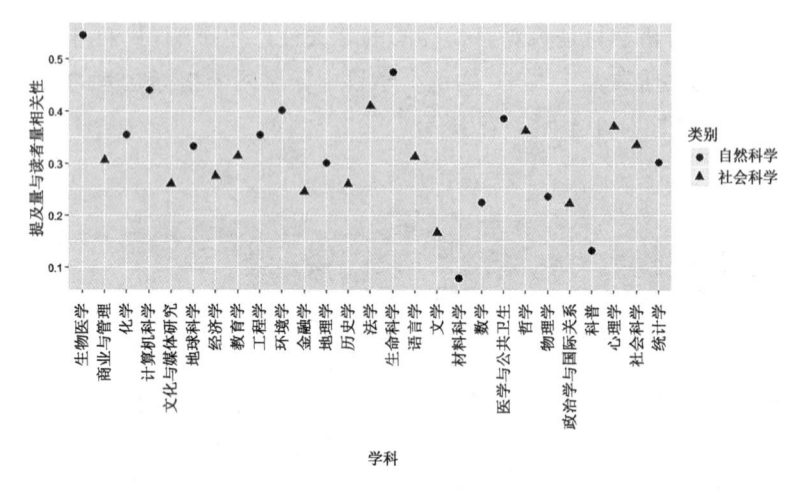

图 7-13 不同学科电子书提及量与读者量的相关性

在区分学科后,下载量与读者量的相关系数为 0.333(科普)—0.812(生物医学),见图 7-11,表明在所有学科中都可以观察到下载量与读者量之间存在中度到高度相关性;被引量与读者量之间的相关系数为 0.196(文学)—0.710(计算机科学),见图 7-12;提及量与读者量的相关性系数为 0.080(材料科学)—0.546(生物医学),见图 7-13。

在区分学科后,一些学科的指标之间甚至存在微弱的负相关性,如文学图书下载量与被引量之间的相关性($r=-0.124$)、科普图书下载量与提及量之间的相关性、计算机科学图书被引量与评论量之间的相关性($r=-0.116$),以及文学图书被引量与提及量之间的相关性($r=-0.152$)。总的来说,除了被引量与评论量,以及读者量与评论量之间的相关性外,被归类为自然科学的学科在大多数指标之间表现出比归类为社会科学的学科更强的正相关性。

7.2.3 讨论

从样本总体的相关性来看,图书的评论量与其他指标之间的相关性最弱，这表明书评似乎是在文献使用环节中与其他使用行为相对独立的一种行为。书评一般为期刊编辑邀请该领域的知名学者针对某些新近出版的图书进行撰写，因此，书评所评价的图书并不是评论者在数据库平台下载的，这些知名学者多数年龄较大，也不太可能在互联网平台提及或在Mendeley中保存。换言之，书评者和下载者、提及者、引用者很大程度上不是同一群人。

在区分学科后，各指标的相关性差异显著，部分学科的指标之间甚至存在微弱的负相关性，如文学图书的下载量和被引量的弱负相关性，说明文学类图书的学术价值和社会价值有时并不一致。一本通俗易懂的文学类图书在市场上流行程度高，并不代表其会被其他学者广泛引用；反之，一本数学类图书被引频次很高，亦不代表其在市场上受欢迎程度高。这也和不同群体使用图书的目的不同有关。关于用途影响价值的讨论古已有之。《庄子·内篇·逍遥游》给出了"不龟手之药"的一个故事：宋人有一个制药的秘方，涂抹在手上，在漂布工作时可以保护皮肤不龟裂；吴人购买了这个秘方以后，献给吴王用于军事用途，冬天吴国与越国打水仗时吴军官兵用其保护皮肤，大败越国，献药者由此获得封赏。面对同一本图书，普通读者下载阅读可能是为了消磨时光，愉悦心情；学者则更多地会用带有研究色彩的视角去阅读一本图书。这样图书的价值就通过不同的使用计量指标反映出来。因此，在评价一本图书的价值或影响力时，应采用多维评价体系，我们在下一章的第一节中就提供了一个利用多维评价指标评价图书影响力的案例。

8 文献使用动机及使用模式在实践中的运用

单一用户的文献使用行为价值较低,而大量用户的使用行为汇集到一起形成可供计量的文献使用数据,并聚合成一定的文献使用模式,就具有巨大的利用价值。在大数据的洪流中,图书馆提供的各种信息资源服务有必要利用这些数据,充分挖掘其价值,才能更好地为读者提供服务。本章介绍了如何利用文献使用动机及文献使用数据辅助图书馆实践工作的两个案例及相关思考。通过案例研究,我们不难发现,传统引文计量所能用到之处,新型的文献使用计量亦能使其焕发出不一样的光彩。

8.1 辅助图书影响力评价

由于被引频次、H 指数等在学术影响力评价中的广泛运用,我们很容易忽视一个重要的事实:任何计量指标都是有局限性的,即不能够仅仅依靠个别数字数据来衡量科学家的职业生涯价值。科学家的职业生涯贡献不仅局限于科学发现和引用领域,还包含了更广泛的活动,如教学、指导研究生、组织学术会议、开展科普宣传、论文审稿以及学术编委会任职等。无论是被引频次、H 指数还是其他类似指标,虽然可以帮助我们了解学者科研产出的某些方面,但是都不能单独反映科学家为科学界及社会做出的多种贡献。作为论文评价重要数据来源的供应商科睿唯安也认识到这一点,因此提出了"全面画像,而非简单指标"的倡议[164]。但是,由于科睿唯安是一个以论文为核心的数据库供应商,其评价体系仍主要围绕论文展开,无法实现真正意义上的"全面画像"。除论文之外,科学家的表现如何,仍需更全面的定量和定性画像。这正如爱因斯坦所说:"许多能数清楚的东西并不重要,许多数不清楚的东西却极有价值。"

就算我们将目光聚焦在科学产出这一科学家生涯中的一种活动,我们也会发现仅凭单个指标无法对其影响力进行全面衡量。科学家的科研产出除了论文和图书,还包含专利、科技报告、标准等多种形式,而论文和图书的影响力,也不仅仅是依靠被引频次就能够全面衡量的。特别是对于图书影响力的评价,仅仅依靠被引频次则弊端尤甚。本节介绍了一个针对特定研究领域的图书进行影响力评价的案例,以便读者了解利用引文评价以及利用文献使用计量指标评价的不同之处。

这一案例来自本书作者在美国加州大学洛杉矶分校(University of California, Los Angeles;UCLA)访学期间,运用文献使用计量指标对该校的在职教师所著的中国研究相关图书进行影响力评价的实践。

对于区域研究等人文社科学科来说,图书是最主要的成果形式[165]。《2014 年英国卓越研究框架》(*2014 UK Research Excellence Framework*)报告显示:在人文学科提交的成果中,55%的成果形式为图书;在艺术和社会科学领域中,图书的比例分别为 33% 和 22%;在自然科学、工程和医学等领域,图书的比例仅为 0.5% 左右[20]。由此可见,在人文社科领域,图书的地位至关重要。

然而长期以来,图书影响力该如何评价一直是一个难题。在美国,评价图书的影响力主要依靠同行评议等方式进行,但是由于图书往往比期刊论文的篇幅要长许多,这样的同行评议需要耗费大量的人力和时间，因此无法大规模开展。

在尤金·加菲尔德创立科学引文索引数据库后，引文指标便成为评价论文影响力的一个重要途径。然而，引文评价在很大程度上取决于引文数据库数据的覆盖率和准确性。长期以来，图书在学术评价中没有受到足够重视，导致与图书相关的数据库甚少。甚至是Web of Science 和 Scopus 这两个世界上最大的索引数据库，也是从最近几年才开始收录图书，并且收录的图书数量目前也极为有限[166, 167]。其引文数据也主要涉及期刊论文对图书的引用，对于图书对图书的引用则缺乏统计。这对于以图书为主要成果形式的学科，显然是极为不利的。

除上述两个索引数据库外，谷歌学术也能够自动地从海量的期刊论文、图书中提取引文数据，似乎一定程度上能够弥补前两个数据库对于图书引用数据缺失的不足，但是谷歌学术的引文数据规范性较差，特别是对于一些短标题的图书，可能会被识别成多个不同的图书，造成数据的偏差。

同时，引文评价指标也不足以全面反映图书的影响力。图书的价值不仅体现在其学术性上，也体现在教学、公众教育等方面，而这些非学术方面的影响力无法通过引文反映出来。一些在市场上热销的图书，往往并没有获得期刊论文的引用，但事实上其影响力不容忽视。如果仅用引文指标来对图书影响力进行评价，显然是不恰当的。

随着互联网的发展，一些新的计量指标，特别是使用计量指标（Usage Metrics）及替代计量指标（Altmetrics）的出现，在一定程度上能够作为引文指标的补充，反映图书在不同方面的影响力。就像我们之前已提到的，最早运用 Altmetrics 对图书影响力评价的实证分析开始于 2014 年，祖卡拉等人以历史学专著为研究对象，发现 Goodreads 的评分数与被引频次之间仅存在微弱的相关性[18]；2016年，库沙和泰尔沃尔通过从 Web of Science 中抽取 2008 年出版的

2 000 余种专著以及 1 300 余种 Amazon 热销图书,证实 Amazon 评论数与图书的被引频次具有中度相关性[116];2017 年,托雷斯-萨利纳等利用 PlumX 平台,以西班牙某大学出版的专著为研究对象,分析了 18 个 Altmetrics 的特性及相关性,发现不同指标的覆盖率具有较大差异,并认为藏馆数量是对图书影响力评价最有效的评价指标[20]。

上述研究以大样本数据为研究对象,从宏观角度探讨了不同的 Altmetrics 与引文指标的相关性,对于揭示 Altmetrics 在图书影响力评价中的效用有一定的作用,但是对于特定的某些图书为何以不同指标进行评价会产生较大的差异并未进行深入阐述,并且其研究结论也并不一致。因此,本章拟借助于小样本案例研究,通过对特定研究领域图书的深入分析,来探索各种 Altmetrics 在图书评价中的作用,以及各指标之间的相互关系及不同指标间差异产生的原因,为后续利用 Altmetrics 对图书进行大规模评价提供理论基础。

本章以东亚研究图书中的子集——中国研究作为案例研究的对象。本章中的中国研究,主要是指中国以外的学者对于包括中国语言、文学、文化、历史、政治、经济、社会等内容的学术研究。

8.1.1 研究方法

本书以 2018 年 1 月 1 日时就职于 UCLA 的学者公开发表的、主题为中国研究的、出版语言为英语的图书为研究对象,采用引文指标、使用计量指标、替代计量指标等对图书影响力进行测定,并分析各指标之间的相关性及其影响因素。

图书清单方面,通过检索 UCLA 中国研究中心①和 UCLA 亚太中心②网页信息,首先获取 UCLA 中研究、教学内容涉及中国研究的

---

① 参见 http://www.international.ucla.edu/ccs/about。
② 参见 http://www.international.ucla.edu/apc/people/china。

教师名单,去重后共获得教师56名。然后根据每位教师的个人简历,删除兼职教师(adjunct faculty)及非人文社科领域的教师(如医学、计算机等),最后获得45名教师名单。这些教师涉及的学科包括人类学、考古学、艺术史、地理、历史、法律、语言学、文学、政治学、社会学等。

获得教师名单后,利用世界上最大的图书馆目录系统WorldCat的高级检索功能,以著者姓名和图书主题("China")作为检索字段,并限定文献格式为"图书",获取每位教师发表的图书信息,包括书名、全部作者、发表年份、出版社、13位ISBN、10位ISBN以及藏馆数量。值得注意的是,对于有多个不同版本的图书,可能存在多条不同ISBN的记录,WorldCat对这些记录对应的藏馆数量做了合并处理。以图书 China on the move: Migration, the state, and the household 为例,在搜索结果页面点击"查看所有的版本和格式"后,共列出13条不同版本或格式的记录,涉及的13位ISBN号包括9780415759748、9780415428521、9780203937372、9781281063755等,但每条记录所对应的藏馆数量均为302。

对本书中所涉及的部分指标介绍如下。

1. 书评(Book Reviews)

书评指同行学者对于特定图书的内容、形式、思想等进行评价或推荐的文章。在美国,目前书评是人文社科类图书重要的评价手段之一。许多学术期刊都设有"书评"栏目,一般为期刊编辑邀请该领域的知名学者针对某些新近出版的图书进行撰写,也有学者毛遂自荐为某部新书撰写书评,帮助读者更好地了解该书,其形式类似于期刊论文的同行评议。书评多为正面内容,对提高图书的影响力十分重要,因此一般认为图书所获得的书评数量与其影响力成正比。但是与期刊审稿时的同行评议稍有不同,书评是在图书出版后的同行评议,更加公正透明,能够较为准确地反映图书的价值和影响力。图书馆最先利用书评来对图书质量进行评价,辅助进行馆藏资源购买,之后有学者提出书评可用于人文社科图书的影响力评价[168]。例如,戈尔拉伊兹(Gorraiz J.)认为书评数量可以作为 BKCI 选择收录图书的标准之一[169]。可见,书评逐渐被学术界作为图书质量评价标准之一。

2. 引文指标(Citations Index)

引文指标作为传统的文献计量指标,经常被用于期刊论文的学术影响力评价。在 BKCI 等图书索引数据库推出后,该指标也逐渐被用于图书的学术影响力评价。但是在具体运用时,一些数据库往往忽视了对图书某章节的引用,容易造成图书引文数据与真实引用的偏差。同时,Web of Science 中的被引量主要为其收录的期刊论文及 6 万多种图书的引用,而对其他的引用,特别是其他图书的引用则无法揭示,也带来了数据上一定的偏差。目前图书主要的引文数据库除 Web of Science 外,还有 Google Books(谷歌图书)、Google Scholar(谷歌学术)、Scopus 等数据库。本章中,主要以 Web of Science 和 Google Scholar 两个数据库作为引文指标数据源。

3. 藏馆数量(Library Holding)

此处的藏馆数量指在一定范围内拥有某本图书的图书馆数量。该数据一般可从国家或者国际图书联合目录系统中获得,如 OCLC 的 WorldCat 是目前国际上最大的联合目录系统。藏馆数量虽然无法揭示一本书是如何被使用的、是否经常被使用,以及由谁使用等问题,但是藏馆数量可以在一定程度上反映图书在满足用户教学、基础研究以及公众文化教育等方面的作用,而这些作用无法反映在传统的文献计量学指标上。因此,一些学者认为藏馆数量是最有潜力作为引文指标补充的图书影响力评价指标之一[20]。

在本章中,每本图书馆的藏馆数量根据书名在 WorldCat 中检索获得。

4. 替代计量指标(Altmetrics,又称"补充计量指标")

Altmetrics 是杰森·普利姆(Jason Priem)在 2010 年提出的概

念，主要基于社交网络数据的计量指标，如 Twitter、Facebook、Blog 等对学术文献的提及数，在文献管理软件 Mendeley 中的阅读量，在 Goodreads 上的评分以及 Amazon 上的评分和销量数据等。这些指标在一定程度上补充了传统文献计量指标的不足之处，如引文指标对于人文社科的学科偏差以及引文指标的时滞性等问题。但由于 Altmetrics 的数据容易被人为操纵等问题，也仍然存在一定的质疑声。本章主要以世界上最大的网络书店 Amazon 和最大的书评网站 Goodreads 作为数据源，采集 Amazon reviews、Amazon stars、Amazon Sellers Rank、Goodreads reviews、Goodreads stars、Goodreads ratings 等指标数据作为补充计量指标。

5. 其他未采用指标

在图书影响力评价中，图书获奖、图书借阅量等数据也被认为是潜在的评价指标。不同领域的图书有其专业领域内的独特的奖项，体现了该领域内同行专家对获奖图书的认可，但是由于获奖情况往往只在某些网站上以新闻的形式公布，或者没有公开的查阅途径，给具体的应用带来了一定的困难。图书借阅量数据一般只存在于某一个独立的图书馆内，只能反映图书在某一特定图书馆读者群中的阅读倾向，同一时间不同图书馆之间的借阅量可能存在较大的差异，因此无法全面地揭示某本图书的影响力情况。因此上述指标在本次研究中未作为主要评价指标。

8.1.2 数据处理

本章中，为了全面搜集每种图书的书评，我们采用 UCLA 的 ArticlesPlus 作为检索工具。ArticlesPlus 是 UCLA 基于 Summon 定制的发现系统，其元数据涵盖了包括 JSTOR、Web of Science 在内的数百个数据库，这样虽然检索结果更加全面，但是一篇书评可能由于收录在不同数据库中而造成重复统计。因此，我们在标题字段输入书名进行检索后，选择内容类型为书评和期刊论文的记录进行下载，然后根据每条记录的出版年份、作者、期刊来源信息进行去重,最后获得每种图书的书评数量。引文数量、藏馆数量及其他替代计量指标则主要根据书名进行检索,并结合作者名进行进一步确认后再下载相应数据。

在获取每本图书的主要评价指标数据后,采用 Excel 对各指标进行描述性统计,采用 IBM SPSS Statistics 23 对各指标之间的相关性进行 Spearman 相关性分析。

8.1.3 研究结果

在 WorldCat 中检索,共获得 28 位教师的 77 种与中国研究相关的图书,另有 27 位教师无中国研究相关图书出版(产出方式为论文或者主题为其他领域的图书,未在本章中统计)。图书出版年份从 1971 年到 2017 年均有涉及,其中出版年份最多的为 2009 和 2011 年,年出版种数达到 6 种,如图 8-1 所示。最早的一种为 John N. Hawkins 撰写的 *Educational theory in the People's Republic of China：The report of Ch'ien Chun-jui*。可见,从总体上看,UCLA 关于中国研究的图书正逐渐增加。

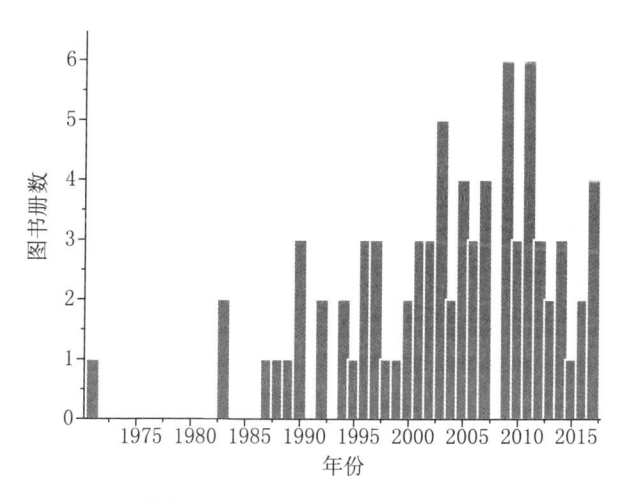

图 8-1 本章所涉图书中 77 种图书的出版年份分布

从各统计指标上看,77 种图书在 WorldCat 中仅有 1 种未有藏馆数量,其余图书藏馆数量均大于 1。藏馆数量最多的图书为理查德·冯·格拉恩(Richard von Glahn)在 2004 年出版的 *The sinister way: The divine and the demonic in Chinese religious culture*(《左道:中国宗教文化中的神与魔》),其内容为中国宗教文化中的五通神。值得注意的是,这本 2004 年出版的图书,无论是从被引量,还是从亚马逊的销量来看,均处于中上游水平。这本关于宗教学的图书为什么成为各图书馆都选择购买的图书,值得进一步研究。

Web of Science 是科睿唯安推出的文摘类数据库,有着一套严格的评价和选择标准,能被其收录的期刊通常被认为是影响力较高的核心期刊,2010 年 Web of Science 家族中新增了 Book Citation Index(图书引文索引数据库,简称 BKCI)作为专门收录图书和专著的一个子库,严格的筛选标准也使得能够被收录其中的图书被认为是高质量的图书。在本章中涉及的 77 种图书中,仅 8 种图书在 Web of Science 中有收录,占总样本量的 10.4%。但是有 54 种图书在 Web of Science 中被引用,占总样本量的 70.1%,其中被引量最高的为詹姆斯·W.斯蒂格勒(James W. Stigler)在 1992 年出版的 *The learning gap: Why our schools are failing and what we can learn from Japanese and Chinese education*(《学习差距:我们的学校为何失败,我们可以从日本和中国的教育中学到什么?》),这一作品主要比较了美国和亚洲主要国家,特别是日本和中国的基础教育的不同,因而除了受到美国文化、中国文化、日本文化等研究领域的学者关注外,还受到教育领域学者的广泛关注,在其 470 次被引中,有 184 次引用来自教育类期刊,比如 *Journal of Educational Psychology*、*International Journal of Science and Mathematics Education* 等,并且这些引文又获得近 15 000 次被引,进一步扩大了该书影响力。如图 8-2 所示,从该书的被引趋势图看,引用自发表后到 2017 年一直呈波动上升趋势，由此估算 2018 年其在 Web of Science 中仍会获得 30 次左右的引用。同时，这一专著目前在 Google Scholar 中获得了该书的各种被引中最高的被引次数 2 602 次，在学术界显示了超高的影响力。

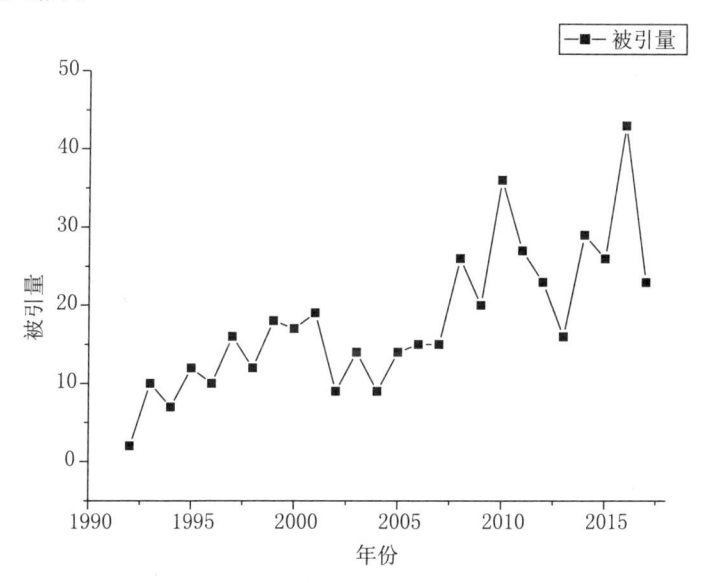

图 8-2　图书 *The learning gap: Why our schools are failing and what we can learn from Japanese and Chinese education* 的被引量变化情况

一本图书在出版初期是否有书评在相关专业期刊上发表是其未来能否获得更多关注和影响力的重要因素，也说明作者在同行中被认可的程度，因此我们利用 Article First 对这 77 种图书的书评进行了检索，发现 62 种图书有书评发表，比例约为 80.5%。拥有书评最多的一部作品是阎云翔（Yunxiang Yan）在 2003 年出版的 *Private life under socialism: Love, intimacy, and family change in a Chinese village, 1949-1999*（《私人生活的变革：一个中国村庄里的爱情、家庭与亲密关系（1949—1999）》），共有 25 篇关于此书的书评被检索到。该书的引文指标也表现不俗，在 Web of Science 中获得了 254

次引用，位居总样本的第 6 位，在 2000 年后出版的专著中位居第 2 位。其藏馆数量达到 1 945 家，位居第 3 位，在 2000 年后出版的专著中位居第 2 位，充分说明该书仍处于图书生命周期的活跃期，其各项指标仍有较大上升空间。

在 Amazon 平台中，有 3 种图书未检索到记录。有 22 种图书虽然能在 Amazon 中检索到，但是其 Amazon stars 和 Amazon reviews 均为 0。拥有 Amazon stars 和 Amazon reviews 的图书占总样本的 42.9%，其中 4 星及以上的图书为 28 种，占总样本的 36.4%，占有 Amazon stars 和 Amazon reviews 的图书的 84.8%。Amazon stars 为 5 星的图书共有 15 种，均为 2002 年后出版。但是，这些 5 星图书的被引量和藏馆数量并不高，获得的 Amazon reviews 数量也很低，其中被引量最高的是阎云翔的 *The individualization of Chinese society*（《中国社会的个体化》），其 Amazon 销量排行在这些书中也位居第一，表明这本关于中国社会个体化进程的图书不仅在学术界受到广泛的关注，也受到普通读者的好评，其他 5 星数据图书的被引及藏馆数量情况见表 8-1。值得说明的是，多数 5 星图书由于评论数只有 1 个，因而其 Amazon stars 可能会随着时间的变化出现较大的波动，比如对某本只有 1 个评价的 5 星书，只要第 2 个读者给了 1 星，整体 Amazon stars 就会变成 2.5。因此，我们进一步考察了所有图书的 Amazon 评价（Amazon reviews）数量，发现各书普遍较低，如排名第一的 *To live: A novel*（《活着》）虽然拥有 80 次评价，但是评价数为第 2 的图书迅速降为仅有 16 次，超过 25% 的图书仅有 1 次评价。

在 Goodreads 平台中，有 5 种图书未检索到记录，另有 19 种图书的 Goodreads stars 和 Goodreads ratings 均为 0，有 42 种图书未获得 Goodreads reviews（包含上述 19 种），占总样本的 54.5%。在 Goodreads 中获得 4 星及以上评价的图书为 27 种，这 27 种图书在 Amazon 中仅有 14 种获得 4 星及以上评价，同时在 2 个平台获得

表 8-1 Amazon 5 星图书的藏馆数量、被引量及 Amazon 评论数量

书名	著者	出版年	WorldCat 藏馆	WoS 被引	Amazon reviews
Wild kids: Two novels about growing up	Michael Berry	2002	542	1	1
The Formation of Ch'an Ideology in China and Korea: The Vajrasamadhi-Sutra, a Buddhist Apocryphon	Robert E. Buswell	2017	415	0	1
Currents and countercurrents: Korean influences on the East Asian Buddhist traditions	Robert E. Buswell	2005	280	8	2
Opera and the city: The politics of culture in Beijing, 1770-1900	Andrea Goldman	2012	1 621	0	1
Exquisite moments: West Lake & Southern Song art	Hui-shu Li	2001	141	1	1
Chinese looks: Fashion, performance, race	Sean Metzger	2014	952	12	1
China's rising research universities: A new era of global ambition	Robert A. Rhoads	2014	536	20	1

续表

书　名	著　者	出版年	WorldCat 藏馆	WoS 被引	Amazon reviews
A patterned past: Form and thought in early Chinese historiography	David Schaberg	2002	538	53	1
Idle talk: Gossip and anecdote in traditional China	Jack W. Chen, David Schaberg	2013	119	0	1
The economic history of China: From antiquity to the nineteenth century	Richard von Glahn	2016	275	2	4
The individualization of Chinese society	Yunxiang Yan	2009	243	141	1
Contemporary Chinese America: Immigration, ethnicity, and community transformation	Min Zhou	2009	944	83	1
The accidental sociologist in Asian American studies	Min Zhou	2011	12	0	1
Illusory abiding: The cultural construction of the Chan monk Zhongfeng Mingben	Natasha Heller	2014	183	5	1

5星好评的仅有2种图书。获得Goodreads reviews最多的图书是白睿文(Michael Berry)的译作 *To live: A novel*, 共464次, 这一结果与Amazon一致。

最新出版的图书影响力是否会较低呢? 我们对2017年最新出版的4本图书进行了分析, 它们分别为白睿文的 *Remains of life: A novel*(《余生》)、罗伯特·布斯韦尔(Robert Buswell)的 *The Formation of Ch'an Ideology in China and Korea: The Vajrasamadhi-Sutra, a Buddhist Apocryphon*(《中国和朝鲜禅宗思想的形成: 佛教启示录》)、李静君(Ching Kwan Lee)的 *The specter of global China: Politics, labor, and foreign investment in Africa*(《全球中国的幽灵: 非洲的政治、劳工和外国投资》), 以及周敏(Min Zhou)的 *Contemporary Chinese Diasporas*(《当代华人华侨》)。结果显示, 这4种图书虽然出版年限较短, 但是在多个指标上已显示出了一定的影响力, 其中《中国和朝鲜禅宗思想的形成: 佛教启示录》在Google Scholar中的被引次数已经达到93次, 而《全球中国的幽灵: 非洲的政治、劳工和外国投资》不仅在Google Scholar中的被引次数达到了58次, 同时期其Amazon销售量排名也达到135 067位, 位居本次调查的77种图书的第2位。值得注意的是, 该图书目前在WorldCat中显示的藏馆数量仅为5种, 这可能是由于图书馆的采购或上架流程较为烦琐, 造成一些高需求量的图书上架滞后。同时, 这提示了我们在图书馆资源采购中也可参考这方面的数据, 即新出版图书在Google Scholar中的被引次数及其在Amazon等平台上的销量。

从数量上分析, 出版图书数量最多的学者为白睿文和李静君, 均达到9种。图书WoS被引总量最高的学者为周敏, 达到958次, 种均被引191.6次, 其Google被引也达到最高, 为2 804次, 种均被引560.8次。Amazon reviews和Goodreads reviews数量最多的学者则是白睿文, 分别达到97次和544次。

表 8-2　不同学者出版的图书的影响力评价指标

作者	WoS 被引	Google 被引	WorldCat 藏馆	Amazon reviews	Goodreads reviews	Amazon stars	Goodreads stars
Min Zhou	958	2 804	2 412	3	2	15	10.91
Ching Kwan Lee	850	2 264	6 060	7	6	7.6	25.45
Yunxiang Yan	755	2 042	4 024	10	16	18	14.9
James W. Stigler	470	2 602	865	16	10	4.4	3.92
R. Bin Wong	468	1 240	2 619	8	3	7.3	10.14
C. Cindy Fan	196	447	305	0	0	0	0
Richard von Glahn	161	723	4 657	8	8	14.7	19.72
Theodore Huters	121	510	2 069	5	6	2.6	11.76
Michael Berry	75	340	5 028	97	544	25.2	30.7
Richard Strassberg	72	281	3 932	12	6	13	13.02
Robert Buswell	66	309	1 548	3	1	10	7.33
Hongyin Tao	60	251	2 419	1	0	1	0
Helen Rees	54	151	2 916	0	0	0	8.47
David Schaberg	53	161	657	2	0	10	4.75
Lothar von Falkenhausen	36	275	1 847	3	1	9.5	9
James Tong	33	173	629	0	0	0	3
Robert Rhoads	20	47	536	1	0	5	4
Jack W. Chen	15	27	296	1	0	5	5
Sean Metzger	12	11	952	1	0	5	0
Natasha Heller	5	7	183	1	0	5	0
John N. Hawkins	3	107	786	0	0	0	3
Shu-mei Shih	2	437	1 940	5	2	4.6	4.14
Hui-shu Lee	1	49	438	2	1	9	3.5
Su Chen	0	2	526	0	0	0	4
Virginia Li	0	0	119		2	4.2	4.4
Roger Detels	0	0	3	0	0	0	0
Gregory Schopen	0	17	111	0	0	0	5
Andrea Goldman	0	36	1 621	1	1	5	4.33

从上述学者的研究领域来分析，或许能够理解为何会产生这种不同指标上的差异。

白睿文出版的 9 种图书涉及中国现当代文学、中国电影等大众文化领域，其中有 5 本为译作，译作的撰写时间相对来说会比其他图书类型要短，因而他的总体产出会比其他领域的学者相对要多。他所撰写的图书由于多为大众阅读类作品，读者群体较为广泛，其代表译作 *To live：A novel* 在亚马逊销售排行榜上位居 43 695 位，为本次 77 种图书中销量最高的作品。同时，白睿文也经常活跃在中国的社交媒体上，在新浪微博、豆瓣等新媒体均开设有账号，因此获得了较多的媒体影响力。因此，白睿文在 Amazon 和 Goodreads 均获得了较多的评价数及好评量。

李静君是一位主要开展全球和区域文化比较研究的社会学家。在中国研究方面，她以工人阶级为中心撰写了 *Gender and the south China miracle：Two worlds of factory women*（《性别与华南奇迹：工厂女工的两个世界》，该书获得美国社会学学会 1999 年最佳图书奖和美国劳工部 2000 年最佳图书奖）、*Against the law：Labor protests in China's rustbelt and sunbelt*（《对抗法律：中国"铁锈地带"和"阳光地带"的劳工抗议活动》，该书获得美国社会学学会 2008 年最佳图书奖）、*The specter of global China：Politics, labor, and foreign investment in Africa*（《全球中国的幽灵：非洲的政治、劳工和外国投资》）。这 3 本专著研究了不同阶段中国的劳工问题，图书内容学术性较强，其读者群体一般是对中国研究感兴趣的学者，因此虽然获得了比较高的引用量（前两者在 WoS 中的被引量分别为 280 次和 367 次，在 77 种图书的被引量中排名第 6 位和第 4 位，第 3 本因是 2017 年新近发表，在 WoS 中尚无被引量），但在 Amazon 和 Goodreads 平台上较少有相关评价。

周敏的主要研究领域是移民社会学、城市社会学、民族社会学和亚裔研究学。其最著名的代表作是 *Chinatown：The socioeconomic potential of an urban enclave*（《唐人街：城市飞地的社会经济潜力》），获美国社会学学会 1993 年图书二等奖。该书的中文版在中国也拥有众多读者。其在 Web of Science 中的被引量达到 378 次，在 77 种图书的被引量中排名第 3 位。但是，与李静君的两部获奖作品类似，其在 Amazon 和 Goodreads 平台上的评价分别仅有 0 次和 1 次。

从上述数据我们可以得出如下结论：在中国研究的学术影响力方面，周敏、李静君、阎云翔 3 位学者获得了最高影响力；在社会影响力方面，白睿文、阎云翔、理查德·冯·格拉恩 3 位学者获得最高影响力。

77 种图书共由 42 个出版社出版，出版量最高的为 University of California Press，其次为 Stanford University Press、Columbia University Press 和 Harvard University Press。出版种数在 2 种及以上的 10 所出版社中有 7 所为高校出版社，见表 8-3。

表 8-3　不同出版社出版图书数量

出版社名称	数量
University of California Press	10
Stanford University Press	7
Columbia University Press	7
Harvard University Press	7
University of Hawaii Press	4
Routledge	4
Temple University Press	2
Anchor Books	2
Pacific Asia Museum	2
Oxford University Press	2

表 8-4 为 WorldCat 藏馆数量居前 10 位的出版社其各项指标情况，其中前 8 位均为高校出版社，排名第 9 位和第 10 位的出版社分别为 Routledge 和 Anchor Books。显然，从各项指标上看，高校出版

表 8-4 不同出版社出版图书影响力评价指标

出版社名称	WorldCat 藏馆	WoS 被引	Google 被引	Amazon reviews	Goodreads reviews	Amazon stars	Goodreads stars
University of California Press	15 882	923	3 289	29	25	43.9	37.31
Stanford University Press	5 452	693	1 823	9	7	14	21.58
Columbia University Press	4 068	73	300	15	57	13.8	22.78
Harvard University Press	3 763	286	961	8	10	15.6	23.49
University of Hawaii Press	1 978	113	331	2	1	5	12.33
Oxford University Press	1 718	38	199	0	0	0	7.14
University of Illinois Press	1 520	16	18	0	0	0	4.33
Temple University Press	1 480	461	1 484	1	1	5	7.33
Routledge	1 461	300	586	0	0	0	6
Anchor Books	1 371	1	13	81	486	7.4	7.5

表 8-5 高校出版社与商业出版社影响力评价指标比较

出版社类型	出版社数量	图书种数	WoS 被引	WoS 单种被引	Google Scholar 被引	Google Scholar 单种被引	WorldCat 藏馆	WorldCat 单种藏馆
高校出版社	20	52	2 948	56.7	9 715	186,826 9	39 477	759.173 1
商业出版社	22	27	1 538	57.0	5 598	207,333 3	10 021	371.148 1

社普遍优于商业出版社。

进一步比较高校出版社与商业出版社在种均影响力指标上的差异（见表8-5），可以发现两者在WoS被引上差距并不明显，在Google Scholar中的单种被引上，商业出版社的被引量反而明显高于高校出版社，而在单种藏馆数量上，高校出版社则明显高于商业出版社。

英国经济与社会研究协会（Economic and Social Research Council）将研究影响力定义为卓越的研究对社会和经济的贡献，并认为研究影响力可分为学术影响力和社会影响力。作为研究成果之一的期刊论文，其作用主要反映在帮助人们理解和推进学科方法、理论、应用的进步，即主要反映为学术影响力；图书，特别是社科类图书，除了上述作用外，在社会文化普及、大众教育等方面有着更多的效用，即主要表现为社会影响力。因此对于图书影响力的评价，应该兼顾两者。引文指标是学术影响力评价的重要指标，但是对于社会影响力的评价，尚没有权威的评价指标。因此我们对不同指标进行了相关性分析，探索不同指标在影响力评价中的作用和侧重点。

各影响力评价指标间的相关性分析结果见表8-6。可以看出，WoS被引量与Google被引量、书评数量具有显著的强相关性（相关系数大于0.600），说明这几个指标在反映图书影响力方面具有较为一致的效果，即上述指标主要反映图书的学术影响力；WoS被引量与WorldCat藏馆数量、Amazon销量、Goodreads评分等指标具有显著的中度相关性，说明这几个指标可能在一定程度上反映了图书影响力的不同维度，比如WorldCat藏馆数量体现了图书在文化、教育等方面的影响力，Amazon销量和Goodreads评分则反映了图书受普通读者欢迎的程度，即社会影响力；WoS被引量与Amazon stars、Amazon reviews没有显著的相关性，这可能是由于Amazon作为销售平台，其评分、评论信息受到销售平台服务质量、图书质量等非内容因素影响，因此不适宜直接作为影响力评价的指标。

表 8-6　各影响力评价指标间的相关性分析结果

指标名称	WorldCat 藏馆	WoS 被引	Google 被引	书评数量	Amazon stars	Amazon reviews	Amazon Sellers Rank	Goodreads stars	Goodreads ratings	Goodreads reviews
WorldCat 藏馆	—	0.580**	0.636**	0.658**	0.183	0.377**	−0.411**	0.362**	0.534**	0.453**
WoS 被引	0.580**	—	0.797**	0.607**	0.050	0.189	−0.325**	0.242*	0.424**	0.230*
Google 被引	0.636**	0.797**	—	0.718**	0.133	0.319**	−0.451**	0.341**	0.488**	0.291*
书评数量	0.658**	0.607**	0.718**	—	0.174	0.265*	−0.292*	0.242*	0.396**	0.255*
Amazon stars	0.183	0.050	0.133	0.174	—	0.792**	−0.488**	0.191	0.344**	0.363**
Amazon reviews	0.377**	0.189	0.319**	0.265*	0.792**	—	−0.677**	0.313**	0.640**	0.601**
Amazon Sellers Rank	−0.411**	−0.325**	−0.451**	−0.292*	−0.488**	−0.677**	—	−0.538**	−0.774**	−0.639**
Goodreads stars	0.362**	0.242*	0.341**	0.242*	0.191	0.313**	−0.538**	—	0.618**	0.418**
Goodreads ratings	0.534**	0.424**	0.488**	0.396**	0.344**	0.640**	−0.774**	0.618**	—	0.812**
Goodreads reviews	0.453**	0.230*	0.291*	0.255*	0.363**	0.601**	−0.639**	0.418**	0.812**	—

注：* 表示 $p<0.05$，** 表示 $p<0.01$。

8.1.4 讨论

不同于以往利用大样本数据分析引文指标或 Altmetrics 在图书影响力评价中的作用的研究,本案例研究着眼于微观的小样本数据,从而能够深入探索不同评价指标在图书影响力评价中的差异与一致性及产生的原因。如结果所示,当用不同指标对图书影响力进行评价时,所得影响力排名并不完全一致——一些图书(如 To live: A novel)具有较高的 Amazon 和 Goodreads 评论数,但其被引频次较低,而另一些图书(如李静君所著的 3 本图书)虽然具有较高的被引频次,但其各项 Altmetrics 数值则较低,对于学者影响力的分析也有类似发现。这种不同指标间的差异性表明人文社科类图书影响力具有两个不同方面的体现,即学术影响力和社会影响力。因此,在对人文社科类图书影响力进行评价时,应将这两种影响力均考虑在内,采用综合评价体系。

对图书内容和学者研究领域的进一步研究发现,学科差异可能是产生不同指标排序的原因之一。虽然本章将图书的研究主题限定为中国研究,但中国研究是一个多学科的领域,包括了与中国相关的人类学、考古学、艺术史、地理、历史、法律、语言学、文学、政治学和社会学等多方面内容。由于文学类图书更多地承担了大众教育和文化普及的作用,在学术理论方面的贡献相对较弱,因而会出现引文频次较低而评论、销量等指标较高的现象;一些理论性较强的图书,则由于存在一定的阅读门槛,较少受到大众的关注,只有同行在进行研究时阅读,其作用主要体现在推动所在学科理论、方法等进步,并通过引用量等指标反映出来。因此,在对多学科的图书进行大规模评价时,我们应将学科差异考虑在内,不宜笼统地采用单一指标进行跨学科图书影响力的比较。

此外,我们发现相对于传统的文献计量指标,Altmetrics 的覆盖率较低,比如在本案例中,Goodreads 平台中有 5 种图书检索不到记录,有 19 种图书的 Goodreads stars 和 Goodreads ratings 均为 0。同时,不同平台提供的 Altmetrics 相关性并不高,如 Amazon 等商业平台的图书评分可能会受图书的物理质量、配送服务等非书因素影响,针对图书的评论也有可能包含负面评论。因此,若以 Altmetrics 进行社会影响力评价,最好借鉴 altmtric.com 推出的针对论文影响力综合评价指标 Altmeric score,采用多个平台数据建立综合评价指标。

8.2 文献资源保障

传统的文献资源保障工作和研究主要基于引文分析方法[170-174]。但是,基于引文分析的文献资源保障研究存在两方面问题:一是文献发表和引用的滞后性造成文献资源保障服务的滞后,特别是人文社科领域的研究成果,从引文分析中获得的文献保障情况难以准确反映学者在进行研究时的实际资源保障情况和现实需求;二是并不是所有的文献需求都能通过引文进行反映,一些文献在课程教学、大众教育等方面发挥着重要作用,但是使用它们的用户并不发表论文,因而这些用户对文献的使用需求也无法通过引文数量进行反映。

随着互联网技术的发展,在科学计量学领域逐渐兴起的文献使用数据有望成为引文分析的有效补充。文献使用数据是指文献被用户下载、阅读、分享、保存等过程中所产生的可被记录的量化数据。利用文献使用数据来研究文献资源保障情况,可以有效地解决基于引文分析的文献资源保障研究中的问题。首先,文献使用行为发生在研究者的研究过程当中,特别是文献下载行为一般发生在科学研究的初期阶段,可实时反映研究者对文献的使用和需求情况;其次,文献使用数据并不关注使用者是否发表论文,而只关注文献是否被使用。本书认为,文献被使用即发挥了其价值,被使用次数越多,说明其受关注程度越高,而高使用量的论文在文献资源建设中同样应该优先保障。但是,国内外还鲜见有学者利用文献使用数据来研究文献资源保障情况。

此外,现有关于文献保障率的研究多以单个高校为研究对象,针对 CASHL、CALIS 等国内高校文献服务保障体系的相关研究则鲜见报道,仅有部分研究[175]运用引文分析法研究了 CASHL 对农业类高校外文资源的保障程度,以及宋姬芳等运用引文和用户调查法研究了 CASHL 对经济学与商学资源的保障程度[176]。CASHL 作为我国两个规模较大的哲学社会科学文献中心之一,为我国的哲学社会科学文献保障做出了重要的贡献[177],但对其建设成效的评价仍缺乏足够的数据支撑。本节将从使用数据计量的角度,对 CASHL 在提高高校图书馆资源保障率方面的作用进行分析,以期为文献资源保障体系的评价工作提供有益补充。

8.2.1 数据收集与分析

1. 数据收集

宋姬芳等曾在 2018 年利用引文分析法研究了 CASHL 的文献资源保障率,为了与该研究结果进行比较[176],本节参考该研究的样本选取方式,以 ESI 学科分类作为分类标准,选取 ESI 经济学与商学(Economics & Business)学科领域中 588 本期刊在 WoS 数据库中近 10 年的发文为数据来源。数据获取时间为 2021 年 3 月 15 日,共获取到 327 912 条发文全记录作为原始数据集。

WoS 平台的 Usage Count 记录了用户使用某一文献的次数,其使用行为包括全文链接点击或者各种格式文件的保存,按记录时间分为近期使用量 U1 和长期使用量 U2 两个指标。其中 U1 记录的是近 180 天内的使用量,U2 记录的是自 2013 年 2 月 1 日起至今(2021 年 3 月 15 日)的使用量[32]。分别将原始数据集依据近期使用量 U1 和长期使用量 U2 进行排序,选择前 1% 的论文(分别为 3 280 条)作为全球高使用量论文数据集,记为 V1 和 V2,并分别对

V1 和 V2 进行描述性统计、相关性分析。然后对 V1 和 V2 进行合并去重，获得全球高使用量论文期刊列表，将该列表与华东师范大学全文期刊目录及 CASHL 全文期刊目录进行比对以测度文献资源保障率。

2. 描述性统计

表 8-7 为高使用量论文数据集 V1、V2 的描述性统计结果，图 8-3 所示为其近期使用量 U1、长期使用量 U2 的绝对数值分布。长期使用量 U2 的各项检验参数均远大于近期使用量 U1，两者的绝对数值分布均表现为严重的非中心对称的偏态分布。在高使用量论文数据集 V1、V2 中，80% 高使用量论文的近期使用量 U1 和长期使用量 U2 主要集中在 19—39 和 149—274 之间。经 K-S 检验，结果表明，V1 和 V2 两个样本的被引量（TC1、TC2）、和使用量（U1、U2）的绝对数值分布均不符合正态分布。

表 8-7　高使用量论文数据集描述性统计

	指标	最小值	中值	最大值	平均值	标准差	K-S Z 值	K-S P 值
V1 数据集	U1	19	27	902	33.18	24.21	0.28	<0.001
	TC1	0	7	3 277	74.01	174.65	0.34	<0.001
V2 数据集	U2	149	196	4 447	235.47	146.25	0.28	<0.001
	TC2	0	104	3 277	151.34	172.08	0.19	<0.001

图 8-4 为高使用量论文 V1 和 V2 发表年份分布及其占年度论文发表总量的比例。基于近期使用量 U1 获取的高使用量论文 V1 多为最新发表的论文，其中近 3 年（2019—2021 年）发文量达到 2 272 篇，占总体的 69.27%。基于长期使用量 U2 获得的高使用量论文 V2 多为较早发表的论文，近 3 年（2019—2021 年）发文量仅 134 篇，占总体的 4.08%。U2 代表的是 WoS 平台上论文的长期使用量，早期发表论文的长期使用量 U2 会随着时间累积增长，呈现和引文曲线类似的趋势，而具有较高近期使用量 U1 的论文则明显反映出"经济学与商学"学科领域的学者在 WoS 平台中更偏好使用最新发表的论文。

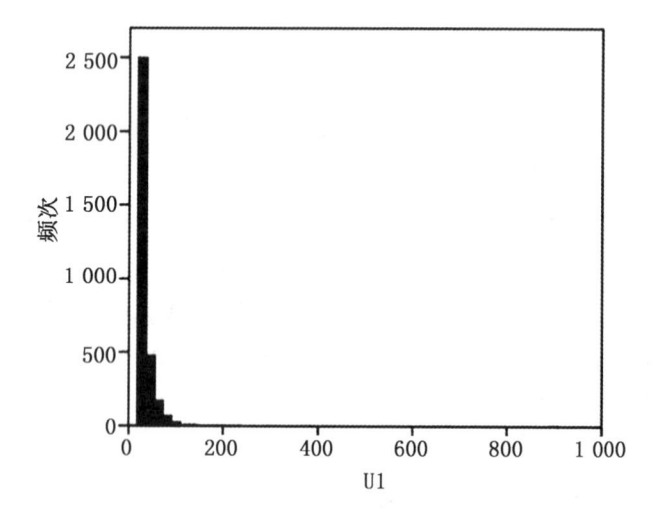

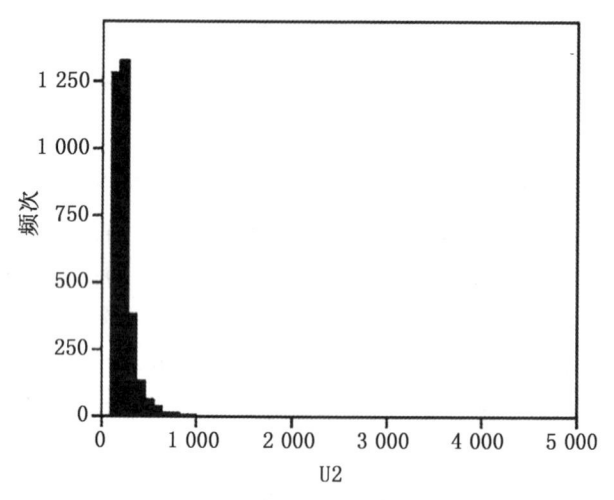

图 8-3　论文使用量 U1、U2 频次分布

―■― 高使用量论文占年度发文总量的比例

　　 高使用量论文篇数

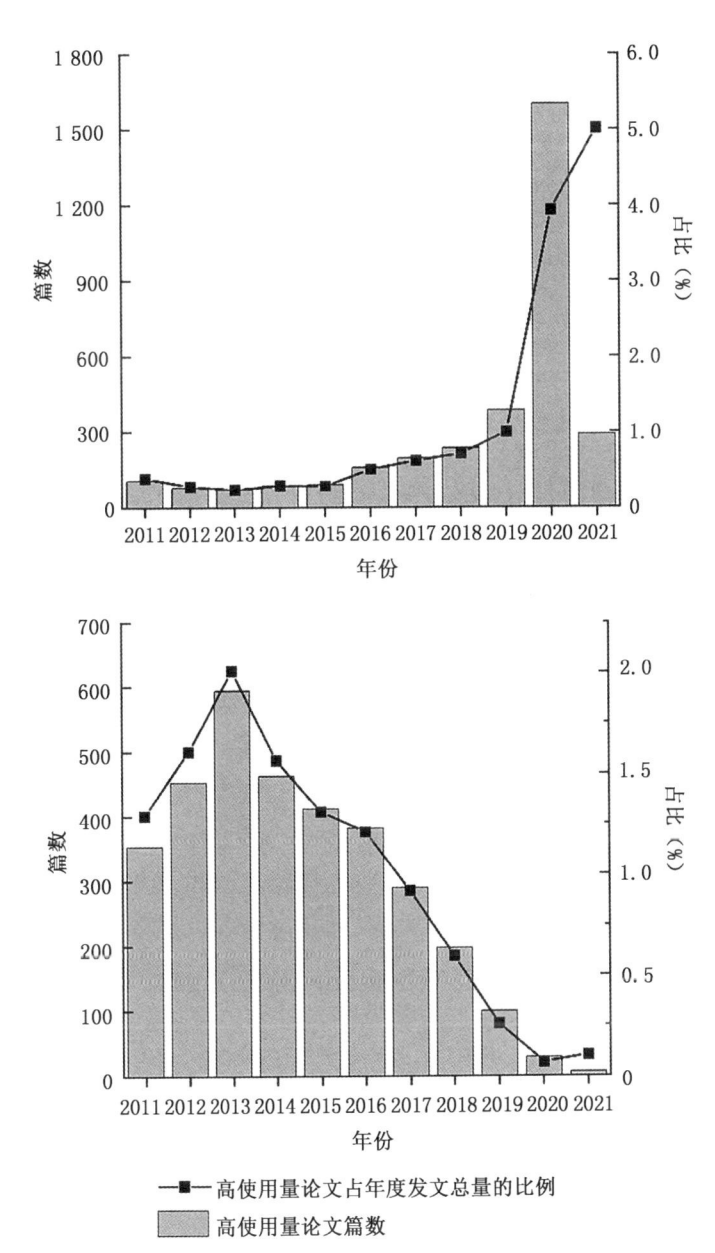

图 8-4　高使用量论文 V1(上)、V2(下)发表年份分布及占年度发文总量的比例

高使用量论文 V1、V2 共分布在 284、265 个期刊中。表 8-8 中分别列出了 V1 和 V2 中高使用量论文数量排行前五的期刊，其中 *Journal of Business Research*、*Academy of Management Journal*、*Strategic Management Journal*、*Journal of Management* 4 种期刊在两个数据集中均位列前五。*Management Science* 是仅在近期使用量 U1 上具有较多高使用量论文，而 *Organization Science* 是仅在长期使用量 U2 上具有较多高使用量论文。这表明前 4 种期刊是"经济学与商学"学科领域近 10 年来无论是在近期使用量还是在长期使用量上均较高的经典期刊。*Management Science* 则是近几年新晋热门期刊，使用量持续增长。与此相对，*Organization Science* 期刊在 WoS 平台的使用量则逐渐减少，甚至 2020 年和 2021 年均未有论文列入高使用量论文数据集 V2 中。这其中可能存在两点原因。

表 8-8　高使用量论文 V1、V2 所在期刊中排行前五的期刊及其在期刊发文总量中的占比与排序

高使用量论文 V1 所在期刊中排行前五期刊		
期刊名	U1	在期刊发文总量中的占比/排序
Journal of Business Research	143	3.10%/51
Academy of Management Journal	140	17.48%/2
Strategic Management Journal	131	10.95%/6
Management Science	120	5.48%/24
Journal of Management	111	12.31%/3
高使用量论文 V2 所在期刊中排行前五期刊		
期刊名	U2	在期刊发文总量中的占比/排序
Academy of Management Journal	275	34.33%/1
Strategic Management Journal	207	17.31%/5
Journal of Management	199	22.06%/3
Journal of Business Research	124	2.69%/56
Organization Science	97	11.28%/10

(1) 期刊载文量的影响。*Management Science* 近 10 年期间,载文量一直处于上升阶段,由 2011 年的 140 篇增长至 2020 年的 301 篇,而 *Organization Science* 的载文量总体表现为下降趋势,由 2011 年的 104 篇减少到 2020 年的 70 篇,载文量的减少可能导致对于该期刊论文的使用量减少。

(2) 期刊影响因子的影响。如图 8-5 所示,*Management Science* 的影响因子近 10 年同样表现出较为明显的上升趋势,2011 年的影响因子仅为 1.733,而 2019 年上升至 3.931。如图 8-6 所示,*Organization Science* 则由 2011 年历史最高影响因子 4.338,逐渐跌至 2019 年的 2.782。

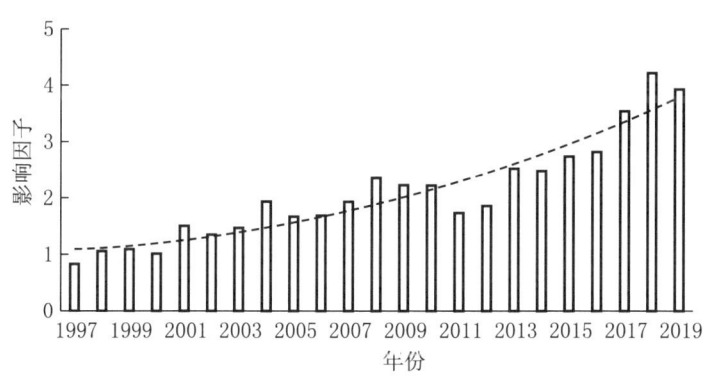

图 8-5 *Management Science* 影响因子变化趋势

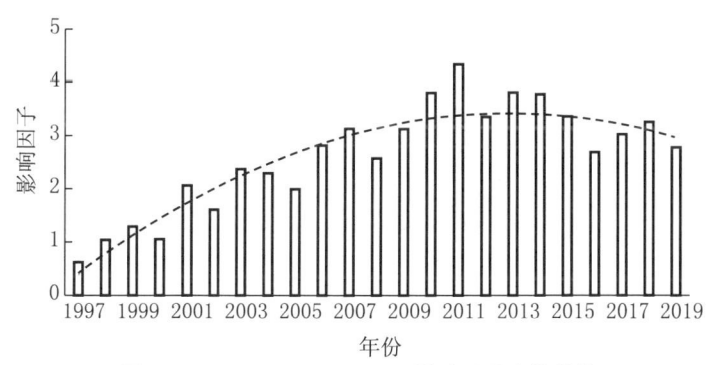

图 8-6 *Organization Science* 影响因子变化趋势

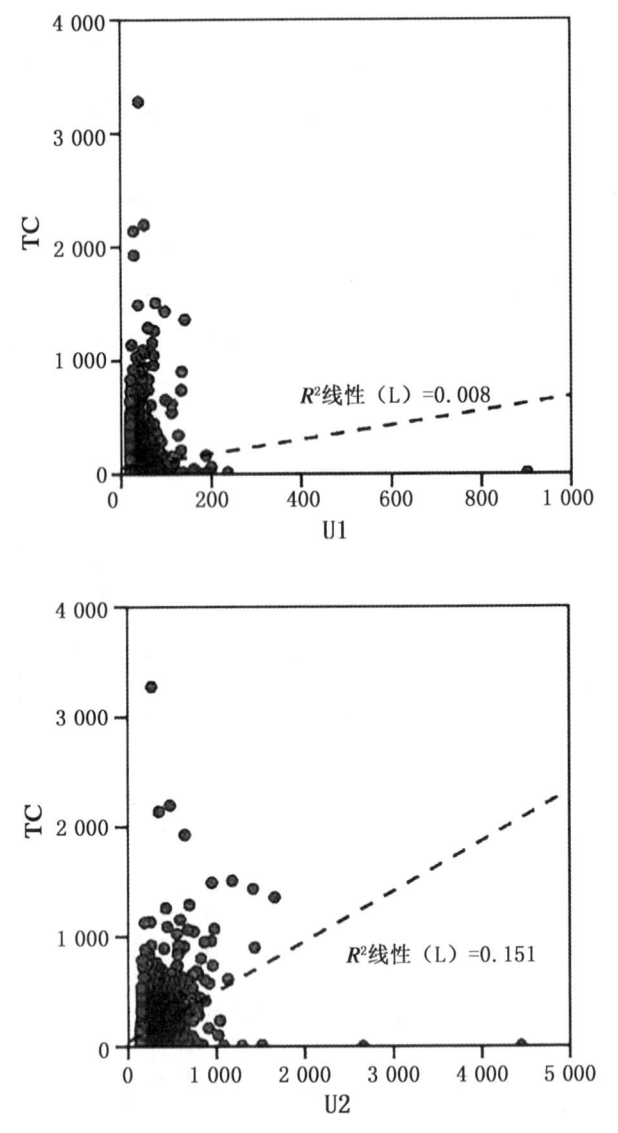

图 8-7 论文使用量 U1、U2 与被引量 TC 的散点图

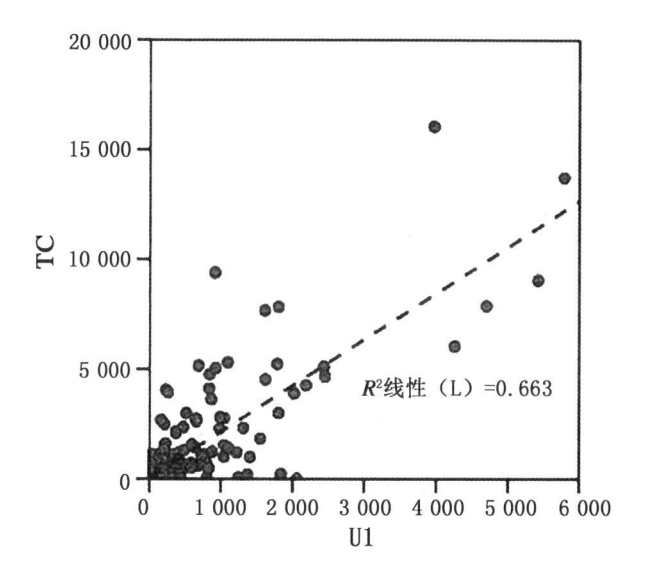

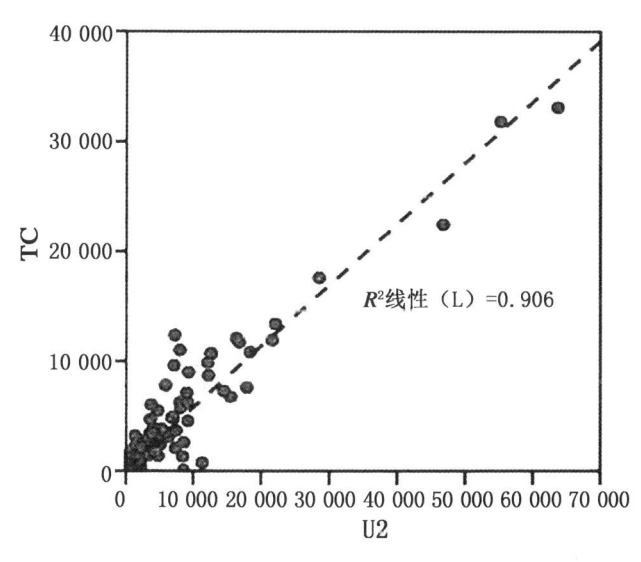

图 8-8 期刊使用量 U1、U2 与被引量 TC 的散点图

期刊影响因子会在一定程度上影响科学研究人员的使用量,如谢娟等指出 JCR 分区 Q1 论文的平均使用次数约为 Q4 论文的 5 倍[178],本次研究结果也从侧面反映了学者们偏向使用影响因子较高的期刊论文。但是期刊载文量的变化是否会影响用户对文献的使用量尚未见报道,作者也将在后续进行进一步研究。

3. 相关性分析

前文通过 K-S 检验可知使用量和被引量均不符合正态分布,因此相关性分析采用 Spearman 相关检验。图 8-7 是从论文角度的使用量与被引量的散点图,长期使用量 U2 与被引量 TC 之间的 Spearman 相关系数要略高于近期使用量 U1,两者分别为 0.407、0.142,显著性系数均为 $p<0.01$。图 8-8 是从论文发表的期刊角度的使用量与被引量散点图,长期使用量 U2 与被引量 TC 之间的 Spearman 相关系数同样高于近期使用量 U1,分别为 0.816、0.697,显著性系数均为 $p<0.01$。从上述结果可知,相比于近期使用量 U1 而言,长期使用量 U2 与被引量 TC 之间存在更强的相关性。这一相关性的差异也暗示,被引量能够一定程度上反映读者的长期使用倾向,但是在反映读者近期使用倾向上则略显不足。

8.2.2 全球高使用量论文的保障率分析

1. 华东师范大学期刊资源对高使用量论文期刊的保障情况分析

本部分是考察华东师范大学购买期刊对高使用量论文集 V1 和 V2 所在期刊集合的保障情况。"经济学与商学"学科领域的高使用量论文集 V1、V2 所在期刊不含重复项共计 329 种,华东师范大学可保障 276 种,资源保障率达 83.9%。在可保障的 276 种期刊中,有 11 种 OA 刊。缺藏的 53 种期刊详细信息见表 8-9,其中属于 Q1、Q2、Q3 和 Q4 分区的期刊分别有 13、17、15 和 8 种。

8 文献使用动机及使用模式在实践中的运用

表 8-9 华东师范大学缺藏高使用量论文期刊(53 种)

期 刊 名 称	ISSN	影响因子	分区	U1	U2
Academy of Management Annals	1941-6520	11.75	Q1	49	50
Engineering Construction and Architectural Management	0969-9988	2.16	Q2	42	1
Management Decision	0025-1747	2.723	Q2	31	14
Accounting Review	0001-4826	3.993	Q1	28	17
European Journal of Innovation Management	1460-1060	2.613	Q2	28	2
Journal of Service Management	1757-5818	4.662	Q1	25	14
International Journal of Operations & Production Management	0144-3577	4.619	Q1	18	12
Supply Chain Management: An International Journal	1359-8546	4.725	Q1	16	18
International Journal of Logistics Management	0957-4093	3.325	Q2	14	1
Journal of Intellectual Capital	1469-1930	4.805	Q1	13	0
International Journal of Physical Distribution & Logistics Management	0960-0035	4.744	Q1	12	12
China Agricultural Economic Review	1756-137X	1.775	Q2	12	0
Business Process Management Journal	1463-7154	2.121	Q3	11	2

续表

期 刊 名 称	ISSN	影响因子	分区	U1	U2
European Journal of Marketing	0309-0566	2.135	Q3	9	4
Asia Pacific Journal of Marketing and Logistics	1355-5855	2.511	Q2	9	1
Chinese Management Studies	1750-614X	1.036	Q4	9	0
Journal of Product and Brand Management	1061-0421	1.832	Q3	9	1
International Journal of Entrepreneurial Behavior & Research	1355-2554	3.529	Q2	10	0
Leadership & Organization Development Journal	0143-7739	1.977	Q3	8	1
International Marketing Review	0265-1335	2.907	Q2	7	2
Journal of Business & Industrial Marketing	0885-8624	2.497	Q3	6	2
Journal of Services Marketing	0887-6045	3.195	Q2	6	0
Review of International Political Economy	0969-2290	2.312	Q1	6	2
International Journal of Technology Management	0267-5730	1.348	Q3	6	6
International Journal of Conflict Management	1044-4068	1.806	Q2	6	0
International Journal of Manpower	0143-7720	0.953	Q3	5	2

续表

期　刊　名　称	ISSN	影响因子	分区	U1	U2
MIS Quarterly Executive	1540-1960	4.088	Q1	5	4
Journal of Organizational Change Management	0953-4814	0.967	Q4	4	1
Marketing Intelligence & Planning	0263-4503	2.164	Q3	4	1
International Journal of Managing Projects in Business	1753-8378	1.989	Q3	4	0
Accounting Auditing & Accountability Journal	0951-3574	3.497	Q1	3	0
MIT Sloan Management Review	1532-9194	2.706	Q2	3	29
Jahrbucher Fur Nationalokonomie Und Statistik	0021-4027	0.658	Q4	3	0
Journal of Labor Economics	0734-306X	3.356	Q1	3	1
Journal of Service Theory and Practice	2055-6225	3.512	Q2	3	0
Review of Environmental Economics and Policy	1750-6816	6.487	Q1	3	25
Employee Relations	0142-5455	1.641	Q3	2	0
Journal of Advertising Research	0021-8499	2.169	Q2	2	5
Post-communist Economies	1463-1377	0.875	Q3	2	0
Academia-revista Latinoamericana De Administracion	1012-8255	0.739	Q4	2	0

续表

期 刊 名 称	ISSN	影响因子	分区	U1	U2
Journal of Korea Trade	1229-828X	0.628	Q4	2	0
Pharmacoeconomics	1170-7690	3.563	Q1	1	1
Journal of Medical Economics	1369-6998	1.958	Q2	1	0
Transformations in Business & Economics	1648-4460	1.621	Q2	1	1
Journal of Portfolio Management	0095-4918	0.709	Q4	1	0
International Journal of Bank Marketing	0265-2323	2.8	Q2	1	0
Review of Keynesian Economics	2049-5323	0.689	Q4	1	1
Baltic Journal of Management	1746-5265	0.958	Q3	1	1
Journal of Law & Economics	0022-2186	1.719	Q3	1	1
Journal of Forest Economics	1104-6899	0.958	Q3	1	0
Journal of Electronic Commerce Research	1526-6133	1.875	Q3	1	1
Entrepreneurship Research Journal	2194-6175	1.643	Q4	1	2
American Journal of Health Economics	2332-3493	1.902	Q2	0	4

注：影响因子和分区数据均来源于 2020 年 6 月科睿唯安发布的期刊引证报告。

2. CASHL 期刊资源对高使用量论文期刊的保障情况分析

针对"经济学与商学"学科领域 329 种高使用量论文期刊，CASHL 已保障 326 种，保障率达 99.1%。2018 年宋姬芳等曾建议 CASHL 优先补藏 24 种 ESI 经济学与商学期刊，其中 19 种为本章中的高使用量论文期刊，目前皆已被 CASHL 收录。说明 CASHL 对高使用量论文期刊的保障率相较于 2018 年已有较大提高。

本章的研究中，CASHL 仅缺藏"经济学与商学"学科领域中 3 种高使用论文期刊（见表 8-10），分别为 *Review of Keynesian Economics*、*Korean Economic Review*、*American Journal of Health Economics*。其中 *Korean Economic Review* 属于 OA 刊，但在 CASHL 馆藏目录中并未揭示。在这些期刊中，2 种期刊在近期高使用论文集 V1 中有 2 篇论文，3 种期刊在长期高使用论文集 V2 中有 7 篇论文。

表 8-10 CASHL 缺藏的 3 种高使用论文期刊

期刊名称	ISSN	OA 刊	影响因子	分区
Review of Keynesian Economics	2049-5323	否	0.689	Q4
Korean Economic Review	0254-3737	是	0.174	Q4
American Journal of Health Economics	2332-3493	否	1.902	Q2

注：影响因子和分区数据均来源于 2020 年 6 月科睿唯安发布的期刊引证报告。

8.2.3 结论与建议

通过对 WoS 中高使用量论文 V1、V2 发表年份分布及占年度发文总量的比例进行分析，发现近期使用量 U1 较高的论文多为最新发表的论文，而长期使用量 U2 较高的论文，多为 7—8 年前的论文，这种年代分布的不一致提示 U1 和 U2 可能反映了文献使用者不同的使用倾向。其中，U1 表示最近 180 天的使用量，反映的是对文献短期的、即时的使用情况。已有研究证明,多数研究者为了追踪研究前沿,倾向于使用最新发表的文献[24, 32],从而使得最新发表的论文出现较高的近期使用量 U1。U2 代表的是 2013 年 2 月 1 日起至今(2021 年 3 月 15 日)的使用量,反映的是对文献长期的、累积的使用情况,研究者为了获得更具说服力的文献来支撑自己的研究,倾向于使用具有较高被引量的文献[179],而被引量的累积是一个长期的过程,从而使得具有较高长期使用量 U2 的论文多为发表时间较长的论文。

通过进一步比较 U1、U2 与被引量的相关性,发现无论是从论文层面还是期刊层面,U2 与被引量的相关性均高于 U1 与被引量的相关性。[179] 相关学者在对俄罗斯出版的 WoS 期刊论文的使用量分析中,也发现除数学学科外,两个使用量指标与被引量指标具有显著相关性,并且 U2 与被引量的相关性显著高于 U1 与被引量的相关性。该研究的作者认为数学学科论文使用量与被引量的相关性较低可能是因为俄罗斯学者特有的文献引用和使用行为,但并未对 U1、U2 与被引量相关性的差异进行解释。本书作者认为,这种相关性的差异一方面是由于 U1 和 U2 的统计意义的差异所致,U2 与被引量一样是一个累积性指标,指标值只会保持不变或者增加,而 U1 则是即时性指标,指标值会随时间上下浮动;另一方面,长期使用量 U2 在反映用户文献使用行为上与被引量具有更高的趋同性,这种趋同性可能来源于使用动机与引用动机在论文发表一段时间后更加契合[180]。在对论文下载量与被引量动态相关性的研究中,也发现分年下载量与分年被引量的相关性逐渐增强,并提出了下载量与被引量随着时间的增长在反映论文的使用和有用程度上逐渐达到统一,下载动机与引用动机的契合度增强的观点。为此,我们也将在其他研究中对使用动机展开深入讨论。

虽然对于文献引用动机的相关研究认为引用动机多种多样[91, 93, 181],但是除了存在少数"被迫引用""假引"外,引用行为基本发生在使用者真正阅读、理解了该文献时[91],即"使用并有用"的基础上。长期使用量 U2 与被引量的相关性较高,说明 U2 较 U1 在反映论文"有用"的方面更为有效。近期使用量 U1 则更多受到其他因素的影响,如期刊或平台推送策略等原因使得最新文献的信息更易获取,检索结果默认按发表时间排序使得最新发表的文献更易被发现,以及使用者对最新研究更感兴趣等,这些因素存在一定的随机性和不确定性,导致 U1 与被引量的偏离更大,但 U1 在反映文献使用的即时性方面具有更多优势,因而能够更好地探测当前研究前沿[182]。因此,U1 和 U2 在反映文献被使用情况时,代表了不同的使用动机与使用倾向,如果利用使用数据来进行文献资源保障分析,建议利用两种使用量指标进行综合考量以便相互补充。

此外,本书通过实证分析,发现在 329 种"经济学与商学"高使用量论文所在期刊中,华东师范大学可保障 276 种,保障率达 83.9%,缺藏 53 种期刊在 4 个 JCR 分区中均有分布,说明高使用量的论文并不一定分布在高影响因子期刊上,一些低影响因子期刊上刊载的论文同样受到读者的关注和使用,这一点与低影响因子期刊上刊载的论文同样有可能成为高被引论文类似[183-184],也从另一个角度说明了"以刊评文"的局限性。

CASHL 对"经济学与商学"高使用论文所在期刊的保障率则达到 99.1%,仅 3 种期刊未保障,极大地弥补了单个高校文献保障率不足的问题。但是,研究中也发现部分高使用量的 OA 期刊在高校及 CASHL 的全文期刊目录中并未揭示,这不利于读者对 OA 期刊的使用,建议在全文期刊目录中将高质量的 OA 期刊加入其中,以使 OA 期刊被更广泛地使用。

文献资源是图书馆的立馆之本,是图书馆工作的重中之重。但是对于单个高校,受经费所限,在资源采购时往往只能侧重本校重点学科,对部分弱势学科的资源覆盖率可能相对较低,因此需要从用户需求的角度提高资源保障率。基于使用数据计量的研究为文献资源保障研究提供了一个新的视角,在工作实践中亦可作为引文分析的有益补充。此外,CASHL等联盟通过成员高校"优势学科重点部署,联盟全局统筹规划"的保障方式,促进学科资源的共建共享,为成员高校的教学和科研提供了有力的支撑,是高校在有限经费的条件下实现学术资源保障最大化的重要途径之一。

8.3 其他信息资源服务

图书馆提供很多信息资源服务,最为直接的目的就是提高读者对于图书馆资源的使用率。比如上一节提到文献资源保障的两个案例,"文献资源保障"即为读者使用文献资源提供保障,使其能便捷地获取并使用所需的文献资源。此外,各个高校图书馆普遍开展的学科服务、文献推广服务、信息素养教学等,也是为了让读者了解图书馆有哪些信息资源,以及如何使用图书馆的信息资源。我们虽然尚未基于使用动机或使用计量数据在这些领域开展服务创新实践,但也一直在进行相关思考和探索,以期使图书馆的资源和用户的需求得到双向配对。

1. 学科服务

很多高校图书馆开展了学科服务,但是收效甚微。学科服务要求图书馆馆员深入用户的科研和教学活动中,为用户提供有效的专业资源和信息导航。在高校从事科研和教学活动的用户经历了硕博士阶段的学术历练,一般具有较高的信息素养和学术视野,能够有效解决自己研究领域内的文献资源问题,而学科馆员一般只有硕士学历,在学术研究上未必经历过严格的锻炼,虽然经过短期培训,在文献信息获取方面积累了一定的经验,但是无法深入科研用户的研究领域,对用户的文献信息需求服务也只能停留在表层,而这一层用户大多靠自己就能解决。那么学科馆员的价值如何体现呢?

我们认为,学科馆员的服务可以从"学科拼图式"服务转向面向学科交叉融合的"问题导向式"服务。研究者们一般都对自己的领域研究较为深入,接触其他领域信息知识的机会较少,在进行学科交叉的研究时,往往难以了解、获取其他领域的信息资源。学科馆员则游走在各学科领域的表层,能够较为方便地把深入到不同领域的研究者拧成一团,协助开展交叉研究。在这一过程中,学科馆员可以充当"Hub"的角色,利用自己在文献计量学领域的特长为研究者挖掘合适的交叉领域合作者,也可以充当"翻译"的角色,为不同领域的学者打通跨学科的术语障碍,提供其他学科相关的文献。

在这一服务转型过程中,基于文献使用动机和使用计量的研究具有潜在的应用价值。首先,如何让一名特定学科的研究者使用其他学科的文献呢?我们很少去阅读与自己学科不相关的文献,因为感觉阅读那些文献对自己没有用。那么,学科馆员如要提高特定学科用户对其他学科文献的使用,就需要让研究者感知到阅读学科馆员所提供的其他学科的文献是有用的,比如,帮助研究者进行主题分析,帮助寻找并汇总其他学科中研究同一主题的成果并分析其方法和创新点,使研究者感知到这些其他学科的成果有利于自己研究思路和研究方法的拓展。这种方式既提高了易用性——研究者不需要花额外的时间在文献的检索、分析、获取上,也提高了有用性——使研究者知道这些文献对研究者现在的研究是有帮助的。

2. 阅读推广服务

对于本科生,由于他们大多并未开展实质性的科学研究,更容易受感知有趣性的影响而去使用文献,图书馆馆员可以基于这一点来实现阅读推广。但是文献内容或标题有趣与否,在文献完成撰写时就已确定,那么如何在事后再通过感知有趣性来吸引读者呢?图书馆馆员可以从营销的角度来发力,通过传播学、心理学的方法,吸引读者点击相关文献,进而让读者去了解其内容。也许有人会说,这不是骗流量吗?我们认为,吸引读者点击,读者就有可能感知到这篇文献对自己的用处,而如果读者连点击兴趣都无法被激发,那么其感知到这篇文献对自己有用的可能性就几乎为零了。此外，本科生由于文献检索能力较差，其获取文献的难度就相对更高，而通过阅读推广，可相应节省其文献检索时间，使需要文献的本科生更易获得其所需要的文献。

3. 信息素养教育

高校信息素养教育课程多属于选修课，受众学生较广，但是当前高校信息素养教育存在内容单一、吸引力不够、意识培养与能力培养脱节等问题，教学效果往往不尽如人意。对此，我们同样可以通过感知有趣性进行引导，将信息素养教育蕴含在一个有趣的活动中，实现沉浸式教学。

本书所在团队正在进行的基于剧本杀辅助教学的研究就是这方面的一种尝试。通过编写剧本杀剧本，将文献检索、文献使用的流程都嵌入有趣的游戏中，让学生在愉悦的情景下检索并使用文献资源，从文献资源中获取信息并解密下一步剧情，使得学生能够将信息素养知识即学即用，学生在游戏中也能充分体会到文献内容所蕴含的价值。

9 结论、建议与展望

9.1 研究结论

随着科学活动的数字化和网络化,针对数字化文献的使用行为也越来越趋于多样化,由此产生的文献使用数据也愈发呈现大数据特征。基于文献大数据,可对科学家的科研活动特性、规律、影响因素等诸多问题开展深入的研究,是当前科学学和科学计量学研究的一个重要方向。然而,我们也应该注意到,学术文献的使用动机复杂而繁多,不同主体的使用动机因人而异,针对同一客体(文献)的使用计量指标是由不同主体的使用行为汇集而成,这些指标能在多大程度上代表科学学和科学计量学研究者所设定的变量? 对于这一问题前人甚少涉及,本书从主体的文献使用动机入手,尝试进行了初步探索,得出了一些有益的结论。

1. 多数文献使用行为反映了文献内容对于使用主体的价值

虽然有部分使用主体是受文献的标题、作者等外部要素吸引而进行点击浏览,但后续的全文下载和保存行为是在使用主体对文献内容信息(如摘要)进行初步提取、评价的基础上进行的,是使用主体对文献内容感知有用性的一种体现。标题党虽然能够吸引点击,但使用者在阅读摘要并发现文献的内容并不符合对自己有用的感知时,便不会进行下载,只有对用户有用的文献才会被下载和保存。从认识论来说,客体能够满足主体需要的效用关系即为价值。因此,文献使用行为在一定程度上反映了文献对于使用主体的价值。为什么是"一定程度上"呢?因为本书发现还有少数文献使用行为是受价值以外的因素影响的。

2. 文献作者的社会网络复杂度可能影响主体对于文献的使用

除了价值吸引外,感知相关性也是吸引主体使用文献的一个重要因素。有时候我们点击、下载、分享一篇文献,可能并不在乎它的内容对于我的价值是怎样的,而只是因为该文献是由某个我知道的学者所撰写的,或是我所在机构的学者发表的。因此,作者的社会网络关系越复杂,就有越多的主体对其发表的文献感知相关,这些文献被使用的可能性也更高。这种独立于文献内容之外的因素,在我们评价文献的价值或影响力时是理应排除在外的,然而当前却是无法做到的。这也引发了我们的更多思考:如高影响力作者后续发表的论文更容易获得高被引的原因,究竟是高影响力作者本身发表的论文普遍质量较高,还是因为其在之前积累了更广的社会网络关系?合作论文比独著论文的影响力更高,是不是因为合作论文作者数量多,从而具有更复杂的社会网络关系?抑或上述原因皆有之,但哪一种原因是主要原因呢?

3. 文献使用行为反映的价值内涵存在差异

不同文献使用行为发生在主体科学活动的不同阶段,其反映的价值内涵也存在一定的差异。虽然多数文献使用行为反映了文献内容对于使用主体的价值,但是这种价值存在两种内涵,即感知价值和实际价值。这两种价值内涵的分界线在于主体是否进行了内容的获取,即阅读。在主体阅读全文之前,其对于文献的实际价值并不了解,因此对于文献是否对自己有用也仅仅根据文献的外部要素进行感知——这种感知有可能是正确的,也有可能是错误的。主体在阅读文献之后,对于文献内容对自己有用与否已基本了然于胸,其后发生的行为则更多体现了文献对于主体实际的价值,如用户在阅读文献全文之后进行的文献保存。事实上,如果将引用行为也算作一种文献使用行为,那么引用行为最能反映主体对文献实际使用价值的认可。

4. 文献使用指标一定程度上反映文献的影响力

文献使用指标不能反映文献的学术质量,但能在一定程度上反映文献的影响力。发生在阅读全文之前的文献使用行为无法反映文献的学术质量这一点毋庸置疑——使用者对文献的内容都不了解,对其质量更谈不上评价。那么发生在阅读全文之后的使用行为呢?如前文所述,文献使用行为反映的是文献对于使用主体的价值,但并不是只有高学术质量的文献才对使用主体有价值。例如,调研中发现,用户下载一篇最新发表的论文全文,有可能只是为了最快地了解学科前沿情况,而并不代表用户对这篇文献学术质量的认可。文献分享行为则更能说明这一问题,因为文献分享行为包含了更多的非学术目的。

那么文献使用指标可否反映文献的影响力呢? 影响力,可泛指某一主体影响他人思想、情感或行为的能力,这一影响既可以是正面的,如爱因斯坦对科学的影响,也可以是负面的,如希特勒对世界和平的影响。在文献使用情境下,一些外部要素虽然不是吸引用户使用文献的直接原因,但是却能影响用户的使用行为。例如,在本书中,我们主要归纳出了感知有趣性、感知易用性两种外部要素,这些外部要素并不是文献质量的体现,但确实影响到了主体的思想、情感或行为,显而易见的影响如用户受标题有趣等的影响而发生的下载、分享行为等,不易观察到的影响如文献可获得性等对用户文献使用习惯的形成或改变。虽然这些影响不是学术上的,也并不一定是正面的,但显然能够归为其影响力的一个方面,一篇文献被使用越多,其影响力也就越大。

5. 使用量指标并不适用于微观层面的个体评价

文献使用指标能够反映文献的影响力,那么为何文献使用量指标不适用于微观层面的个体评价呢?这有两方面原因。第一,文献使用量指标所反映的是影响力的绝对值,其是不区分情感色彩的,如一篇"奇葩"论文可能会获得很高的下载和分享量,甚至高于同一主题下内容优秀的论文。我们进行评价的目的,是进行优劣的区分,显然需要从指标的绝对值中区分出哪些是正向的,哪些是负向的,仅仅基于使用量指标的数值是无法做到这些的。第二,指标一旦用于评价,其被人为操纵的可能性就大大增加,特别是使用量指标更容易进行大批量操控。如果我们用下载量来评价一篇论文的影响力是否较高,必然会催生很多操纵这篇论文下载量的行为,下载量指标在反映论文影响力的方面将不再可靠。因此,我们认为使用量指标不适用于个体影响力的评价。

9.2 我们的建议

基于本书的研究,我们强烈建议要"跳出评价"——使用计量指标应有更广阔的空间。文献使用指标能够反映文献的影响力,这既包括其对用户行为的影响,也包括对用户阅读习惯的影响。外在行为方式的变化较容易在经验层面观察到,而隐含其后的阅读习惯的变化却往往难以察觉。我们通过对海量的科学文献大数据进行分析,能够发现这些隐含的、缓慢的变化,进而帮助图书馆、数据库厂商,甚至政策制定者更好地获得决策支持。

对于图书馆来说,由于图书馆的一个重要使命是保存和传播优秀文化,因此我们建议图书馆要做到如下几点。一是基于用户的文献使用行为数据,开展文献资源建设、推广工作,如根据全球高使用量文献的全文供给,推送不同学科的高使用量文献;二是要基于用户的文献使用动机模型,吸引读者使用中华传统优秀文化出版物,帮助读者更好地查找、阅读、理解这些出版物,如根据不同读者的学科进行文献推送,提供深度阅读文献的环境和方法。

对于数据库厂商来说,一是要设计更人性化的数据库平台,提高平台的易用性,实现一键下载读者所需资源;二是要为检索结果界面提供更加丰富的文献信息,帮助用户感知文献价值;三是要提供一键分享到社交媒体的功能,简化分享文献流程;四是要提供多语言介绍,供全球不同学者了解文献内容。

对于政策制定者来说,一是应充分认识到文献使用量指标所能反映出的内在含义,科学、合理地利用文献使用量指标;二是应树立文献多维度价值导向,鼓励科研工作者将成果运用于大众教育、生产实践等环节。

9.3 展望

作为研究者,在本书的写作过程中,我们又发现了很多原来似乎已获得明确结论的问题因为我们研究所得出的结论又蒙上了一层迷雾,比如高影响力作者后续发表的论文容易获得更多引用,究竟是高影响力作者本身发表的论文普遍质量较高,还是因为其在之前积累了更广的社会网络关系? 在研究过程中,出于时间和能力上的原因,我们尚无暇顾及诸如此类的问题。然而,随着因果推断方法逐步渗入各学科并形成成熟的研究体系,我们可以通过一系列准实验方法来探索研究这些科学活动中的因果关系,这也是我们后续研究的一个重要方向。此外,如何利用除调查问卷数据之外的数据,有效地代表文献使用动机的各个潜在变量,从而利用科学大数据量化、预测用户的使用行为,也是我们未来要思考的内容。

作为图书馆馆员,我们更多是思考如何利用文献使用动机的研究成果开展图书馆服务创新。虽然在第 8 章中我们进行了一些构想与尝试,但远远不够。我们所在图书馆整体的文献利用率依然较低,信息素养培训的效果也不容乐观,读者对于资源保障的满意度还有许多提升空间,读者个性化、差异化的需求难以得到充分满足。随着大科学时代的到来,学科交叉必将导致研究范式的改变,随之也会带来研究者对信息资源需求的不断提升,我们能做什么？我们该怎么做？这将是我们进一步探索和尝试的领域。

附录 1

尊敬的朋友:您好!

我们是上海市哲学社会科学规划课题青年课题项目"科学大数据背景下学术文献的使用动机研究"课题组成员。为了解不同群体对学术文献的使用动机,我们开展了本次调查,您的参与将对我们的研究提供很大帮助。问卷采用匿名的方式,答案没有对错之分,调查数据仅用于学术研究,我们将对您提供的信息进行严格保密,请您不用有任何顾虑。

衷心感谢您在百忙之中填写问卷!

问卷预计用时 5—8 分钟。

1. 您的身份是?[单选题]*
   ○ 专任教师
   ○ 在读本科生
   ○ 在读硕士研究生
   ○ 在读博士研究生
   ○ 教辅专技人员
   ○ 其他

2. 您的年龄段是？[单选题]*
   ○ 30 岁以下
   ○ 30—40 岁
   ○ 40—50 岁(不含 40 岁)
   ○ 50—60 岁(不含 50 岁)
   ○ 60 岁以上

3. 您是否发表过论文[单选题]*
   ○ 以第一/通讯作者身份发表过
   ○ 只以其他作者身份发表过
   ○ 未发表过,但已经撰写或正在撰写中
   ○ 从未撰写过

4. 您当前的专业方向[单选题]*
   ○ 文科
   ○ 理科
   ○ 工科
   ○ 农科
   ○ 医科
   ○ 其他

5. 您平常下载文献的频率是？[单选题]*

○ 从未下载（请跳至第10题）	○ 每年至少一次	○ 每半年至少一次	○ 每月至少一次	○ 每周至少一次	○ 每天下载

6. 您获取文献全文的主要方式是?（1表示最不符合,5表示最为符合）[矩阵量表题]*

	1	2	3	4	5
在全文数据库直接检索题名下载	○	○	○	○	○
在全文数据库检索主题等非题名字段后选择性下载	○	○	○	○	○
通过搜索引擎检索后进入数据库下载	○	○	○	○	○
文献传递或求助他人	○	○	○	○	○
学术社交网站下载（ResearchGate、小木虫等）	○	○	○	○	○
其他方式	○	○	○	○	○

7. 以下文献特征中,哪些会促使您下载全文阅读（1表示最不可能,5表示最有可能）[矩阵量表题]*

	1	2	3	4	5
研究主题为热门主题	○	○	○	○	○
主题与本人研究方向一致	○	○	○	○	○
标题内容有趣	○	○	○	○	○
摘要内容有趣	○	○	○	○	○
被引频次较高	○	○	○	○	○
下载频次较高	○	○	○	○	○
发表在高质量期刊上	○	○	○	○	○
最新发表	○	○	○	○	○
发表时间较早	○	○	○	○	○
是某特定作者发表的	○	○	○	○	○
是某特定机构发表的	○	○	○	○	○
是由我信任的人推荐/分享	○	○	○	○	○
在检索结果中排序靠前	○	○	○	○	○
下载方便,没有平台或语言的障碍	○	○	○	○	○

8. 您下载文献的用途,主要是为了?(1表示最不符合,5表示最为符合)[矩阵量表题]*

	1	2	3	4	5
为正在开展的研究进行文献调研	○	○	○	○	○
给教学提供素材	○	○	○	○	○
满足个人(非研究目的)的兴趣	○	○	○	○	○
后续引用	○	○	○	○	○
其他	○	○	○	○	○

9. 文献下载后,您进行全文阅读的概率是?[单选题]*
○ 低于20%
○ 20%—40%(不含40%)
○ 40%—60%(不含60%)
○ 60%—80%(不含80%)
○ 80%及以上

10. 您在社交媒体上分享学术文献的频次?[单选题]*

○ 从未分享(请跳至第15题)	○ 每年至少一次	○ 每半年至少一次	○ 每月至少一次	○ 每周至少一次	○ 每天分享

11. 您分享文献的原因,主要是因为?(1 表示最不符合,5 表示最为符合)[矩阵量表题]*

	1	2	3	4	5
赞成该文的观点/方法等	○	○	○	○	○
反对该文的观点/方法等	○	○	○	○	○
为了让他人了解文献信息	○	○	○	○	○
为了引发大家的讨论	○	○	○	○	○
为了以后查找/阅读方便	○	○	○	○	○
为了表明自己对这方面的了解	○	○	○	○	○

12. 以下文献特征中,哪些会促使您进行分享?(1 表示最不可能,5 表示最有可能)[矩阵量表题]*

	1	2	3	4	5
文献研究主题为当前热门主题	○	○	○	○	○
主题与本人研究方向一致	○	○	○	○	○
内容有趣	○	○	○	○	○
标题有趣	○	○	○	○	○
被引频次较高	○	○	○	○	○
下载频次较高	○	○	○	○	○
发表在高质量期刊上	○	○	○	○	○
最新发表	○	○	○	○	○
发表时间较早	○	○	○	○	○
是某特定作者发表的	○	○	○	○	○
是某特定机构发表的	○	○	○	○	○
其他人推荐/分享	○	○	○	○	○
文献所在平台提供了方便的分享功能	○	○	○	○	○
由本人/团队/本单位撰写	○	○	○	○	○
内容涉及本人/本团队/本单位	○	○	○	○	○

13. 以下分享文献的方式,您最可能采用哪种?(1 表示最不可能,5 表示最有可能)[矩阵量表题]*

	1	2	3	4	5
全文分享	○	○	○	○	○
截图或复制主要信息分享	○	○	○	○	○
通过平台的分享按钮直接分享	○	○	○	○	○
对主要内容或某一观点进行概括后分享	○	○	○	○	○
简要评论后分享	○	○	○	○	○
其他形式	○	○	○	○	○

14. 您分享的文献中,有多大比例是您已经阅读过的?[单选题]*
   ○ 低于 20%
   ○ 20%—40%(不含 40%)
   ○ 40%—60%(不含 60%)
   ○ 60%—80%(不含 80%)
   ○ 80%及以上

15. 您使用文献管理软件或平台的频率?(包括但不限于 NoteExpress/EndNote/Mendeley 等)[单选题]*

○ 从不(请跳至第 19 题)	○ 每年至少一次	○ 每半年至少一次	○ 每月至少一次	○ 每周至少一次	○ 每天使用

16. 以下文献特征中,哪些会促使您在文献管理软件中保存文献?(1 表示最不可能,5 表示最有可能)[矩阵量表题]*

	1	2	3	4	5
研究主题为热门主题	○	○	○	○	○
主题与本人研究方向一致	○	○	○	○	○
内容有趣	○	○	○	○	○
被引频次较高	○	○	○	○	○
下载频次较高	○	○	○	○	○
发表在高质量期刊上	○	○	○	○	○
最新发表	○	○	○	○	○
发表时间较早	○	○	○	○	○
是某特定作者发表的	○	○	○	○	○
是某特定机构发表的	○	○	○	○	○
由他人推荐/分享	○	○	○	○	○

17. 您在文献管理软件中保存文献的目的,主要是为了?(1 表示最不符合,5 表示最为符合)[矩阵量表题]*

	1	2	3	4	5
后续引用	○	○	○	○	○
下载全文	○	○	○	○	○
后续阅读	○	○	○	○	○
共享给他人	○	○	○	○	○

18. 您保存到文献管理软件中的文献,有多大比例进行了阅读?[单选题]*

○ 一篇都未阅读过

○ 至少阅读过 1 篇,但少于 50%

○ 50% 及以上,但低于 100%

○ 全都阅读过

19. 您最常使用的全文数据库平台是[多选题]*

☐ 中国知网

☐ 万方

☐ 超星

☐ ScienceDirect

☐ Wiley

☐ SpringerLink

☐ JSTOR

☐ EBSCO

☐ 其他_____*

20. 您最常使用的文摘型数据库/网站是?[多选题]*

☐ Web of Science

☐ Scopus

☐ EI

☐ PubMed

☐ 发现系统

☐ 搜索引擎

☐ 其他_____

附录 2

美国加州大学洛杉矶分校在职教师所著中国研究相关的图书清单（按作者名排序）

书　名	著　者	出版社	出版年
Opera and the city: The politics of culture in Beijing, 1770-1900	Andrea Goldman	Stanford University Press	2012
China on the move: Migration, the state, and the household	C. Cindy Fan	Routledge	2007
Working in China: Ethnographies of labor and workplace transformation	Ching Kwan Lee	Routledge	2006
From iron rice bowl to informalization: Markets, workers, and the state in a changing China	Ching Kwan Lee	ILR Press	2011
Re-envisioning the Chinese revolution: The politics and poetics of collective memories in reform China	Ching Kwan Lee	Stanford University Press	2007
Gender and the south China miracle: Two worlds of factory women	Ching Kwan Lee	University of California Press	1998
The specter of global China: Politics, labor, and foreign investment in Africa	Ching Kwan Lee	The University of Chicago Press	2017

续表

书 名	著 者	出版社	出版年
Livelihood struggles and market reform: (Un)making Chinese labour after state socialism	Ching Kwan Lee	United Nations Research Institute for Social Development	2005
Withering away of the Hong Kong dream?: Women workers under industrial restructuring	Ching Kwan Lee	Hong Kong Institute of Asia-Pacific Studies, Chinese University of Hong Kong	1997
Against the law: Labor protests in China's rustbelt and sunbelt	Ching Kwan Lee	University of California Press	2007
Reclaiming Chinese society: The new social activism	Ching Kwan Lee	Routledge	2009
A patterned past: Form and thought in early Chinese historiography	David Schaberg	Harvard University Press	2002
From Benares to Beijing: Essays on Buddhism and Chinese religion in honour of Prof. Jan Yün-hua	Gregory Schopen	Mosaic Press	1990
Lives in Chinese music	Helen Rees	University of Illinois Press	2009
Echoes of History: Naxi Music in Modern China	Helen Rees	Oxford University Press	2000
Chinese under globalization: Emerging trends in language use in China	Hongyin Tao	World Scientific Publishing Company	2012
Units in Mandarin Conversation: Prosody, Discourse, and Grammar	Hongyin Tao	John Benjamins Publishing Company	1996

续表

书 名	著 者	出版社	出版年
Exquisite moments: West Lake & Southern Song art	Hui-shu Lee	China Inst in Amer	2001
Empresses, art, & agency in Song dynasty China	Hui-shu Lee	University of Washington Press	2010
Idle talk: Gossip and anecdote in traditional China	Jack W. Chen	University of California Press	2013
The poetics of sovereignty: On Emperor Taizong of the Tang dynasty	Jack W. Chen	Harvard University Press	2011
Disorder under heaven: Collective violence in the Ming dynasty	James Tong	Stanford University Press	1992
Revenge of the forbidden city: The suppression of the Falungong in China, 1999-2005	James Tong	Oxford University Press	2009
The learning gap: Why our schools are failing and what we can learn from Japanese and Chinese education	James W. Stigler	Summit Books	1992
Education and social change in the People's Republic of China	John N. Hawkins	Praeger	1983
Educational theory in the People's Republic of China: The report of Ch'ien Chun-jui	John N. Hawkins	University Microfilms International	1971

续表

书名	著者	出版社	出版年
Values education for dynamic societies: Individualism or collectivism	John N. Hawkins	Comparative Education Research Centre, Hong Kong University	2001
Chinese society in the age of Confucius	Lothar von Falkenhausen	Cotsen Institute of Archaeology	2006
Suspended music: Chime bells in the culture of Bronze Age China	Lothar von Falkenhausen	University of California Press	1994
Japanese scholarship on early China, 1987-1991: Summaries from Shigaku zasshi	Lothar von Falkenhausen	University of California, Berkeley	2002
A history of pain: Trauma in modern Chinese literature and film	Michael Berry	Columbia University Press	2011
Jia Zhangke's "Hometown Trilogy": Xiao Wu, Platform, Unknown Pleasures	Michael Berry	British Film Institute	2009
Speaking in images: Interviews with contemporary Chinese filmmakers	Michael Berry	Columbia University Press	2005
To live: A novel	Michael Berry	Anchor Books	2003
Nanjing 1937: A love story	Michael Berry	Anchor Books	2004

续表

书名	著者	出版社	出版年
The song of everlasting sorrow: A novel of Shanghai	Michael Berry	Columbia University Press	2010
Wild kids: Two novels about growing up	Michael Berry	Columbia University Press	2002
Divided lenses screen memories of war in East Asia	Michael Berry	University of Hawaii Press	2016
Remains of life: A novel	Michael Berry	Columbia University Press	2017
Chinatown: The socioeconomic potential of an urban enclave	Min Zhou	Temple University Press	1995
Contemporary Chinese America: Immigration, ethnicity, and community transformation	Min Zhou	Temple University Press	2009
The accidental sociologist in Asian American studies	Min Zhou	UCLA Asian American Studies Center Press	2011
Contemporary Chinese Diasporas	Min Zhou	Springer Singapore	2017
Growing up American: How Vietnamese children adapt to life in the United States	Min Zhou	Russell Sage Foundation	1999
Illusory abiding: The cultural construction of the Chan monk Zhongfeng Mingben	Natasha Heller	Harvard University Press	2014
China transformed: Historical change and the limits of European experience	R. Bin Wong	Cornell University Press	2000

续表

书　名	著　者	出版社	出版年
Before and beyond divergence: The politics of economic change in China and Europe	R. Bin Wong	Harvard University Press	2011
Culture and state in Chinese history: Conventions, accommodations, and critiques	R. Bin Wong	Stanford University Press	1997
The world of K'ung Shang-Jen: A man of letters in early Ch'ing China	Richard Strassberg	Columbia University Press	1983
Enlightening remarks on painting by Shih-t'ao	Richard Strassberg	Pacific Asia Museum	1989
Inscribed landscapes: Travel writing from imperial China	Richard Strassberg	University of California Press	1994
A Chinese Bestiary: Strange Creatures from the Guideways Through Mountains and Seas	Richard Strassberg	University of California Press	2003
Beyond the open door: Contemporary paintings from the People's Republic of China	Richard Strassberg	Pacific Asia Museum	1987
The sinister way: The divine and the demonic in Chinese religious culture	Richard von Glahn	University of California Press	2004
The economic history of China: From antiquity to the nineteenth century	Richard von Glahn	Cambridge University Press	2016

续表

书名	著者	出版社	出版年
The country of streams and grottoes: Expansion, settlement, and the civilizing of the Sichuan frontier in Song times	Richard von Glahn	Harvard University Press	1988
Fountain of Fortune: Money and Monetary Policy in China, 1000-1700	Richard von Glahn	University of California Press	1996
The Song-Yuan-Ming transition in Chinese history	Richard von Glahn	Harvard University Press	2003
The Formation of Ch'an Ideology in China and Korea: The Vajrasamadhi-Sutra, a Buddhist Apocryphon	Robert Buswell	Princeton University Press	2017
Chinese Buddhist apocrypha	Robert Buswell	University of Hawaii Press	1990
Korean Buddhism in East Asian perspectives	Robert Buswell	Jimoondang	2007
Currents and countercurrents: Korean influences on the East Asian Buddhist traditions	Robert Buswell	University of Hawaii Press	2005
China's rising research universities: A new era of global ambition	Robert Rhoads	John Hopkins University Press	2014
Voluntary HIV counseling and testing in Southwest China: Acceptance and barriers	Roger Detels	VDM Verlag Dr. Müller	2010
Chinese looks: Fashion, performance, race	Sean Metzger	Indiana University Press	2014
The lure of the modern: Writing modernism in semi-colonial China, 1917-1937	Shu-mei Shih	University of California Press	2001

续表

书　名	著　者	出版社	出版年
Archival resources of Republican China in North America	Su Chen	Columbia University Press	2015
The seventies: Recollecting a forgotten time in China	Theodore Huters	The Chinese University Press	2012
Reading the modern Chinese short story	Theodore Huters	Routledge	1990
Bringing the world home: Appropriating the west in late Qing and early republican China	Theodore Huters	University of Hawaii Press	2005
Culture and state in Chinese history: Conventions, accommodations, and critiques	Theodore Huters	Stanford University Press	1997
China's new order: Society, politics, and economy in transition	Theodore Huters	Harvard University Press	2006
From one root many flowers: A century of family life in China and America	Virginia Li	Prometheus Books	2003
The individualization of Chinese society	Yunxiang Yan	Bloomsbury Academic	2009
Private life under socialism: Love, intimacy, and family change in a Chinese village, 1949-1999	Yunxiang Yan	Stanford University Press	2003
The flow of gifts: Reciprocity and social networks in a Chinese village	Yunxiang Yan	Stanford University Press	1996
Deep China: The moral life of the person. What anthropology and psychiatry tell us about China today	Yunxiang Yan	University of California Press	2011

附录 3

Motivation for Downloading Academic Publications[*]
Zequan Xiong[a], Xia Peng[a], Li Yang[a],
Wen Lou[b, *], Star X. Zhao[c, d]

a. Library, East China Normal University, 500 Dongchuan Road, Shanghai, China.

b. Faculty of Economics and Management, East China Normal University, 500 Dongchuan Road, Shanghai, China.

c. Institute of Big Data (IBD), Fudan University, 220 Handan Road, Shanghai, China.

d. State Base of Intelligent Evaluation & Governance Experiment, Fudan University, 220 Handan Road, Shanghai, China.

Abstract

Downloads have been considered as supplemental to citations in

---

[*] 本文为本书的阶段性研究成果,已于 2023 年发表于期刊 *Library & Information Science Research* 第 45 卷第 3 期。

reflecting the impact of scientific research activities and scientific output, yet the motivations to download a specific publication has not been fully explored. In scientific evaluation practice, unclear motivations could lead to difficulties for evaluating the impact of academic literature without providing a cogent interpretation of downloads as an alternative metric. To fill this gap, an expanded Technology Acceptance Model (TAM) to investigate motivations for downloading academic literature was proposed and the effectiveness verified using questionnaire data containing 480 respondents. The results show that the degree of usefulness of literature to users and the degree of relevance of literature to users were the primary factors that drive users to download specific literature. Due to the consistency between downloading and citing in reflecting the usefulness, downloads is an effective metric to supplement citation metrics in evaluating the impact of academic literature.

1. Introduction

The emergence of the big data era has led to the development of various new disciplines. In the fields of scientometrics and science of science, the monopolistic status of traditional indicators based on citations has been challenged gradually by a multidimensional evaluation system. Altmetrics or usage metric indicators draw the most interest in this new evaluation system. These indicators focus primarily on the big data generated by academic publication usage, including measures of downloading, sharing, bookmarking, and discussing on social media. These types of data have been considered supplements to citation data in reflecting the impact of scientific research activities and scientific output(Kousha et al., 2017; Torres-Salinas et al., 2017; Xiong & Duan, 2019), including the effect on a wider range of nonacademic audiences(Aung et al., 2019).

Previous research on altmetrics or usage metrics has focused primarily on external attributes, such as the characteristics of indicators(Duan & Xiong, 2017; Moed & Halevi, 2016; Wang et al., 2016), or on correlation among different indicators(Lippi & Favaloro, 2013; Moed & Halevi, 2016; Schloegl et al., 2014), especially the correlation between citation and altmetrics. Weak or moderate correlations between altmetrics and citation metrics have been found from these studies using different sets of publications(Costas et al., 2015; Thelwall et al., 2013; Xiong & Duan, 2019). In the last few years, some scholars paid attention to the intrinsic motivations of publication usage, such as motivations for bookmarking in Mendeley (Mohammadi et al., 2016), motivations for sharing articles on Twitter(Htoo & Na, 2017), and motivations for self-archiving on ResearchGate(Lee et al., 2019). However, researchers have limited understanding of the motivations for downloading, the most important step in the literature-use process.

2. Problem statement

Although scholars have conducted a series of studies on usage metrics, existent studies have not conducted an in-depth analysis on their intrinsic motivation. While usage data are assumed to almost always be generated by people who use the literature, there is no evidence that people selected a particular document for its impact or usefulness. Users may have been attracted by a newfangled title(Jamali & Nikzad, 2011) or a relevant author name(e.g., themselves or an acquaintance), or may have generated usage data for other random reasons(Buter & van Raan, 2011).

Consequently, there are disputes about the reliability of usage metric indicators in reflecting the impact of publications(Haustein, 2016). There are also insufficient examples of rational use of these indicators in the evaluation process. To resolve these questions of reliability and robust methodology, it is imperative to explore the motivations for using publications. This type of exploration will further explain how to measure the actual impact and usefulness of publications using usage metric indicators.

This study conducted empirical research on user motivations for accessing academic publications. Downloading is the most common and important step in the process of utilizing electronic publications; downloads have been proven to be one of the most relevant indicators in terms of citations (Naude, 2017; Xiong & Duan, 2019). Some researchers have asserted that the number of article downloads is useful in author or article evaluation(Haustein et al., 2014; Kurtz & Bollen, 2010). However, the factors that drive users to download specific publications and to what extent the number of downloads can reflect the impact of the publications remain unknown. This study selected downloading as the representative behavior to ascertain user motivation to utilize academic literature accessed electronically. The objective of this study is to investigate which motivations drive users to download publications, and the relationship between these motivations.

3. Literature review

3.1 Literature usage and downloads

Usage behaviors related to a specific publication before it is cited are browsing, viewing, downloading, and reading(Kurtz & Bollen, 2010). The publication is the carrier of knowledge and information. Users first browse through the publication; some are attracted by the titles or abstracts of specific documents and download and read them to obtain specific knowledge or information. A smaller percentage of readers will cite these specific articles in their own manuscripts or share them with others. After peer review and publication of the user's own manuscript, the knowledge and information then enters a new usage cycle(Brody et al., 2006).

In the process of this cycle, browsing is accompanied by much casual interest, reading is difficult to capture and assess, while downloading is more targeted and easier to record by servers(Wan et al., 2010). Thus, the majority of scientometricians consider the number of downloads as useful information for authors or for output evaluation(Haustein et al., 2014; Kurtz & Bollen, 2010). Some researchers have discussed usage in terms of downloads (Brody et al., 2006; Schloegl & Gorraiz, 2010; Schloegl & Gorraiz, 2011); others treat downloads as the primary component of usage in discussing the rationality behind downloads(Bollen et al., 2005), influencing factors on downloads (Guerrero-Bote & Moya-Anegon, 2014; Subotic & Mukherjee, 2014), and the correlation of downloads and citations(Moed, 2005; Schloegl & Gorraiz,

2010; Schloegl & Gorraiz, 2011; Schloegl et al., 2014). These studies have provided a wealth of information about the characteristics of downloads and the relationship between downloads and citations. Yet, there is limited knowledge regarding why users download specific publications, particularly the motivations for downloading.

3.2 Motivations for academic publications use

Motivation is an interdisciplinary research topic. The motivation for using computers(Davis, 1989), the Internet(Teo et al., 1999), cellphone texting(Park et al., 2016), blogs(Hsu & Lin, 2008; Zhang & Pentina, 2012), and YouTube(Klobas et al., 2018) have been studied extensively. However, very few studies have focused on the motivation for academic publications usage, and most of them have focused on sharing or mentioning that behavior on social media platforms(Jin-Cheon, 2015). For example, Kumar et al. (2019) built a machine learning model to classify tweet motivations into six categories: expressing opinion, interaction, promotion, sharing, summarization and access. They found that tweets about medicine and environmental science directly impacted the public while tweets about chemistry showed a higher percentage of self-citation and promotion. Na and Ye(2017) conducted a content analysis of 2,783 posts on Facebook and found that nearly half of the posts were simple sharing of articles without content, while 20.4% of the posts were sharing with discussion or evaluation of the articles. Only a few posts were motivated by self-citation in their study. Lee et al.(2019) investigated motivations for self-archiving on ResearchGate and detected that accessibility was the most important factor. Users archived their publications on ResearchGate because they believed it would make their research outputs more widely and more easily used.

Some scholars have investigated the motivations for bookmarking or saving documents. For example, Mohammadi et al. (2016) investigated the motivations for bookmarking publications in Mendeley and found that most respondents bookmarked publications to cite them later. Others bookmarked publications for use in professional, teaching, and other educational activities. In that way, Mendeley's readership data can be used to capture knowledge circulation in scientific activities, especially for users who read but do not author publications(Mohammadi & Thelwall, 2014).

From these existent studies, sharing motivation appears to encompass more non-academic factors, while bookmarking and saving motivation may contain more academic factors. However, researchers have limited understanding of the motivations for downloading, the most important step in the literature-use process. This study explored that key issue.

4. Research model and hypotheses development

The purpose of this study was to find out what causes users to download specific literature. Descriptive statistical analysis may only assess the correlation between the two variables and lacks the ability of causal inference. Therefore, for the analysis of the questionnaire, in addition to descriptive statistics, this research introduced structural equation modeling(SEM) to make a causal analysis of users' download motivation and download frequency. In addition, the use of SEM can make research problems more concise. For example, the use of a latent variable to reflect various similar observation variables(e.g., citations, downloads and impact factor) can enable readers to gain a clearer and deeper understanding of the phenomenon.

Downloading is the process of receiving data over the Internet (TechTerms, 2023). Accordingly, this study defined downloading publications as the process of acquiring publications over the Internet. Models that focused on Internet use motivation were under preliminarily consideration as the study's potential research models. Among these potential models, the most classic and influential model is the Technology Acceptance Model(TAM)(Schöpfel & Azeroual, 2021).

TAM was developed by Davis(1989) when he investigated motivations to use computers. Now it has become one of the most influential models in studying technology acceptance and usage motivation. In this model, a user's intention to use technology is regulated by two primary factors: perceived usefulness and perceived ease of use. Perceived usefulness refers to the degree to which a person believes that his or her task performance can be improved by using the technology. Perceived ease of use refers to the extent to which a person feels free of effort to use the technology. Although some scholars consider that TAM lacks subjective norms and have extended TAM with additional factors(i.e., social influence, age, and gender), TAM still serves as a useful general framework and has demonstrated a high level of explanatory power in various contexts.

TAM was applied, as downloading is essentially an Internet using behavior(utilizing the Internet to find publications); downloading can thus be explained by the Internet-usage motivation model. The original TAM was extended to be more suitable for evaluating publication-usage motivation. The study's proposed model was based on four factors: perceived usefulness, perceived ease of use, perceived enjoyment, and perceived relevance. Therefore, the research questions focus on the above four factors. Specifically, the following three research questions will be answered in this study:

(1) To what extent does perceived usefulness, perceived ease of use, perceived enjoyment, perceived relevance affect users' download frequency respectively?

(2) What is the relationship between perceived usefulness, perceived ease of use, perceived enjoyment, and perceived relevance?

(3) To what extent can downloads reflect the impact of publications?

The first two of the above three questions involve the inference of causality, so some hypotheses need to be put forward and verified in advance.

4.1 Perceived usefulness

Perceived usefulness is defined as the prospective user's subjective belief that downloading a specific publication will improve his or her task performance. For example, whether the publication helps the user acquire new knowledge, an authoritative definition, or a research hotspot? Previous studies on TAM have demonstrated that perceived usefulness has a strong and consistent relationship with usage(Adams et al., 1992; Igbaria et al., 1995; Teo et al., 1999). In the context of literature use, this study postulated that perceived usefulness is positively related to literature usage(i.e., downloading in this study). The following hypothesis was proposed:

H1: Perceived usefulness positively affects users' download frequency.

4.2 Perceived enjoyment

People may engage in a particular activity if it yields fun or enjoyment(Teo et al., 1999). Previous research has demonstrated that affection(i.e., feelings of joy or pleasure) may affect individual behavior(Teo et al., 1999). In the context of literature use, a person is likely to download a specific document because he or she is attracted by an interesting abstract and desires more details. In this context, people perceive that they will experience fun and enjoyment from reading interesting content; this motivation is defined as perceived enjoyment. Teo et al.(1999) confirmed that perceived enjoyment had a significant effect on Internet usage. This study speculated that there is also a positive correlation between perceived enjoyment and literature download frequency.

Meanwhile, a user attracted by an interesting title may view the abstract first, and then download the full text if he or she perceives the document as useful based on the content of the abstract. This study expected that perceived enjoyment could influence download frequency indirectly via perceived usefulness, and proposed the following hypotheses:

H2: Perceived enjoyment positively affects users' download frequency.

H3: Perceived enjoyment positively affects users' perceived usefulness.

4.3 Perceived ease of use

Perceived ease of use was defined as the degree to which a person believes that downloading a specific publication is free of effort. Users may be able to download the full text needed with one click, or the download process may take a very short time. Documents that are more easily viewed would likely be downloaded more frequently because users would not need to spend extra time in retrieval. However, if the downloading process is onerous, users may give up on the process.

Perceived ease of use has been demonstrated to influence usage indirectly via perceived usefulness(Davis, 1989) and perceived enjoyment(Igbaria et al., 1995). In the context of literature use, if the document is difficult to download, it is less likely to be perceived as useful as its main content cannot be detected by users. A similar inference can be made for the effects of perceived ease of use on perceived enjoyment; a document that is difficult to download is less likely to be perceived as enjoyable. Based on the above analysis, Hypotheses 4-6 were proposed:

H4: Perceived ease of use positively affects users' download frequency.

H5: Perceived ease of use positively affects users' perceived usefulness.

H6: Perceived ease of use positively affects users' perceived enjoyment.

4.4 Perceived relevance

In previous studies of citation motivations, an interpersonal connection to cited authors was shown to be an important factor (Case & Higgins, 2000). For example, a user may cite a paper because the paper was authored, shared, or recommended by someone familiar. This study aimed to determine if this positive effect also existed in literature download behavior. Perceived relevance was introduced as the degree to which a person believes the publication is relevant to himself or herself. It should be noted that the original concept of perceived relevance refers to "the belief that information is related to one's need or perceived need for it" (Poole, 1985). While in this study, in order to investigate the impact of interpersonal connection rather than the content of literature on downloading, the perceived relevance refers to the perceived identity relevance. Generally, a person will download publications that he or she feels are relevant to him or her. If the publication is authored, shared, or recommended by someone the user is familiar with(i.e., a tutor, colleague, classmate, expert), the user would consider the publication more useful and valuable. Thus, the following hypotheses were proposed:

H7: Perceived relevance positively affects users' download frequency.

H8: Perceived relevance positively affects users' perceived usefulness.

Based on these hypotheses and TAM, a research model for the study was constructed, as shown in Fig. 1. The model was comprised of four latent variables and highlighted the eight hypotheses proposed to meet the objective of this study.

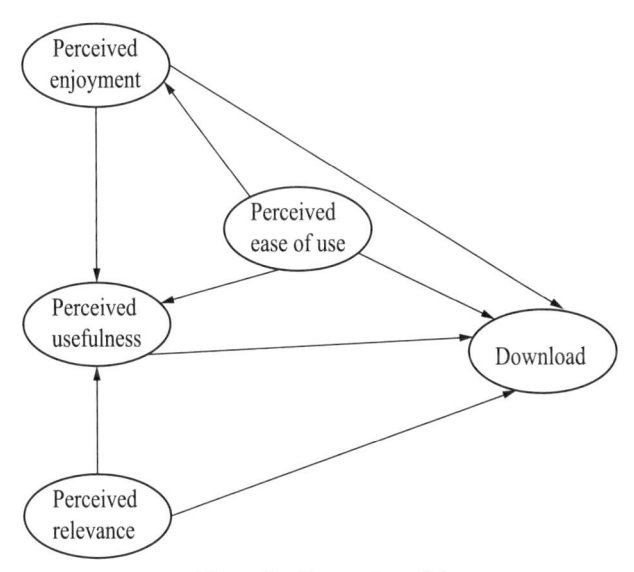

Figure 1　Research model

5. Methodology

5.1　Semi-structured interview

Before conducting a formal questionnaire survey, a semi-structured interview was conducted with five faculty members and five students of different majors in the authors' institution to identify the primary factors related to download motivation. First, five major disciplines(Humanities and Social Sciences, Natural Science,

Engineering, Agricultural Science, and Medical Science) were determined, and then one student and one faculty were selected respectively from the above five disciplines as the potential interviewees. Student interviewees were selected from the graduate students who had taken library courses, while faculty interviewees were selected from the regular users of library services, to ensure all potential interviewees were users who often download literature and could be contacted. If the potential interviewees refuse, re-selection was conducted until the selection of five faculty members and five students was completed. The user information of the finalized semi-structured interview is shown in Table 1.

Table 1　User information of semi-structured interviewees

ID	Job position	Research area	Discipline	Age
Prof. G	Supporting staff	Library and information science	Humanities and Social Sciences	36
Prof. L	Tenure track faculty	Aquaculture	Agricultural Science	41
Prof. W	Tenure track faculty	Biomedical science	Medical Science	28
Prof. X	Tenure track faculty	Software engineering	Engineering	37
Prof. Y	Tenure track faculty	Statistics	Natural Science	34
Student F	Undergraduate student	Software engineering	Engineering	19
Student L	Graduate student	Marketing management	Humanities and Social Sciences	26

(Continued)

ID	Job position	Research area	Discipline	Age
Student S	Graduate student	Mathematics	Natural Science	24
Student W	Graduate student	Biomedical science	Medical Science	30
Student Y	Graduate student	Aquaculture	Agricultural Science	28

The interview was conducted face to face and lasted for 5-10 minutes. Interview questions focused on the query: "Why do you download the full text of specific publications?" The responses of some interviewees were as follows:

Prof. Y: I am curious. When the relevant knowledge or trends of a concept or field are not clear, I will do a retrieval. If the (publication's) title fits my needs very well and the source is authoritative, I will download it. If the [publication's] source is a common journal, I will click to see the summary, and then decide to download the full text or not.

Prof. G: I want to get details of the specific paper. For example, if the abstract was very relevant to the topic I want to study, or it is a preliminary study, I will download the full text.

Prof. W: After reading the title or abstract, if I feel that there are useful things worth reading in-depth.

Student Y: Related to the topic I want to study; Instructive to my research questions; The research question is interesting; Can be used as a reference for paper-writing.

Student W: Generally, if I'm interested in the research methods of the paper, I will download it. Secondly, I will download papers that have related research topics.

Keywords were extracted by refining respondents' replies and appear in Table 2.

Table 2 Keywords from semi-structured interview content

Category	Keywords
Publications attributes	title, abstract, source, topic
User perception	curiosity, inspiration, interesting, useful, related

The interviews revealed that external attributes of the publications combined with users' perceptions of the publications were the primary factors that promoted publication usage. Based on this interview data, the questionnaire was designed to focus primarily on the two dimensions.

5.2 Survey questionnaire

An online survey was designed to answer the research questions. A survey questionnaire was developed using Wenjuanxing(https://www.wjx.cn/). It consisted of four parts: (Ⅰ) participant background information, (Ⅱ) download ways, (Ⅲ) download purposes, and (Ⅳ) publication attributes and user perceptions that led users to download literature.

The background questions asked about a user's job position, age, publishing experience, and study discipline. Download frequency was also queried, and only users who had downloaded publications were asked to answer questions about download motivations. The user's probability of full text reading after downloading was also queried to understand respondents' effective downloads, downloads that can be turned into reading.

Questions about download methods were how often respondents downloaded publications in various ways, including hitting the title directly in the full-text database, searching certain fields(excluded title) in the full-text database and downloading selectively, searching through a search engine(e.g., Google), searching through an academic social networking website, shared by other users, and other ways. These questions reflected the diversity of users' download behavior, but also increased understanding about the extent to which the download counts recorded by the database reflect users' full-text acquisition behavior.

To examine factors that motivate users to download, respondents were asked to rate 14 statements describing publication characteristics and user perceptions, with responses ranging from 1 (strongly disagree) to 5 (strongly agree). These statements were categorized into four areas: perceived usefulness, perceived enjoyment, perceived ease of use, and perceived relevance, the four latent variables of the study's model. The full questionnaire is available in Appendix A.

The formal survey questionnaire was disseminated via social media platforms (e.g., WeChat or QQ) to 1,025 members of Chinese universities and research institutions on March 2, 2021, with a deadline of March 15, 2021. Participants were required to recall one of the most impressive articles they had recently downloaded and answer the questions based on that article. Two reminders were sent on March 7 and on March 14, 2021. A total of 525 users completed the survey questions by the deadline and thus the survey response rate was about 51.22%. 45 responses were considered invalid due to the inordinately short response times (less than 5 minutes) or identical responses to more than 10 questions. As such, there were 480 valid responses for an overall valid response rate of 46.83%. Appendix B presents the demographic information of all valid participants($N=480$).

5.3 Data processing and analysis

Partial Least Squares Structural Equation Modeling (PLS-SEM) was adopted to assess the proposed research model and the hypothesized relationships. PLS-SEM is an iterative estimation combining principal component analysis with multiple regression, and a method of causal modeling. In PLS-SEM, models are first evaluated for fit. Upon satisfying fit, individual paths may be evaluated. Compared to covariance-based SEM, PLS-SEM requires a relatively small sample size, does not require variables to exhibit a normal distribution, and is more appropriate for exploratory analysis and for handling formative constructs(Shiau et al., 2019). Internal consistency, convergent validity, and discriminant validity were examined to assess the quality of the measurement model (Fornell & Larcker, 1981). Generally, Cronbach's $α$ and Composite Reliability(CR) values greater than 0.700 are considered to indicate acceptable reliability of the measurement items. Convergent validity and discriminant validity assessment required that the square root of each AVE all exceeded the inter-construct correlations. The path coefficients were determined by applying the resampling technique of bootstrapping in PLS-SEM to investigate the relationships among factors. All the model analysis processes were conducted using SmartPLS 3.3.3. Hair et al.(2022), Henseler et al.(2012), and Lohmöller(1989) provide detailed explanations on how the PLS-

SEM algorithm operates as it is implemented in SmartPLS.

6. Results

6.1 Descriptive statistics analysis

6.1.1 Participant background information

Of the valid participants, 34.59% ($n=166$) were graduate students and 16.76% ($n=80$) were tenure-track faculty members. These two user categories were likely to have clear research topics. The remaining participants comprised undergraduate students (32.08%, $n=154$), supporting staff (6.04%, $n=29$), and users in other positions (10.63%, $n=51$). Most participants (66.88%, $n=321$) were younger than 30 years; no user older than 60 years participated in the survey.

In terms of publishing experience, 42.71% ($n=205$) of the participants reported being published as the first or corresponding author, followed by 39.17% ($n=154$) having no writing experience; 12.92% ($n=62$) of the sample were unpublished but with writing experience, and 5.21% ($n=25$) were published but not as the first or corresponding author.

In terms of academic discipline, close to half of the participants (47.08%, $n=226$) were from the field of natural science, followed by the humanities and social sciences (38.33%, $n=184$), agricultural science (6.25%, $n=30$), engineering (4.58%, $n=22$), medical science (0.63%, $n=3$), and other disciplines (3.13%, $n=15$).

Most participants stated that their download frequency was at least once a week (34.17%, $n=164$), followed by at least once a month(23.54%, $n=113$), every day(17.29%, $n=83$), at least once every six months(14.38%, $n=69$), and at least once a year (7.71%, $n=37$). All faculty members and graduate students reported literature download experience; only twelve undergraduates and two respondents with other identities(2.92%, $n=14$) had never downloaded documents. The participants without download experience were excluded from follow-up analysis.

6.1.2 Download methods

As shown in Fig. 2, most participants reported that the primary way they downloaded full text was through academic databases; 68.94% of respondents downloaded selectively after retrieval in the database and 56.38% of respondents downloaded specific documents after hitting titles in the database; 7.02% of respondents said that they obtained full text by seeking help from others. In addition, 21.28% of respondents reported that they were likely to obtain full

Download Methods	Agree and Strongly Agree	Neither Agree or Disagree	Disagree and Strongly Disagree
Download selectively after retrieval in database	68.94	16.81	14.26
Download through the search engine	57.02	21.91	21.06
Download by hitting the publication title directly in database	56.38	24.47	19.15
Document delivery or help from others	23.19	21.28	55.53
Download from academic social networking website	21.28	19.36	59.36
Other ways	15.11	23.83	61.06

Proportion of participants(%)

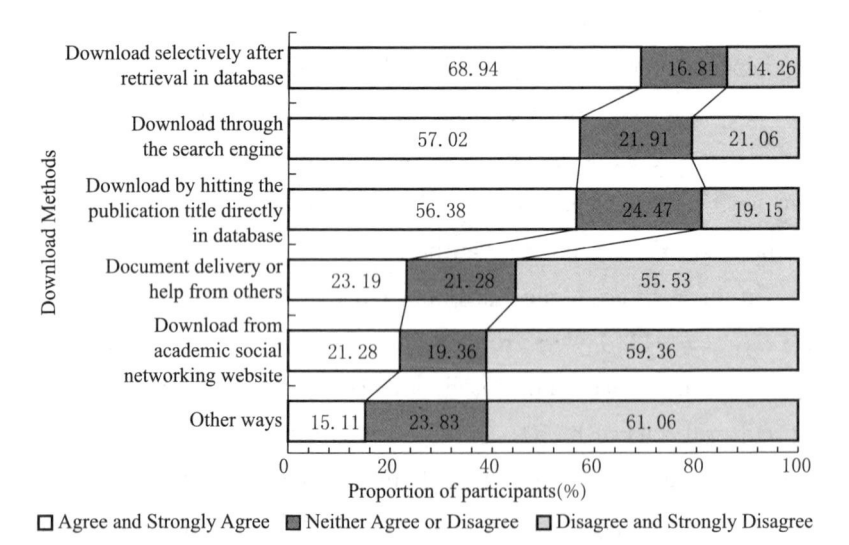

□ Agree and Strongly Agree   ■ Neither Agree or Disagree   □ Disagree and Strongly Disagree

Figure 2   Download method proportions($n=480$)

texts through academic social networking sites such as ResearchGate. Most of the publications used by participants came from academic databases directly. These responses indicated that database download count was a feasible method of reflecting publication usage.

6.1.3　Probability of reading after download

As shown in Fig. 3, 38.91% of respondents had read more than 80% of the publications they downloaded, 25.96% of respondents had read more than 60% and less than 80% of the publications. Only 4.47% of respondents reported that their probability of reading downloaded publications was less than 20%. Thus, 87% of respondents had read at least 40% of the publications they downloaded. This proportion is very similar to the probability of reading after bookmarking(Mohammadi et al., 2016).

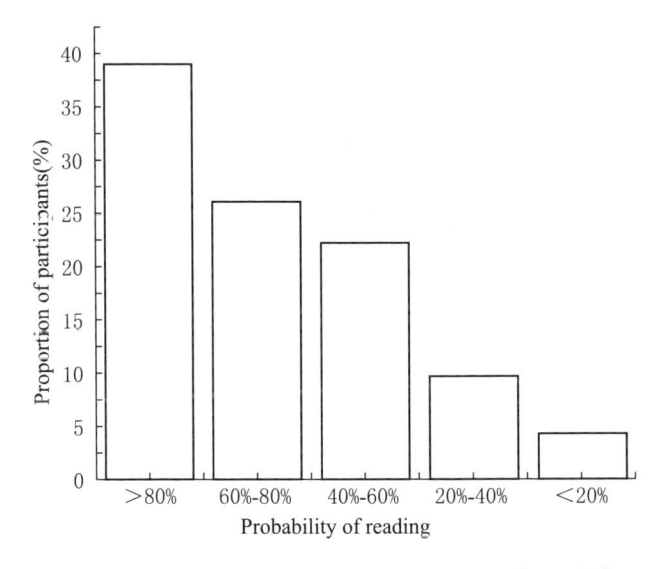

Figure 3　Probability of reading after download($n=480$)

6.1.4 Publication characteristics

Of publication characteristics that motivated users to download academic literature(see Fig. 4), most users considered consistency between their research field and the topic of the publication to be the most important characteristic. Articles published in high-quality journals, highly cited, and recommended or shared by someone who could be trusted were three additional characteristics that led users to download.

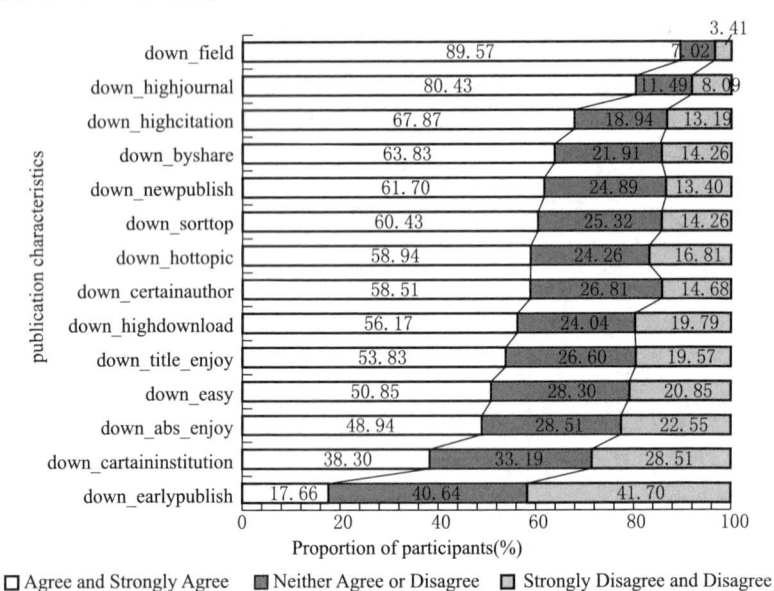

publication characteristics	Agree and Strongly Agree	Neither Agree or Disagree	Strongly Disagree and Disagree
down_field	89.57	7.02	3.41
down_highjournal	80.43	11.49	8.09
down_highcitation	67.87	18.94	13.19
down_byshare	63.83	21.91	14.26
down_newpublish	61.70	24.89	13.40
down_sorttop	60.43	25.32	14.26
down_hottopic	58.94	24.26	16.81
down_certainauthor	58.51	26.81	14.68
down_highdownload	56.17	24.04	19.79
down_title_enjoy	53.83	26.60	19.57
down_easy	50.85	28.30	20.85
down_abs_enjoy	48.94	28.51	22.55
down_cartaininstitution	38.30	33.19	28.51
down_earlypublish	17.66	40.64	41.70

Figure 4 Publication characteristics that lead users to download($n=480$)

Note: See Appendix C for abbreviations of publication characteristics and corresponding descriptions.

Earlier publication(older academic literature) was the least attractive characteristic to participants intending to download. It may be because users consider the principle of literature obsolescence (Avramescu, 1979), believing that the older a document, the less useful it is. Avramescu(1979) also considered that this phenomenon confirmed the reliability of the scientific information diffusion model.

6.2 Technology Acceptance Model analysis

6.2.1 Measurement model

In this study, all Cronbach's α values were above 0.800 and all CR values were greater than 0.900, thus suggesting that each factor employed in the study was acceptably reliable. All AVE values were more than the recommended values of 0.500; CR values also exceed 0.700(Fornell & Larcker, 1981). Therefore, both CR and AVE values demonstrated acceptable validity for assessing the structural model. Cronbach's α, CR, and AVE values are shown in Table 3.

Table 3　Reliability and validity values

Factors	Cronbach's α	CR	AVE
Perceived enjoyment	0.890	0.932	0.820
Perceived ease of use	0.841	0.904	0.759
Perceived usefulness	0.924	0.943	0.770
Perceived relevance	0.888	0.930	0.817
Download frequency	1.000	1.000	1.000

The square roots of AVEs and the correlation matrix are presented in Table 4. The square roots of each factor's AVEs(the bold texts in Table 4) were greater than the correlations between factors (the regular-face texts in Table 4). These results indicated that the study had convergent and discriminant factor validity. The assessment of the measurement model demonstrated that the factors in this study were reliable and valid in estimating the structural model in the next step.

Table 4 Square roots of AVEs and correlation matrix

	Perceived enjoyment	Perceived ease of use	Perceived usefulness	Perceived relevance	Download frequency
Perceived enjoyment	**0.906**				
Perceived ease of use	0.728	**0.871**			
Perceived usefulness	0.778	0.842	**0.877**		
Perceived relevance	0.720	0.789	0.822	**0.904**	
Download frequency	0.399	0.405	0.458	0.431	**1.000**

Note: The boldfaced diagonal values are the square root of AVE. Off-diagonal values are the inter-factor correlations.

6.2.2 Structural model

The results of the structural model assessment are shown in Fig. 5.

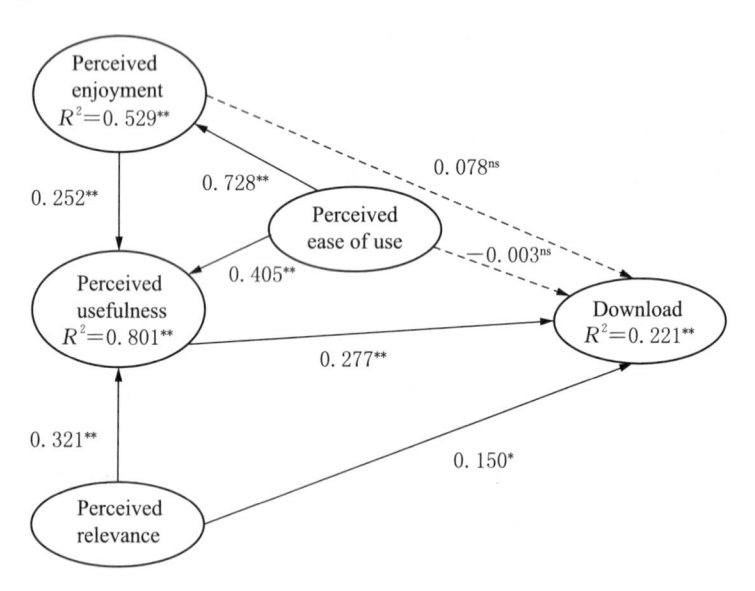

Figure 5 Structural model results

Note: ^{ns} = Not significant; * $p < 0.05$; ** $p < 0.01$.

The total variance explained by the research model was 22.1% ($R^2=0.221$, $p<0.01$), which indicated a closely moderate exploratory power(Chin et al., 2008). Perceived usefulness($\beta=0.277$, $p<0.01$) and perceived relevance ($\beta=0.150$, $p<0.05$) both had positive statistically significant relationships with user download frequency; perceived enjoyment and perceived ease of use were found to have non-significant relationships with user download frequency.

In terms of the relationships among the four factors, perceived ease of use was found to have a significant positive influence on both perceived enjoyment($\beta=0.728$, $p<0.01$) and perceived usefulness ($\beta=0.405$, $p<0.01$). Perceived relevance and perceived enjoyment both had a significant positive influence on perceived usefulness($\beta=0.321$, $\beta=0.252$, $p<0.01$). Therefore, perceived ease of use, perceived enjoyment, and perceived relevance had indirect effects on user download frequency through perceived usefulness; the indirect effect values were $0.112(p<0.01)$, $0.070(p<0.01)$, and $0.089(p<0.01)$, respectively. Perceived usefulness can be explained by perceived ease of use, perceived enjoyment, and perceived relevance. The total variance explained by those three factors is 80.1%($R^2=0.801$, $p<0.01$). Perceived enjoyment explained 52.9% of the total variance of perceived ease of use($R^2=0.529$, $p<0.01$).

7. Discussion

7.1 Factors drive users to download literature

Descriptive statistical analysis results demonstrated that topic consistency, publication in high-quality journals, and being highly cited were three key characteristics that led users to download academic literature. They were also shown to be indicators of perceived usefulness. The inference is that perceived usefulness was the key factor driving users to download specific publications; results of TAM analysis confirmed this inference. Although existing research had previously demonstrated that perceived usefulness was the most important motivation in Internet usage (Teo et al., 1999), this study was the first to prove that the conclusion also applied to literature download motivation.

In the context of the literature-use process, the conclusion is easily explained. Aside from knowledge of the research field itself, a user's perception of the usefulness of a document before reading its full text could only be through an external characteristic, such as the citation count and the impact factor of the journal. After downloading, some users choose to cite certain documents that they consider novel, well-known, or concept markers (Case & Higgins, 2000), which are useful to the user. Therefore, the download and citation counts show a moderate correlation (Schloegl et al., 2014) due to their consistency in reflecting the usefulness and perceived usefulness of documents but not the causal relationship between downloads and citations. Since the number of citations is considered as an important indicator to evaluate the impact of publications, this consistency in reflecting the usefulness between downloads and citations also adds the feasibility of downloads in evaluating the impact of publications.

Perceived relevance was also confirmed as an important factor affecting download behavior. This factor can be considered the most fundamental motivation, as, no matter how high the citation rate, downloading will never occur if users perceive that the document is irrelevant to them. As White(2001) described in a study on citation motivation, the consistent motivation underlying all citing is perceived relevance. White(2001) categorized perceived relevance into perceived topical relevance, perceived analogical relevance(parallels are drawn between concepts), perceived methodological relevance, perceived evidentiary relevance, and so on. These types of perceived relevance are related to the content of literature. Users consider that the concepts or methods of the literature are useful to them, so they can also be labeled as offering perceived usefulness. Here, this study proposed a new type of perceived relevance, independent of content: perceived identity relevance. Users may download literature authored, shared, or recommended by someone familiar (i.e., tutor, colleague, classmate, expert). Perceived identity relevance is not the reflection of the usefulness of the document content, but the reflection of the author's social network relationship. Downloads attracted by perceived relevance are easier to convert into citations, as people tend to trust someone they are familiar with, and they are more inclined to cite documents authored, shared, or recommended by familiar people in the face of two similar documents.

Different from the results of Internet use motivation, perceived enjoyment was found to have non-significant relationships with download frequency, perhaps because Internet use is mostly for entertainment purposes, while literature use is mostly for academic purposes. Previous studies hold that humorous titles communicate a nonserious subject matter and are even harmful to the credibility of the paper concerned(Bryant et al., 1981; Klein et al., 1982). Correlation analysis also found that amusing titles reduced the citation of the paper(Sagi & Yechiam, 2008). An interesting title may attract researchers and students to view an abstract, but if they cannot obtain information that is relevant to them or useful for their research, teaching, and other scientific activities, they will not download the full text. In this way, perceived enjoyment indirectly affects users' download behavior through perceived usefulness.

As with perceived enjoyment, users will not download a paper merely because it is perceived as easy to download. However, the easier it is to download a paper, the easier its content can be read by users, and the easier its usefulness can be perceived. For example, open access journal papers receive more citations and downloads (Davis et al., 2008; Wang et al., 2015) not solely because they can be obtained for free but because their usefulness is easier to perceive. As the results of this study reveal, perceived ease of use indirectly affects users' download behavior through perceived usefulness.

In addition to open access, sharing, e-mail pushing, article recommendations, and other promotional activities can improve the perceived ease of use of literature, as they can all save retrieval time, if the literature is useful to users. These efforts at accessibility are effective to some extent in improving the impact of the literature.

In response to the third research question, 64.87% of respondents had read at least 60% of the publications they downloaded. A similar result from the research of Mohammadi et al. (2016) on Mendeley bookmarks showed that 55% of users with a Mendeley library had read or intended to read at least 50% of their bookmarked publications. Thus, total downloads generally reflect the real usage of users. Although readers can obtain required resources via other users' sharing or document delivery services, downloading from databases is the predominant method of accessing academic resources using the Internet(see Figure 2). Downloads recorded by databases generally represent total downloads and encompass various download pathways.

Although users download documents for different purposes, most are academic purposes. The value of literature is in its usage; the more it is used, the more useful it is perceived. The number of downloads recorded by databases has been shown, here and in complementary research, to be an effective indicator for measuring the usefulness and impact of literature.

7.2 Implications and limitations

Findings of this study have certain practical implications for publishers, authors, and librarians. For example, publishers can provide users with personalized subscription function, so that users can timely and easily obtain the latest literature related to their own research; and if the original language of the literature is not English (e.g., Chinese), an English title and abstract can be provided so that the main information of the literature can be obtained by worldwide users more easily. Authors can make an intelligible title for their article, provide more useful information in abstract, and make their publications open access. Librarians should consider the research topics of their service objects to provide more accurate services and using more interesting titles to attract users to read further. These measures may effectively improve the frequency of literature use to a certain extent.

This study had certain limitations that must be highlighted as they would provide some reference for future studies. The first limitation was related to data collection, which was conducted in the Chinese context. Hence, future studies could compare users' motivation for downloading from multiple countries and analyze how these factors differ in different countries. Secondly, it is unclear from this study whether differences in discipline, job position, and writing experience will affect user motivation for downloading, as research samples of this study do not meet the invariance requirements in disciplines, job positions, and writing experience(Aung et al., 2019). Future studies to understand the motivation for using academic literature should include more users from multiple groups.

8. Conclusion

Different from the studies on correlation analysis of downloads and citations, the novelty of this study is proving the causal relationship between different motivations and download frequency with PLS-SEM. According to this study, perceived usefulness is the fundamental factor affecting users' download behavior. This conclusion is similar to the previous studies on Internet use(Teo et al., 1999). However, perceived enjoyment and perceived ease of use need to indirectly affect users' downloads through perceived usefulness, which is different from previous studies(Igbaria et al., 1995; Lee et al., 2005). In other words, simply attracting users to download through newfangled titles or other tricks is not feasible. Thus, downloads can be used as an effective metric to reflect the impact of publications. To our knowledge, this study is the first one to investigate download behavior using motivation model. More research on the generation mechanism of altmetric indicators(e.g., sharing, discussing and bookmarking) are expected to be conducted using psychological theories such as motivation theory to enrich the theoretical basis of altmetrics.

References

Adams, D.A., Nelson, R.R., & Todd, P.A.(1992). Perceived usefulness, ease of use, and usage of information technology-A replication. MIS Quarterly, 16, 227-247.

Aung, H.H., Zheng, H., Erdt, M., Aw, A.S., Sin, S.J., & Theng, Y.(2019). Investigating familiarity and usage of traditional metrics and altmetrics. Journal of the Association for Information Science and Technology, 70, 872-887.

Avramescu, A.(1979). Actuality and obsolescence of scientific literature. Journal of the American Society for Information Science, 30, 296-303.

Bollen, J., de Sompel, H.V., Smith, J.A., & Luce, R.(2005). Toward alternative metrics of journal impact: A comparison of download and citation data. Information Processing & Management, 41, 1419-1440.

Brody, T., Harnad, S., & Carr, L.(2006). Earlier web usage statistics as predictors of later citation impact. Journal of the Association for Information Science and Technology, 57, 1060-1072.

Bryant, J., Brown, D., Silberberg, A.R., & Elliott, S.M.

(1981). Effects of humorous illustrations in college textbooks. Human Communication Research, 8(1), 43-57.

Buter, R.K., & van Raan, A.F.J.(2011). Non-alphanumeric characters in titles of scientific publications: An analysis of their occurrence and correlation with citation impact. Journal of Informetrics, 5, 608-617.

Case, D.O., & Higgins, G.M.(2000). How can we investigate citation behavior? A study of reasons for citing literature in communication. Journal of the American Society for Information Science, 51, 635-645.

Chin, W.W., Peterson, R.A., & Brown, S.P.(2008). Structural equation modeling in marketing: Some practical reminders. Journal of Marketing Theory and Practice, 16, 287-298.

Costas R., Zahedi Z., & Wouters P.(2015). Do "altmetrics" correlate with citations? Extensive comparison of altmetric indicators with citations from a multidisciplinary perspective. Journal of the Association for Information Science and Technology, 66, 2003-2019.

Davis, F.D.(1989). Perceived usefulness, perceived ease of use, and user acceptance of information technology. MIS Quarterly, 13, 319-340.

Davis, P.M., Lewenstein, B.V., Simon, D.H., Booth, J.G., & Connolly, M.J.L.(2008). Open access publishing, article downloads, and citations: Randomised controlled trial. British Medical Journal, 337, a568.

Duan, Y., & Xiong, Z.(2017). Download patterns of journal papers and their influencing factors. Scientometrics, 112, 1761-1775.

Fornell, C., & Larcker, D.F.(1981). Structural equation models with unobservable variables and measurement error: Algebra and statistics. Journal of Marketing Research, 18, 382-388.

Guerrero-Bote, V. P., & Moya-Anegon, F. (2014). Relationship between downloads and citations at journal and paper levels, and the influence of language. Scientometrics, 101, 1043-1065.

Hair, J. F., Hult, G. T. M., Ringle, C. M., & Sarstedt, M. (2022). A Primer on Partial Least Squares Structural Equation Modeling(PLS-SEM), 3rd ed. Sage: Thousand Oaks.

Haustein, S.(2016). Grand challenges in altmetrics: Heterogeneity, data quality and dependencies. Scientometrics, 108, 413-423.

Haustein, S., Peters, I., Bar-Ilan, J., Priem, J., Shema, H., & Terliesner, J.(2014). Coverage and adoption of altmetrics sources in the bibliometric community. Scientometrics, 101, 1145-1163.

Henseler, J., Ringle, C. M., & Sarstedt, M. (2012). Using partial least squares path modeling in international advertising research: Basic concepts and recent issues. In S. Okazaki(Ed.), Handbook of research in international advertising(pp. 252-276). Edward Elgar Publishing.

Htoo, T. H. H., & Na, J.(2017). Who are tweeting research articles and why? Journal of Information Science Theory and Practice, 5(3), 48-60.

Hsu, C., & Lin, J. C.(2008). Acceptance of blog usage: The roles of technology acceptance, social influence and knowledge sharing motivation. Information & Management, 45(1), 65-74.

Igbaria, M., Iivari, J., & Maragahh, H.(1995). Why do individuals use computer technology? A Finnish case study. Information & Management, 29, 227-238.

Jamali, H. R., & Nikzad, M.(2011). Article title type and its relation with the number of downloads and citations. Scientometrics, 88, 653-661.

Jin-Cheon, N.(2015). User motivations for tweeting research articles: A content analysis approach. In R.B. Allen, J. Hunter, & M.L. Zeng(Eds.), Digital libraries: Providing quality information. Lecture Notes in Computer Science (Vol. 9469, pp. 197-208). Springer.

Klein, D.M., Bryant, J., & Zillmann, D.(1982). Relationship between humor in introductory textbooks and students' evaluations of the texts' appeal and effectiveness. Psychological Reports, 50, 235-241.

Klobas, J.E., McGill, T.J., Moghavvemi, S., & Paramanathan, T.(2018). Compulsive YouTube usage: A comparison of use motivation and personality effects. Computers in Human Behavior, 87, 129-139.

Kousha, K., Thelwall, M., & Abdoli, M.(2017). Goodreads reviews to assess the wider impacts of books. Journal of the Association for Information Science and Technology, 68, 2004-2016.

Kumar, M.S., Gupta, S., Baskaran, S., & Jin-Cheon, N. (2019). User motivation classification and comparison of tweets mentioning research articles in the fields of medicine, chemistry and environmental science. In Adam Jatowt, Akira Maeda, & Sue Yeon Syn(Eds.), Digital libraries at the crossroads of digital information for the future. Lecture Notes in Computer Science (Vol. 11853, pp.40-53). Springer.

Kurtz, M.J., & Bollen, J.(2010). Usage bibliometrics. Annual Review of Information Science and Technology, 44, 3-64.

Lee, J., Oh, S., Dong, H., Wang, F., & Burnett, G.(2019).

Motivations for self-archiving on an academic social networking site: A study on ResearchGate. Journal of the Association for Information Science and Technology, 70, 563-574.

Lee, M., Cheung, C., & Chen, Z. H. (2005). Acceptance of internet-based learning medium: The role of extrinsic and intrinsic motivation. Information & Management, 42, 1095-1104.

Lohmöller, J. (1989). Latent variable path modeling with partial least squares. Heidelberg: Physica-Verlag.

Lippi, G., & Favaloro, E. J. (2013). Article downloads and citations: Is there any relationship? Clinica Chimica Acta, 415, 195.

Moed, H. F. (2005). Statistical relationships between downloads and citations at the level of individual documents within a single journal. Journal of the American Society for Information Science and Technology, 56, 1088-1097.

Moed, H.F., & Halevi, G. (2016). On full text download and citation distributions in scientific-scholarly journals. Journal of the Association for Information Science and Technology, 67, 412-431.

Mohammadi, E., & Thelwall, M. (2014). Mendeley readership altmetrics for the social sciences and humanities: Research evaluation and knowledge flows. Journal of the Association for Information Science and Technology, 65, 1627-1638.

Mohammadi, E., Thelwall, M., & Kousha, K. (2016). Can Mendeley bookmarks reflect readership? A survey of user motivations. Journal of the Association for Information Science and Technology, 67, 1198-1209.

Na, J., & Ye, Y.E. (2017). Content analysis of scholarly discussions of psychological academic articles on Facebook. Online Information Review, 41, 337-353.

Naude, F.(2017). Comparing downloads, Mendeley readership and Google Scholar citations as indicators of article performance. The Electronic Journal of Information Systems in Developing Countries, 78(1), 1-25.

Park, N., Lee, S., & Chung, J.E.(2016). Uses of cellphone texting: An integration of motivations, usage patterns, and psychological outcomes. Computers in Human Behavior, 62, 712-719.

Poole, H. (1985). Theories of the middle range. Norwood, N.J.: Ablex.

Sagi, I., & Yechiam, E.(2008). Amusing titles in scientific journals and article citation. Journal of Information Science, 34, 680-687.

Schloegl, C., & Gorraiz, J.(2010). Comparison of citation and usage indicators: The case of oncology journals. Scientometrics, 82, 567-580.

Schloegl, C., & Gorraiz, J.(2011). Global usage versus global citation metrics: The case of pharmacology journals. Journal of the Association for Information Science and Technology, 62, 161-170.

Schloegl, C., Gorraiz, J., Gumpenberger, C., Jack, K., & Kraker, P.(2014). Comparison of downloads, citations and readership data for two information systems journals. Scientometrics, 101, 1113-1128.

Schöpfel, J., & Azeroual, O.(2021). Current research information systems and institutional repositories: From data ingestion to convergence and merger. In D. Baker & L. Ellis(Eds.), Future directions in digital information(pp.19-37). Chandos Publishing.

Shiau, W., Sarstedt, M., & Hair, J.F.(2019). Internet research using partial least squares structural equation modeling (PLS-SEM). Internet Research, 29, 398-406.

Subotic, S., & Mukherjee, B.(2014). Short and amusing: The relationship between title characteristics, downloads, and citations in psychology articles. Journal of Information Science, 40(1), 115-124.

TechTerms. (2023, March 12). Retrieved from https://techterms.com/definition/download.

Teo, T., Lim, V., & Lai, R.(1999). Intrinsic and extrinsic motivation in Internet usage. Omega-International Journal of Management Science, 27(1), 25-37.

Thelwall M., Haustein S., Larivière V., Sugimoto C.R., & Bornmann L.(2013). Do altmetrics work? Twitter and ten other social web services. Plos One, 8(5), e64841.

Torres-Salinas, D., Robinson-Garcia, N., & Gorraiz, J. (2017). Filling the citation gap: Measuring the multidimensional impact of the academic book at institutional level with PlumX. Scientometrics, 113, 1371-1384.

Wan, J., Hua, P., Rousseau, R., & Sun, X.(2010). The journal download immediacy index (DII): Experiences using a Chinese full-text database. Scientometrics, 82, 555-566.

Wang, X., Fang, Z., & Sun, X.(2016). Usage patterns of scholarly articles on Web of Science: A study on Web of Science usage count. Scientometrics, 109, 917-926.

Wang, X., Liu, C., Mao, W., & Fang, Z.(2015). The open access advantage considering citation, article usage and social media attention. Scientometrics, 103, 555-564.

White, H.D.(2001). Authors as citers over time. Journal of the American Society for Information Science and Technology, 52, 87-108.

Xiong, Z., & Duan, Y.(2019). Evaluating the impact of books in Chinese studies: A case study of books authored by UCLA scholars. Malaysian Journal of Library & Information Science, 24(3), 23-38.

Zhang, L., & Pentina, I.(2012). Motivations and usage patterns of Weibo. Cyberpsychology Behavior and Social Networking, 15, 312-317.

Appendix A. Questionnaire on motivation of literature use

Part Ⅰ. Personal profile(all questions are the single choice).

Q1. Job position:
- ○ Tenure Track Faculty
- ○ Undergraduate Student
- ○ Graduate Student
- ○ Supporting Staff
- ○ Other

Q2. Age:
- ○ <30 years old
- ○ 30-40 years old
- ○ 41-50 years old
- ○ 51-60 years old
- ○ >60 years old

Q3. Your publishing experience:
- ○ Published as the first/corresponding author
- ○ Published but not as the first/corresponding author
- ○ Not published, but paper has been written or is in the process of submission
- ○ No writing experience

Q4. Your disciplinary background:
- ○ Humanities and Social Sciences
- ○ Natural Science
- ○ Engineering
- ○ Agricultural Science
- ○ Medical Science

○ Other disciplines

Q5. How often do you usually download literature?

○ Never

○ At least once a year

○ At least once every six months

○ At least once a month

○ At least once a week

○ Every day

Q6. Probability of reading after downloading:

○ <20%

○ 20%-40%

○ 40%-60%

○ 60%-80%

○ >%80

Part Ⅱ. What is the main way you download the full text? (Please indicate your level of agreement with the following each statement using a five-point scale of "Strongly Disagree(SD)", "Disagree(D)", "Neither Disagree nor Agree(NDA)", "Agree(A)", and "Strongly Agree(SA)")

Q7. Hitting the title directly in the full-text database

Q8. Searching certain fields(excluded title) in the full-text database and downloading selectively

Q9. Searching through a search engine(e.g., Google)

Q10. Searching through an academic social networking website

Q11. Shared by other users

Q12. Other ways

Part Ⅲ. What is the main purpose of downloading the full text? (Please indicate your level of agreement with the following each statement using a five-point scale of "Strongly Disagree(SD)", "Disagree(D)", "Neither Disagree nor Agree(NDA)", "Agree (A)", and "Strongly Agree(SA)")

Q13. Literature review for ongoing scientific research

Q14. Obtaining teaching materials

Q15. Meeting personal interests(non-research purposes)

Q16. Citing later

Q17. Other purposes

Part Ⅳ. Which of the following literature features will prompt you to download the full text? (Please indicate your level of agreement with the following each statement using a five-point scale of "Strongly Disagree(SD)", "Disagree(D)", "Neither Disagree nor Agree(NDA)", "Agree(A)", and "Strongly Agree(SA)")

Perceived Enjoyment

Q18. The title of the literature is interesting

Q19. The abstract of the literature is interesting

Q20. The topic of the literature is a hot topic

Perceived Ease of Use

Q21. The literature was easy to download without platform or language barriers

Q22. The literature is newly published

Q23. The literature sorts to the top in the search results

Perceived Usefulness

Q24. The field of the literature is consistent with my research field

Q25. The literature was published earlier

Q26. The literature is highly cited

Q27. The literature is highly downloaded

Q28. The literature is published in high-quality journals

Perceived Relevance

Q29. The literature was published by a specific author

Q30. The literature was published by a specific institution

Q31. The literature was recommended/shared by someone I trust

Appendix B. Descriptive statistics of respondent characteristics

Demographic variable	Size	(%)
Job position		
Tenure Track Faculty	80	16.67%
Undergraduate Student	154	32.08%
Graduate Student	166	34.59%
Supporting Staff	29	6.04%
Other	51	10.63%
Age		
<30 years old	321	66.88%
30-40 years old	105	21.88%
41-50 years old	47	9.79%
51-60 years old	7	1.46%
>60 years old	0	0.00%
Publishing Experience		
Published as the first/corresponding author	205	42.71%
Published but not as the first/corresponding author	25	5.21%
Not published, but paper has been written or is in the process of submission	62	12.92%
No writing experience	188	39.17%

	(Continued)	
Demographic variable	Size	(%)
Academic Discipline		
Humanities and Social Sciences	184	38.33%
Natural Science	226	47.08%
Engineering	22	4.58%
Agricultural Science	30	6.25%
Medical Science	3	0.63%
Other disciplines	15	3.13%
Download Frequency		
Never	14	2.92%
At least once a year	37	7.71%
At least once every six months	69	14.38%
At least once a month	113	23.54%
At least once a week	164	34.17%
Every day	83	17.29%

Appendix C. Abbreviations of publication characteristics and corresponding descriptions

Abbreviations	Descriptions of publication characteristics
down_hottopic	The topic of the literature is a hot topic
down_field	The field of the literature is consistent with my research field
down_title_enjoy	The title of the literature is interesting
down_abs_enjoy	The summary of the literature is interesting
down_highcitation	The literature is highly cited
down_highdownload	The literature is highly downloaded
down_highjournal	The literature is published in high-quality journals
down_newpublish	The literature is newly published
down_earlypublish	The literature was published earlier
down_certainauthor	The literature was published by a specific author
down_certaininstitution	The literature was published by a specific institution
down_byshare	The literature was recommended/shared by someone I trust
down_sorttop	The literature sorts to the top in the search results
down_easy	The literature was easy to download without platform or language barriers

参考文献

[1] 王贤文.科学计量大数据及其应用[M].北京:科学出版社,2016.

[2] Wang X, Peng L, Zhang C, et al. Exploring scientists' working timetable: A global survey[J]. Journal of Informetrics, 2013, 7(3):665-675.

[3] Wang X, Xu S, Peng L, et al. Exploring scientists' working timetable: Do scientists often work overtime? [J]. Journal of Informetrics, 2012, 6(4):655-660.

[4] Duan Y, Xiong Z. Download patterns of journal papers and their influencing factors[J]. Scientometrics, 2017, 112(3):1761-1775.

[5] Bollen J, de Sompel H V. Mapping the structure of science through usage[J]. Scientometrics, 2006, 69(2):227-258.

[6] Schloegl C, Gorraiz J. Comparison of citation and usage indicators: The case of oncology journals[J]. Scientometrics, 2010, 82(3):567-580.

[7] Schloegl C, Gorraiz J. Global Usage versus Global Citation Metrics: The case of pharmacology journals[J]. Journal of the Association for Information Science and Technology, 2011, 62(1):161-170.

[8] 中国图书馆学报编辑部.Altmetrics[J].中国图书馆学报,2014,40(1):38.

[9] Priem J, Taraborelli D, Groth P, et al. Altmetrics: A manifesto[EB/OL]. [2010-10-26]. http://altmetrics.org/manifesto.

[10] 罗纳德·鲁索,利奥·埃格赫,拉夫·冈斯.智慧计量:科学计量学使用指南[M].北京:科学出版社,2023.

[11] Gläenzel W, Gorraiz J. Usage metrics versus altmetrics: Confusing terminology? [J]. Scientometrics, 2015, 102(3):2161-2164.

[12] Taraborelli D. Soft peer review: social software and distributed scientific evaluation[C]//Proceedings of the 8th International Conference on the Design of Cooperative Systems, Carry-le-Rouet, 2008. Institut d'Etudes Politiques d'Aix-en-Provence: Aix-en-Provence, France.

[13] Neylon C, Wu S. Article-level metrics and the evolution of scientific impact[J]. PLoS biology, 2009, 7(11):e1000242.

[14] Eysenbach G. Can Tweets Predict Citations? Metrics of Social Impact Based on Twitter and Correlation with Traditional Metrics of Scientific Impact[J]. Journal of Medical Internet Research, 2011, 13(4):e123.

[15] Thelwall M, Haustein S, Larivière V, et al. Do altmetrics work? Twitter and ten other social web services[J]. PloS One, 2013, 8(5):e64841.

[16] Shema H, Bar-Ilan J, Thelwall M, et al. Research blogs and the discussion of scholarly information[J]. PloS One, 2012, 7(5):e35869.

[17] Haustein S, Siebenlist T. Applying social bookmarking data to evaluate journal usage[J]. Journal of informetrics, 2011, 5(3):446-457.

[18] Zuccala A A, Verleysen F T, Cornacchia R, et al. Altmetrics for the humanities Comparing Goodreads reader ratings with citations to history books[J]. Aslib Journal of Information Management, 2014, 67(3):320-336.

[19] Kousha K, Thelwall M. An automatic method for assessing the teaching impact of books from online academic syllabi[J]. Journal of The Association for Information Science and Technology, 2016, 67(12):2993-3007.

[20] Torres-Salinas D, Robinson-Garcia N, Gorraiz J. Filling the citation gap: measuring the multidimensional impact of the academic book at institutional level with PlumX[J]. Scientometrics, 2017, 113(3):1371-1384.

[21] Coombs K A, Muir S P. Lessons learned from analyzing library database usage data[J]. Library hi tech, 2005, 23(4):598-609.

[22] Pesch O. Ensuring Consistent Usage Statistics, Part 1: Project COUNTER[J]. The Serials librarian, 2006, 50(1-2):147-161.

[23] Kurtz M J, Bollen J. Usage Bibliometrics[J]. Annual Review of Information Science and Technology, 2010, 44:3-64.

[24] 赵星.学术文献用量级数据 Usage 的测度特性研究[J].中国图书馆学报,2017(3):44-57.

[25] 陈必坤,周慧娴,钟周燕,等.基于 Usage Metrics 的中文学术论文用户平台偏好和兴趣偏好比较研究[J].中国图书馆学报,2018, 44(6):90-104.

[26] Wang X, Fang Z, Sun X. Usage patterns of scholarly articles on Web of Science: A study on Web of Science usage count[J]. Scientometrics, 2016, 109(2):917-926.

[27] Wang X, Wang Z, Mao W, et al. How far does scientific community look back? [J]. Journal of Informetrics, 2014, 8(3): 562-568.

[28] Wang X, Liu C, Mao W, et al. The open access advantage considering citation, article usage and social media attention[J]. Scientometrics, 2015, 103(2):555-564.

[29] Wang X, Mao W, Xu S, et al. Usage history of scientific literature: Nature metrics and metrics of Nature publications[J]. Scientometrics, 2014, 98(3):1923-1933.

[30] 杨思洛,袁庆莉,韩雷.中美发表的国际开放获取期刊论文影响比较研究[J].中国图书馆学报,2017(1):67-88.

[31] Vaughan L, Tang J, Yang R. Investigating disciplinary differences in the relationships between citations and downloads[J]. Scientometrics, 2017, 111(3):1533-1545.

[32] Liang G, Hou H, Hu Z, et al. Usage Count: A New Indicator to Detect Research Fronts[J]. Journal of Data and Information Science, 2017, 2(1):89-104.

[33] Chen B K. Usage pattern comparison of the same scholarly articles between Web of Science(WoS) and Springer[J]. Scientometrics, 2018, 115(1):519-537.

[34] Moed H F. Statistical relationships between downloads and citations at the level of individual documents within a single journal[J]. Journal of the American Society for Information Science and Technology, 2005, 56(10):1088-1097.

[35] Moed H F, Halevi G. On full text download and citation distributions in scientific-scholarly journals[J]. Journal of the Association for Information Science and Technology, 2016, 67(2): 412-431.

[36] Gorraiz J, Gumpenberger C, Schloegl C. Usage versus citation behaviours in four subject areas[J]. Scientometrics, 2014, 101(2):1077-1095.

[37] Bollen J, Luce R, Vemulapalli S S, et al. Usage analysis for the identification of research trends in digital libraries[J]. D-Lib magazine, 2003, 9(5).

[38] Wang X W, Wang Z, Xu S M. Tracing scientist's research trends realtimely[J]. Scientometrics, 2013, 95(2):717-729.

[39] 赵雅馨,杨志萍.研究热点探测的替代计量学方法和应用——以信息与计算科学为例[J].情报杂志,2016,35(11):39-44.

[40] 江布拉提·吾喜洪,王小梅,陈挺.基于Twitter的学科领域研究前沿探测研究[J].数据分析与知识发现,2023,7(1):89-101.

[41] Brody T, Harnad S, Carr L. Earlier Web usage statistics as predictors of later citation impact[J]. Journal of the Association for Information Science and Technology, 2006, 57(8):1060-1072.

[42] Guerrero-Bote V P, Moya-Anegon F. Relationship between downloads and citations at journal and paper levels, and the influence of language[J]. Scientometrics, 2014, 101(2):1043-1065.

[43] Thelwall M. Are Mendeley reader counts useful impact indicators in all fields? [J]. Scientometrics, 2017, 113(3):1721-1731.

[44] Askeridis J M. An h index for Mendeley: comparison of citation-based h indices and a readership-based h(men) index for 29 authors[J]. Scientometrics, 2018, 117(1):615-624.

[45] Jamali H R, Nikzad M. Article title type and its relation with the number of downloads and citations[J]. Scientometrics, 2011, 88(2):653-661.

[46] Habibzadeh F, Yadollahie M. Are Shorter Article Titles More Attractive for Citations? Crosssectional Study of 22 Scientific Journals[J]. Croatian Medical Journal, 2010, 51(2):165-170.

[47] Zahedi Z, Haustein S. On the relationships between bibliographic characteristics of scientific documents and citation and Mendeley readership counts: A large-scale analysis of Web of Science publications[J]. Journal of Informetrics, 2018, 12(1): 191-202.

[48] 爱德华·伯克利.动机心理学[M].北京:人民邮电出版社,2020.

[49] 萧浩辉.决策科学辞典[M].北京:人民出版社,1995.

[50] Dominick J R, Wimmer R D. Mass media research: An introduction[M]. 9th ed. Belmont: Wadsworth Publishing, 2011.

[51] Berelson B. What "Missing the Newspaper" Means[M]// Lazarsfeld P F, Stanton F N. Communication Research, 1948—1949. New York: Harper & Bros, 1949:111-129.

[52] Riley M W, Riley J W. A Sociological Approach to Communications Research[J]. Public opinion quarterly, 1951, 15(3): 445-460.

[53] 陆亨.使用与满足:一个标签化的理论[J].国际新闻界, 2011, 33(2):11-18.

[54] Rubin A M. Ritualized and Instrumental Television Viewing[J]. Journal of communication, 1984, 34(3):67-77.

[55] Blumler J G. The Role of Theory in Uses and Gratifications Studies[J]. Communication research, 1979, 6(1):9-36.

[56] Ajzen I. The theory of planned behavior[J]. Organizational Behavior and Human Decision Processes, 1991, 50(2):33.

[57] Fishbein M, Ajzen I. Belief, Attitude, Intention and Be-

haviour: An Introduction to Theory and Research[J]. Philosophy & Rhetoric, 1977, 41(4):842-844.

[58] 赵文军.虚拟社区知识共享可持续行为研究[D].武汉:华中师范大学,2012.

[59] Armitage C J, Conner M. Efficacy of the theory of planned behaviour: A meta-analytic review[J]. British Journal of Social Psychology, 2001, 40:29.

[60] Cheng E W L, Chu S K W. The Role of Perceived E-Collaborative Performance in an Extended Theory of Planned Behavior Model[J]. International Journal of E Collaboration, 2016, 12(4):24-40.

[61] Kim Y, Oh J S. Researchers' article sharing through institutional repositories and ResearchGate: A comparison study[J]. Journal of Librarianship and Information Science, 2021, 53(3):475-487.

[62] Fauzi M A, Ling Tan C N, Thurasamy R, et al. Evaluating academics' knowledge sharing intentions in Malaysian public universities[J]. Malaysian Journal of Library and Information Science, 2019, 24(1):123-143.

[63] Davis F D. Perceived Usefulness, Perceived Ease of Use, and User Acceptance of Information Technology[J]. Mis Quarterly, 1989, 13(3):319-340.

[64] Teo T, Lim V, Lai R. Intrinsic and extrinsic motivation in Internet usage[J]. Omega-International Journal of Management Science, 1999, 27(1):25-37.

[65] Venkatesh V, Davis F D. A theoretical extension of the Technology Acceptance Model: Four longitudinal field studies[J]. Management Science, 2000, 46(2):186-204.

[66] Venkatesh V, Bala H. Technology Acceptance Model 3 and A Research Agenda on Interventions[J]. Decision Sciences, 2008, 39(2):273-315.

[67] 陈渝,杨保建.技术接受模型理论发展研究综述[J].科技进步与对策,2009, 26(6):168-171.

[68] Hoffman D L, Novak T P. Marketing in hypermedia computer-mediated environments: Conceptual foundations [J]. Journal of Marketing, 1996, 60(3):50-68.

[69] To P L, Liao C C, Lin T H. Shopping motivations on Internet: A study based on utilitarian and hedonic value[J]. Technovation, 2007, 27(12):774-787.

[70] Ali A, Li C, Hussain A, et al. Hedonic Shopping Motivations and Obsessive-Compulsive Buying on the Internet[J]. Global Business Review, 2020, 25(1):198-215.

[71] Kukar-Kinney M, Ridgway N M, Monroe K B. The Relationship Between Consumers' Tendencies to Buy Compulsively and Their Motivations to Shop and Buy on the Internet[J]. Journal of Retailing, 2009, 85(3):298-307.

[72] Katz J, Aspden P. Motivations for and barriers to Internet usage: Results of a national public opinion survey[J]. Internet Research: Electronic Networking Applications and Policy, 1997, 7(3):170.

[73] Lee M, Cheung C, Chen Z H. Acceptance of Internet-based learning medium: The role of extrinsic and intrinsic motivation[J]. Information & Management, 2005, 42(8):1095-1104.

[74] Teo T. Demographic and motivation variables associated with Internet usage activities[J]. Internet Research, 2001, 11(2):125-137.

[75] 徐梅.大学生病理性互联网使用行为、动机及其与社会—心理健康的关系模型[D].昆明:云南师范大学,2004.

[76] 徐梅,张锋,朱海燕.大学生互联网使用动机模式研究[J].应用心理学,2004(3):8-11.

[77] 桑辉,许辉.消费者网上购物动机研究[J].消费经济,2005(3):82-85.

[78] 沈丹.消费者网上购物动机分析及基于服务的营销策略[J].科技情报开发与经济,2006(6):122-124.

[79] 凌鸿,夏力,曾凤焕.内容传递类移动商务的用户接受模型研究[J].上海管理科学,2008(1):31-35.

[80] 陈毅文,马继伟.电子商务中消费者购买决策及其影响因素[J].心理科学进展,2012,20(1):27-34.

[81] 张锋,沈模卫,徐梅,等.互联网使用动机、行为与其社会—心理健康的模型构建[J].心理学报,2006(3):407-413.

[82] Lipetz B. Improvement of the selectivity of citation indexes to science literature through inclusion of citation relationship indicators[J]. American documentation, 1965, 16(2):81-90.

[83] Brooks T A. Private acts and public objects: An investigation of citer motivations[J]. Journal of the American Society for Information Science, 1985, 36(4):7.

[84] Harwood N. An interview-based study of the functions of citations in academic writing across two disciplines[J]. Journal of Pragmatics, 2009, 41(3):497-518.

[85] Bonzi S, Snyder H W. Motivations for citation: A comparison of self citation and citation to others[J]. Scientometrics, 1991, 21(2):245-254.

[86] Cano V. Citation behavior: Classification, utility, and location[J]. Journal of the American Society for Information

Science,1989,40(4):284-290.

[87] Shadish W R,Tolliver D,Gray M,et al. Author judgments about works they cite:3 studies from psychology journals[J]. Social Studies of Science,1995,25(3):477-498.

[88] Vinkler P. A quasi-quantitative citation model[J]. Scientometrics,1987,12(1-2):47-72.

[89] Willett P. Readers' perceptions of authors' citation behaviour[J]. Journal of Documentation,2013,69(1):145-156.

[90] Erikson M G,Erlandson P. A taxonomy of motives to cite[J]. Social Studies of Science,2014,44(4):625-637.

[91] 马凤,武夷山.关于论文引用动机的问卷调查研究:以中国期刊研究界和情报学界为例[J].情报杂志,2009,28(6):9-14.

[92] 李正风,梁永霞.引文动机的生态学解释[J].科学学研究,2012,30(4):487-494.

[93] 邱均平,陈晓宇,何文静.科研人员论文引用动机及相互影响关系研究[J].图书情报工作,2015,59(9):36-44.

[94] 刘宇,张永娟,齐林峰,等.知识启迪与权威尊崇:基于重复发表的引文动机研究[J].图书馆论坛,2018,38(4):49-57.

[95] Lee J,Oh S,Dong H,et al. Motivations for self-archiving on an academic social networking site:A study on researchgate[J]. Journal of The Association for Information Science and Technology,2019,70(6):563-574.

[96] Mohammadi E,Thelwall M,Kousha K. Can Mendeley bookmarks reflect readership? A survey of user motivations[J]. Journal of the Association for Information Science and Technology,2016,67(5):1198-1209.

[97] 范颖,吴越.青年用户微信公众平台的使用动机与行为研究[J].现代传播(中国传媒大学学报),2016,38(4):70-75.

[98] 甘春梅.社交媒体使用动机与功能使用的关系研究:以微信为例[J].图书情报工作,2017,61(11):106-115.

[99] 王娟.微博客用户的使用动机与行为[D].济南:山东大学,2010.

[100] 赵玲,张静.微博用户使用动机影响因素与结构的实证研究[J].管理学报,2014,11(8):1239-1245.

[101] 吴敏琦.微博用户日常生活信息获取行为模式及其影响因素研究[J].情报科学,2013,31(1):86-90.

[102] 缪其浩.了解大数据,具备起码的数据素养[J].世界科学,2013(2):14.

[103] 郭华东,王力哲,陈方,等.科学大数据与数字地球[J].科学通报,2014,59(12):1047-1054.

[104] 郭华东.科学大数据:国家大数据战略的基石[J].中国科学院院刊,2018,33(8):768-773.

[105] Kraemer A. Ensuring Consistent Usage Statistics, Part 2: Working with Use Data for Electronic Journals[J]. The Serials librarian, 2006, 50(1-2):163-172.

[106] 国际口腔医学杂志编辑部.文献管理工具Ⅰ——Mendeley简介[J].国际口腔医学杂志,2022,49(4):411.

[107] 邱韵霏,罗颖,宰冰欣,等.基于Mendeley阅读数据的论文使用分析[J].图书情报工作,2017,61(14):123-131.

[108] 宋丽萍,王建芳,王树义.科学评价视角下F1000、Mendeley与传统文献计量指标的比较[J].中国图书馆学报,2014,40(4):48-54.

[109] 刘晓娟,周建华,尤斌.基于Mendeley与WoS的选择性计量指标与传统科学计量指标相关性研究[J].图书情报工作,2015,59(3):112-118.

[110] 李蕾.学术型社会化问答平台上答案质量评估研究[D].南

京:南京理工大学,2018.

[111] 李根,王淑华,史冠中.利用 ResearchGate 推动科技期刊国际化发展初探[J].编辑学报,2016,28(1):75-76.

[112] Thelwall M, Kousha K. ResearchGate versus Google Scholar: Which finds more early citations?[J]. Scientometrics, 2017, 112(2):1125-1131.

[113] 郭欣慧.科学论文的社交媒体网络扩散研究[D].大连:大连理工大学,2018.

[114] 余厚强,傅坦,张啸鸣,等.学术论文社交媒体提及的跨平台比较研究:以脸书和推特为例[J].情报理论与实践,2022,45(10):188-194.

[115] Kamel Boulos M N, Anderson P F. Preliminary survey of leading general medicine Journals' use of Facebook and Twitter[J]. The Journal of the Canadian Health Libraries Association, 2014, 33(2):38-47.

[116] Kousha K, Thelwall M. Can Amazon.com reviews help to assess the wider impacts of books?[J]. Journal of the Association for Information Science and Technology, 2016, 67(3):566-581.

[117] Kousha K, Thelwall M. Are Wikipedia Citations Important Evidence of the Impact of Scholarly Articles and Books?[J]. Journal of The Association for Information Science and Technology, 2017, 68(3):762-779.

[118] Kousha K, Thelwall M, Abdoli M. Goodreads reviews to assess the wider impacts of books[J]. Journal of The Association for Information Science and Technology, 2017, 68(8):2004-2016.

[119] Wang K, Liu X, Han Y. Exploring Goodreads reviews for book impact assessment[J]. Journal of Informetrics, 2019, 13(3):874-886.

[120] Zahedi Z, Costas R, Wouters P. How well developed are altmetrics? A cross-disciplinary analysis of the presence of "alternative metrics" in scientific publications[M]. New York: Springer-Verlag New York, Inc, 2014.

[121] Thelwall M. Early Mendeley readers correlate with later citation counts[J]. Scientometrics, 2018, 115(3):10.

[122] Mohammadi E, Thelwall M. Mendeley readership altmetrics for the social sciences and humanities: Research evaluation and knowledge flows[J]. Journal of the Association for Information Science and Technology, 2014, 65(8):1627-1638.

[123] Lai W Y Y, Lane T. Characteristics of medical research news reported on front pages of newspapers[J]. Plos One, 2009, 4(7):7.

[124] Selvaraj S, Borkar D S, Prasad V. Media coverage of medical journals: Do the best articles make the news?[J]. Plos One, 2014, 9(1):5.

[125] Haunschild R, Bornmann L. How many scientific papers are mentioned in policy-related documents? An empirical investigation using Web of Science and Altmetric data[J]. Scientometrics, 2017, 110(3):8.

[126] Thelwall M, Kousha K. Web indicators for research evaluation. Part 2: Social media metrics[J]. Profesional de la Informacion, 2015, 24(5):14.

[127] Avramescu A. Actuality and Obsolescence of Scientific Literature[J]. Journal of the American Society for Information Science, 1979, 30(5):296-303.

[128] Na J. User motivations for tweeting research articles: A content analysis approach[M]//Allen R B, Hunter J, Zeng M L.

Digital Libraries: Providing Quality Information—17th International Conference on Asia-Pacific Digital Libraries, ICADL 2015. New York: Springer, 2015:197-208.

[129] 欧石燕,凌洪飞.引用文本自动分类及其应用研究[J].图书情报工作,2022,66(16):125-136.

[130] 崔蕴学,王贤文,王勇臻.归因理论视角下的学术引用行为研究:梳理与评析[J].情报理论与实践,2023:1-12.

[131] 耿树青,杨建林.基于引用情感的论文学术影响力评价方法研究[J].情报理论与实践,2018,41(12):93-98.

[132] Fauzi M A, Tan C N, Ramayah T. Knowledge sharing intention at Malaysian higher learning institutions: The academics' viewpoint[J]. Knowledge Management & E-Learning: An International Journal, 2018, 10(2):14.

[133] Igbaria M, Iivari J, Maragahh H. Why do individuals use computer technology? A Finnish case study[J]. Information & Management, 1995, 29(5):227-238.

[134] Adams D A, Nelson R R, Todd P A. Perceived usefulness, ease of use, and usage of information technology: A replication[J]. MIS Quarterly, 1992, 16(2):227-247.

[135] Case D O, Higgins G M. How can we investigate citation behavior? A study of reasons for citing literature in communication[J]. Journal of the American Society for Information Science, 2000, 51(7):635-645.

[136] Poole H. Theories of the middle range[M]. Norwood, NJ: Ablex Pub. Corp., 1985.

[137] Hult G T M, Ringle C M, Sarstedt M, et al. A primer on partial least squares structural equation modeling (PLS-SEM)[M]. Third edition. Los Angeles: SAGE Publications, Inc, 2022.

[138] Lohmöller J. Latent variable path modeling with partial least squares[M]. Heidelberg: Physica-Verlag, 1989.

[139] Schloegl C, Gorraiz J, Gumpenberger C, et al. Comparison of downloads, citations and readership data for two information systems journals[J]. Scientometrics, 2014, 101(2):1113-1128.

[140] White H D. Authors as citers over time[J]. Journal of the American Society for Information Science and Technology, 2001, 52(2):87-108.

[141] Davis P M, Lewenstein B V, Simon D H, et al. Open access publishing, article downloads, and citations: Randomised controlled trial[J]. British Medical Journal, 2008, 337:a568.

[142] Aung H H, Zheng H, Erdt M, et al. Investigating Familiarity and Usage of Traditional Metrics and Altmetrics[J]. Journal of the Association for Information Science and Technology, 2019, 70(8):872-887.

[143] 李江,姜明利,李玥婷.引文曲线的分析框架研究:以诺贝尔奖得主的引文曲线为例[J].中国图书馆学报,2014(2):41-49.

[144] Ke Q, Ferrara E, Radicchi F, et al. Defining and identifying Sleeping Beauties in science[J]. Proceedings of the National Academy of Sciences of the United States of America, 2015, 112(24):7426-7431.

[145] 李江.科学中的"睡美人"与"昙花一现"现象评述[J].大学图书馆学报,2016(3):38-43.

[146] Van Raan A. Sleeping Beauties in science[J]. Scientometrics, 2004, 59(3):467-472.

[147] Davis P M, Solla L R. An ip-level analysis of usage statistics for electronic journals in chemistry: Making inferences about user behavior[J]. Journal of the Association for Information Science

and Technology, 2003, 54(11):7.

[148] Davis P M, Price J S. eJournal interface can influence usage statistics: Implications for libraries, publishers, and project COUNTER[J]. Journal of the American Society for Information Science and Technology, 2006, 57(9):1243-1248.

[149] Wan J, Hua P, Rousseau R, et al. The journal download immediacy index(DII): Experiences using a Chinese full-text database[J]. Scientometrics, 2010, 82(3):555-566.

[150] Bollen J, Van de Sompel H. Usage Impact Factor: The effects of sample characteristics on usage-based impact metrics[J]. Journal of the American Society for Information Science and Technology, 2008, 59(1):136-149.

[151] Lippi G, Favaloro E J. Article downloads and citations: Is there any relationship? [J]. Clinica Chimica Acta, 2013, 415:195.

[152] Bollen J, de Sompel H V, Smith J A, et al. Toward alternative metrics of journal impact: A comparison of download and citation data[J]. Information Processing & Management, 2005, 41(6):1419-1440.

[153] 陆伟,钱坤,唐祥彬.文献下载频次与被引频次的相关性研究:以图书情报领域为例[J].情报科学,2016(1):3-8.

[154] 刘雪立.科技期刊下载量半衰期的建立及其文献计量学意义[J].中国科技期刊研究,2012(4):561-564.

[155] 许新军.基于下载量的期刊半衰期实证研究[J].情报杂志,2014(6):117-121.

[156] Subotic S, Mukherjee B. Short and amusing: The relationship between title characteristics, downloads, and citations in psychology articles[J]. Journal of Information Science, 2014, 40(1):115-124.

[157] Aversa E S. Citation patterns of highly cited papers and their relationship to literature aging: A study of the working literature[J]. Scientometrics, 1985, 7(3-6):383-389.

[158] Norusis M. SPSS 14.0 Advanced Statistical Procedures Companion[M]. Upper Saddle River: Prentice-Hall, Inc, 2005.

[159] Jacques T S, Sebire N J. The impact of article titles on citation hits: An analysis of general and specialist medical journals. [J]. JRSM short reports, 2010, 1(1):2.

[160] Borsuk R M, Budden A E, Leimu R, et al. The Influence of Author Gender, National Language and Number of Authors on Citation Rate in Ecology[J]. The open ecology journal, 2009, 2(1):25-28.

[161] Uddin S, Khan A. The impact of author-selected keywords on citation counts[J]. Journal of informetrics, 2016, 10(4):1166-1177.

[162] 林佳瑜.论文标题与下载和引用的关系[J].大学图书馆学报,2012(4):14-17.

[163] Erfanmanesh M, Noorhidawati A, Abrizah A. What can Bookmetrix tell us about the impact of Springer Nature's books[J]. Scientometrics, 2019, 121(1):521-536.

[164] Jonathan Adams, Marie McVeigh, David Pendlebury, etc.全面画像 而非简单指标[J].科学观察,2019,14(4):58-65.

[165] Kousha K, Thelwall M, Rezaie S. Assessing the Citation Impact of Books: The Role of Google Books, Google Scholar, and Scopus[J]. Journal of the American Society for Information Science and Technology, 2011, 62(11):2147-2164.

[166] Gimenez-Toledo E, Manana-Rodriguez J, Sivertsen G. Scholarly book publishing: Its information sources for evaluation in

the social sciences and humanities[J]. Research Evaluation，2017，26(2):91-101.

[167] Gorraiz J, Purnell P J, Glanzel W. Opportunities for and limitations of the Book Citation Index[J]. Journal of the American Society for Information Science and Technology，2013，64(7):1388-1398.

[168] Zuccala A, van Leeuwen T. Book Reviews in Humanities Research Evaluations[J]. Journal of the American Society for Information Science and Technology，2011，62(10):1979-1991.

[169] Gorraiz J, Gumpenberger C, Purnell P J. The power of book reviews: A simple and transparent enhancement approach for book citation indexes[J]. Scientometrics，2014，98(2):841-852.

[170] 徐志玮,郑建瑜.高校化学学科用户对纸本/电子期刊需求研究:以中山大学化学学科用户为例[J].图书情报知识,2010(4):44-50.

[171] 李海霞.基于引文分析的图书馆期刊资源建设策略研究:以哈尔滨工程大学图书馆为例[J].图书馆建设,2011(8):43-45.

[172] 马建华.引文分析在图书馆文献采集中的作用:北京大学有机化学专业博士论文的文献计量研究[J].大学图书馆学报,2003(3):70-73.

[173] 曲岩岩,童旭.高校特色重点学科文献资源保障实证研究:以哈尔滨工程大学"核学科"为例[J].图书馆研究,2015,45(2):31-35.

[174] 侯利娟,郝群,张立彬.高校图书馆外文文献资源保障研究:以复旦大学数学学科为例[J].图书馆,2018(1):92-100.

[175] 唐惠燕,包平,林小娟.CASHL文献资源保障实证研究:以教育部直属农业院校为例[J].图书馆理论与实践,2012(4):70-73.

[176] 宋姬芳,单向群,于淼,等.基于WoS和用户调查的CASHL文献资源保障研究:以ESI经济学与商学学科为例[R/OL]. CASHL:

2018年新信息环境下CASHL资源与服务拓展设计研究,2018[2019-11-01]. https://www.cashl.edu.cn/sites/default/files/2019-11/基于WoS和用户调查的文献保障率研究-中国人民大学图书馆.pdf.

[177] 廖鹏飞,韩爽,李靳元.基于学科文献需求分析探讨CASHL外文资源保障建设:以吉林大学、北京大学哲学学科为例[J].情报探索,2021(9):68-74.

[178] 谢娟,龚凯乐,成颖,等.使用数据与引用数据间的补充或替代关系探讨[J].情报学报,2018,37(5):486-494.

[179] Markusova V, Bogorov V, Libkind A. Usage metrics vs classical metrics: analysis of Russia's research output[J]. Scientometrics, 2018, 114:593-603.

[180] 熊泽泉,段宇锋.论文早期下载量可否预测后期被引量:以图书情报领域期刊为例[J].图书情报知识,2018(4):32-42.

[181] 李卓,赵梦圆,柳嘉昊,等.基于引文内容的图书被引动机研究[J].图书与情报,2019(3):96-104.

[182] Liang G, Hou H, Chen Q, et al. Diffusion and adoption: an explanatory model of "question mark" and "rising star" articles[J]. Scientometrics, 2020, 124(1):219-232.

[183] Lozano G A, Lariviere V, Gingras Y. The weakening relationship between the impact factor and papers' citations in the digital age[J]. Journal of the American Society for Information Science and Technology, 2012, 63(11):2140-2145.

[184] Wu L, Huang M, Chen C. Citation patterns of the pre-web and web-prevalent environments: The moderating effects of domain knowledge[J]. Journal of the American Society for Information Science and Technology, 2012, 63(11):2182-2194.

图书在版编目(CIP)数据

文献使用计量：动机、模式与应用 / 熊泽泉著.
上海：上海社会科学院出版社，2024. -- ISBN 978-7-5520-4464-5

Ⅰ. G250.252

中国国家版本馆 CIP 数据核字第 2024U97R58 号

文献使用计量：动机、模式与应用

著　　者：熊泽泉
责任编辑：曹艾达
封面设计：杨晨安
出版发行：上海社会科学院出版社
　　　　　上海顺昌路 622 号　邮编 200025
　　　　　电话总机 021-63315947　销售热线 021-53063735
　　　　　https://cbs.sass.org.cn　E-mail：sassp@sassp.cn
照　　排：南京理工出版信息技术有限公司
印　　刷：上海龙腾印务有限公司
开　　本：890 毫米×1240 毫米　1/32
印　　张：8.75
插　　页：1
字　　数：240 千
版　　次：2024 年 9 月第 1 版　2024 年 9 月第 1 次印刷

ISBN 978-7-5520-4464-5/G·1334　　　　　　　　　定价：72.00 元

版权所有　翻印必究